NUTRICIÓN VEGETARIANA

NUTRICIÓN VEGETARIANA

Una guía práctica
para ser vegetariano

Más de 600

deliciosas recetas

MARGARITA
CHÁVEZ MARTÍNEZ

Grijalbo

Nutrición vegetariana
Un guía práctica para ser vegetariano.
Más de 600 deliciosas recetas

Primera edición: marzo, 2017

D. R. © 1993, Margarita Chávez Martínez

D. R. © 2017, derechos de edición mundiales en lengua castellana:
Penguin Random House Grupo Editorial, S. A. de C. V.
Blvd. Miguel de Cervantes Saavedra, núm. 301, 1er piso,
colonia Granada, delegación Miguel Hidalgo, C. P. 11520,
Ciudad de México

www.megustaleer.com.mx

ISBN: 978-607-315-165-8

Impreso en México – *Printed in Mexico*

El papel utilizado para la impresión de este libro ha sido fabricado a partir de madera procedente
de bosques y plantaciones gestionadas con los más altos estándares ambientales, garantizando
una explotación de los recursos sostenible con el medio ambiente y beneficiosa para las personas.

A mis padres, Pedro y Margarita

A mis hijos, Emmanuel y Jhazmín

A Agnieszka y Honza

A mis nietos, Miguel y Daniel

A todos aquellos que buscan una alternativa
de alimentación para mejorar su salud, la ecología
del planeta y el respeto a los animales

ÍNDICE

AGRADECIMIENTOS

Mi especial agradecimiento a:

El Pbro. Agustín Ortega y don Daniel Arreola, quienes me enseñaron el ABC del vegetarianismo

Al Maestro José Manuel Estrada, quien me enseñó el aspecto ético y evolutivo de ser vegetariano

A Shaya Michán con quien pude realizar mi anhelo de traer al mundo hijos vegetarianos desde la concepción

A todos los que han apoyado y han sido parte de mi trabajo profesional

ACLARACIÓN

Como el título de este libro lo indica, las recetas aquí contenidas son *exclusivamente vegetarianas*, esto es, que sus ingredientes no incluyen ningún tipo de carne animal. Ser vegetariano significa que no se come ningún tipo de animal, sea pescado, pollo, res, cerdo, mariscos, gusanos, larvas, etc. Con mucha frecuencia escucho a alguien decir que es vegetariano y luego explicar que sólo come pollo y pescado; por supuesto, usted y yo sabemos que ni el pollo ni el pescado son vegetales, por lo tanto, no se es vegetariano comiéndolos. En todo caso podría decirse que no se consumen carnes rojas, pero no que se es vegetariano.

Los nombres de varias recetas se refieren a carne: esto obedece a que son preparadas con sustitutos en forma tal que el resultado es un platillo casi idéntico al preparado con carne animal de cualquier tipo, pero sin emplear esta última. El propósito de que en muchas de las preparaciones se traten de imitar los platillos de carne animal es ayudar a las personas que tienen interés en cambiar de la alimentación carnívora a la vegetariana para que de manera más fácil puedan adaptarse a este sistema de vida que les aportará, sin duda, grandes beneficios.

Dentro de la alimentación vegetariana existen diversos métodos o sistemas:

- El *ovolactovegetariano*, que como su nombre lo indica, incluye productos de origen animal como el huevo y los lácteos: leche, yogur, queso, etc., además de todos los de origen vegetal: frutas, verduras, semillas, granos, oleaginosas…
- El *lactovegetariano* incluye todo lo mencionado en el punto anterior con excepción del huevo.
- El *vegano* excluye todos los productos de origen animal, incluida la miel de abeja, para consumir exclusivamente alimentos vegetales en todas sus variedades: frutas, verduras, semillas, granos, oleaginosas, etcétera.
- El *naturista*, cuya característica principal es el consumo de alimentos no sólo de origen vegetal, sino también exclusivamente crudos, germinados, fermentados, etcétera.

El vegano y el naturista son sistemas de alimentación más estrictos y requieren de mayor información por parte de quienes los practican para que lo hagan de manera completa y correcta, observando lo que se indica respecto a las proteínas completas y la vitamina B12 (cianocobalamina), cuya ingesta en estos sistemas de vida requiere una atención especial, lo cual se revisa con toda claridad en las secciones correspondientes a las proteínas y a las vitaminas. Ambos sistemas son muy recomendables en el tratamiento natural de diversas enfermedades: vivir bajo estos lineamientos durante un tiempo específico puede ayudar en un más profundo proceso de desintoxicación y recuperación de la salud, siguiendo por supuesto una dieta y guía indicadas para cada caso. Después de la desintoxicación se puede volver incluso al sistema ovolactovegetariano, en el que es muy importante que los alimentos de origen animal sean orgánicos.

ACLARACIÓN

En la actualidad más personas eligen la alimentación vegana inspirados no sólo en su salud sino también en la compasión hacia los animales, los cuales, para obtener sus productos —huevos, leche, quesos—, son sometidos a métodos industrializados totalmente inhumanos y que los lastiman: pasan su vida amontonados en espacios muy reducidos donde no pueden moverse, sin contacto con la naturaleza y recibiendo una enorme cantidad de vacunas, hormonas, antibióticos, y lo que es aún peor, maltrato y crueldad de los humanos a su cargo. Si desea incluir en su alimentación productos de origen animal, como huevos o lácteos, es muy importante asegurarse de que sean orgánicos y de animales libres, lo que implica, por una parte, que han ingerido los alimentos adecuados para ellos y tenido una vida en contacto con la naturaleza y al aire libre, que han sido tratados con respeto, y por otro lado —esto es muy importante para nuestra salud—, que sus productos están libres de hormonas, vacunas, antibióticos y estrés.

Este libro comprende tanto una guía práctica, actual, científica y a la vez sencilla acerca de la nutrición vegetariana para que usted tenga los conocimientos esenciales y suficientes sobre este método de alimentación, así como más de 500 recetas de cocina vegetariana; ambos aspectos serán de gran valor para quienes quieran incursionar en este sistema de vida o ya lo practiquen.

Las recetas que aquí comparto incluyen opciones para todas las variantes de esta alimentación, tanto para el ovolactovegetariano, el lactovegetariano, el vegano y el naturista, de modo que según la etapa en que se encuentre cada uno, así como su deseo y necesidad, pueda tener diversas alternativas para comer sano, sabroso y nutritivo.

Si usted está interesado en un tratamiento integral enfocado en algún padecimiento específico, le recomiendo mi libro *Camino a la salud. Terapias naturales para cada enfermedad*, el cual menciona prácticamente todas, de la A a la Z, y sus diferentes tratamientos naturales por medio de diversas terapias alternativas: herbolaria, nutrición, ayuno, hidroterapia, geoterapia, complementos alimenticios, etc., que brindan resultados excelentes y aun sorprendentes y que no se contraponen con ningún otro tipo de tratamiento.

ACLARACIÓN

INTRODUCCIÓN

Como un sistema que ha venido a revolucionar nuestros hábitos y pensamiento, el vegetarianismo representa en el mundo actual una respuesta con diversos enfoques: para unos es una moda, pues diversas personalidades mundiales han adoptado este estilo de vida y muchos de sus seguidores encuentran interesante integrarse a esta corriente; sin embargo, para otro grupo, formado cada vez por más y más individuos, el vegetarianismo es la respuesta a sus problemas de salud.

Afortunadamente, también hay cada día más sensibilidad hacia el dolor que se inflige a los animales durante su crianza y sacrificio y se opta por el vegetarianismo por razones éticas o filosóficas, por respeto a la vida de los animales y para evitarles tanto sufrimiento.

Está también el aspecto ecológico, pues el efecto invernadero y el calentamiento global que sufre nuestro planeta se deben en su mayor parte no a las fábricas ni a los automóviles, sino a los gases que generan los desechos de millones de reses criadas en todo el mundo para el consumo humano; las estadísticas también nos indican que tan sólo en Estados Unidos, más de 50% del agua que se consume a nivel nacional es utilizada para la crianza de ganado.

En el aspecto económico, como explicaré más adelante, la carne está lejos de ser la opción a elegir.

Mi propósito al escribir este libro es presentar información valiosa, certera, clara, científica y práctica a todos aquellos que, sean cuales sean sus razones, han decidido incursionar en el campo de la alimentación vegetariana, de modo que puedan transitar por este camino de una manera más asertiva, con mejores resultados y sobre todo sin miedo; sé, por mi experiencia de tantos años como vegetariana, nutrióloga y madre, que existen muchos temores infundados y mucha desinformación respecto al vegetarianismo incluso entre quienes estudian nutrición, principalmente en el tema de las proteínas, al que aquí dedico un apartado muy importante.

En lo personal, habiendo incursionado en el vegetarianismo desde niña y siendo vegetariana estricta desde hace más de cuarenta años, madre de hijos vegetarianos desde la concepción y ahora también abuela de niños vegetarianos desde la concepción además de estar rodeada de incontables adultos, compañeros, parientes y amigos, sobrinos e hijos de amigos que a su vez ya son padres de una tercera generación de vegetarianos desde la concepción, todos nos hemos desarrollado a la perfección, tanto física como mental y emocionalmente: somos testimonio viviente de que el vegetarianismo es una alimentación que aporta todos los nutrimentos que requiere el ser humano para un desarrollo integral, una vida más saludable y en mayor armonía con la naturaleza, el planeta y nuestro entorno.

Aun si usted no tiene interés todavía en ser totalmente vegetariano, conocer la información que aquí proporciono e incluso disminuir poco a poco su consumo de carnes, alternando con recetas vegetarianas, hará que no pase mucho

tiempo antes de que vea mejoras y beneficios en su salud. Recuerde que somos "animales de costumbres" y cualquier cambio de hábitos implica adaptarnos poco a poco a una nueva forma de vida, pero cuando tenemos la inspiración y el conocimiento de que vamos por buen camino, todo el esfuerzo realizado se hace con más alegría, aceptación y entusiasmo, pues sabemos que bien valen la pena los resultados obtenidos.

Por medio de este libro quiero compartir mi experiencia y conocimientos en el campo de la cocina y la nutrición vegetariana; he puesto mucho empeño en presentarlo de manera accesible para cualquier persona interesada en mejorar su salud y tener mayor calidad de vida. Pero mi interés y atención se dirigen de una manera muy especial a las amas de casa, quienes tienen el mundo del futuro en sus manos y son las responsables y encargadas de formar hijos sanos de cuerpo y espíritu; "Mente sana en cuerpo sano". A esas madres, principalmente, que saben o intuyen que en el vegetarianismo pueden encontrar salud y nutrición para los suyos, está dirigido este libro.

Hago hincapié, como ya dije, en el aspecto de las proteínas, el punto que más preocupa a quienes anhelan cambiar a este sistema de vida, y analizaremos de manera sencilla cómo el reino vegetal nos ofrece no sólo un medio eficaz para obtener una nutrición completa y saludable sino un mundo de mejores posibilidades para nuestra acosada economía, para la solución del hambre de los pueblos y una vida más sana y por lo tanto más feliz.

Hace ya algunos años que la Organización Mundial de la Salud (OMS) y otros organismos y algunos investigadores del ramo de la salud y la nutrición comenzaron a llamar fuertemente la atención para hacer notar que las toxinas que se ingieren en los alimentos constituyen un grave peligro: por una parte está la enorme cantidad de saborizantes, colorantes, conservadores y productos químicos en general que se utilizan en los alimentos procesados y que son tan nocivos para la salud, pero —y esto es de llamar la atención— la carne se ha revelado como un alimento nocivo tanto desde el punto de vista de la nutrición y la salud como desde el aspecto ecológico y socioeconómico.

A) El aspecto dietético del consumo de carne

Podemos citar la grasa de la carne (la más magra contiene alrededor de 30%), que según se ha comprobado experimentalmente, provoca en la sangre de quien la ingiere la aparición de prolactina, una hormona que estimula la producción de tumores según lo confirman las estadísticas, ya que en países con elevado consumo de carne como Inglaterra, Australia, Estados Unidos o Canadá se observa un número alarmante de tumores en senos e intestinos, mientras que en países de escaso consumo cárnico se registra un porcentaje mínimo de dichos tumores,[1] sin contar con la acumulación de colesterol, ácido úrico, y millones y millones de bacterias de putrefacción que se encuentran en todos los productos cárnicos, además de otras sustancias nocivas para el organismo. Desde el momento del sacrificio del animal hasta que un trozo de su carne llega a su mesa, pueden pasar días, meses e incluso años, tiempo durante el cual serán generadas más y más bacterias de putrefacción porque la refrigeración y la congelación *no detienen la putrefacción*, sólo la hacen más lenta.

---

[1] Dra. Frances Moore Lappé, *Dietas para la salud*, Barcelona, Bruguera, 1979.

Analícelo usted mismo: si consume productos cárnicos, está ingiriendo millones y millones de bacterias de putrefacción que permanecerán constantemente en su aparato digestivo, llevando mucha intoxicación a su sangre y por lo tanto a todo su organismo. Y en esto estriba la raíz principal de prácticamente todas las enfermedades, pues una sangre sucia, intoxicada, es campo fértil para cualquier problema de salud, incluidas manchas en la cara, mal aliento, dolores de cabeza, artritis, reumatismo, mala digestión, problemas circulatorios, etcétera, etcétera.

Lo anterior es muy fácil de comprobar, sólo tome un trozo del producto cárnico que está por consumir y llévelo a un laboratorio a que le hagan un conteo de bacterias de putrefacción por campo, créame, se va a sorprender de los resultados… Los carnívoros hacen la digestión de sus alimentos mediante bacterias de putrefacción, los vegetarianos hacemos la digestión con bacterias de fermentación, ¡lo que sin duda aporta resultados muy diferentes en la salud y calidad de vida de cada uno!

Debemos considerar también el estreñimiento crónico —prácticamente el origen de todas las enfermedades— y la obesidad, que produce cuatro veces más muertes que el cáncer; ambos, por desgracia, muy presentes en nuestra sociedad y relacionados de forma muy directa con el excesivo consumo de carne pues los productos cárnicos no contienen fibra, lo que hace que su proceso digestivo y su tránsito por el intestino sea mucho más lento, produciendo más putrefacción intestinal, estreñimiento e intoxicación en general.

En la actualidad, a los problemas anteriores se suma el hecho de que los animales son criados con una gran cantidad de hormonas y sustancias químicas para que crezcan rápido y engorden mucho; se les aplican numerosos antibióticos y medicamentos, lo que deriva en alteraciones hormonales muy serias en los seres humanos que los consumen, entre ellas varios tipos de cáncer y tumores como quistes, miomas, etcétera.

B) El consumo de carne desde el punto de vista ecológico
En lo referente a nuestro planeta y según los informes de la Organización de las Naciones Unidas para la Agricultura y la Alimentación (FAO), la crianza de ganado —y no los automóviles ni la industria— es la principal responsable de la degradación del suelo y el mal uso del agua, tan escasa a nivel mundial. También es la principal responsable de la generación de gases de efecto invernadero, producto del estiércol, la orina y los gases intestinales de millones de reses criadas para consumo humano: estos gases representan a nivel mundial 65% del óxido nitroso, 37% de toda la producción de gas metano y 64% del amoníaco responsable de la lluvia ácida.

Por otra parte, la crianza de ganado ocupa actualmente 30% de la superficie cultivable de la Tierra; repito, una tercera parte del total de la superficie cultivable del planeta está dedicada solamente a producir granos y pastura para el ganado, lo que, como explicaré enseguida, es un gran desperdicio de energía y recursos en el mundo hambriento en que vivimos.

La deforestación de bosques y selvas a nivel mundial se debe también a la crianza de ganado, principalmente: tan sólo en la selva amazónica, 70% de su superficie se ha deforestado, transformándola para cultivar alimentos para el ganado, que recibe de 15 a 16 kilos de alimento para regresarnos un kilo de carne para consumo humano, como lo explico en el inciso D), y además hay que esperar varios años a que el animal crezca y engorde. Simplemente no existen razones suficientes que puedan dar respaldo a este desatino.

C) El consumo de carne en lo referente a la salud humana

Debido a la contaminación ambiental, en la carne hay una serie de sustancias tóxicas como metales pesados, insecticidas, etcétera, muchas de las cuales el organismo de los animales no es capaz de eliminar, por un lado, y por otra parte, día a día van acumulando más, pues las respiran en mayor cantidad en el aire cargado de plomo y otras sustancias nocivas además de seguir ingiriéndolas en alimentos tratados con productos químicos.

Esto se agrava en los casos de los animales que se encuentran al final de largas cadenas alimenticias, es decir, cuando un individuo pequeño es comido por otro más grande y éste a su vez por otro mayor, con lo que van acumulándose en el último los productos químicos que cada uno de ellos ingirió en su alimentación; esta acumulación de sustancias nocivas llega a ser tan grande que puede causar muchas enfermedades e incluso la muerte al hombre, por ser el último en la cadena.

Un claro ejemplo de este problema lo constituyen los grandes peces oceánicos como el atún y el pez espada, entre otros, que pueden llegar a contener hasta más de 0.5 mg de mercurio metílico biológicamente activo por kilo de peso; si recordamos que sólo 70 mg de mercurio son suficientes para causar la muerte de un ser humano, nos daremos cuenta de la trascendencia de la situación. Podemos hacer una analogía y referirnos en términos similares al ganado, que se encuentra también al final de una larga cadena alimenticia, convirtiéndose así en un condensador de contaminación.

Si bien es cierto que los vegetales están igualmente expuestos a este tipo de contaminación, con la explicación anterior podemos deducir que el porcentaje de contaminantes que se ingieren al comer carne es muy superior al que absorbemos cuando consumimos los primeros productos de las cadenas alimenticias, los cuales son todos los vegetales.

Afortunadamente, día a día se hace más conciencia respecto al daño causado por estos contaminantes y como respuesta están resurgiendo los productos orgánicos, lo que se extenderá más y más cuando exijamos como requisito de compra esta característica, lo *orgánico* de los productos, pues sabemos que como consumidores tenemos el poder de elegir y de exigir.

D) El consumo de carne desde el punto de vista socioeconómico

La carne está lejos de ser la solución para el problema del hambre en el mundo ya que, como decíamos, el animal necesita ingerir una gran cantidad de productos vegetales para poder desarrollarse: así vemos que una vaca necesita comer de 15 a 16 kilos de granos y forraje para producir un kilo de carne, convirtiéndose los restantes en pelo, piel, estiércol y energía. Igualmente, para producir un kilo de carne de pollo, el ave necesita ingerir 3 kilos de alimento, mientras que el cerdo produce un kilo de carne cuando ingiere 6 kilos de comida. ¡Este desperdicio es una gran ofensa para el mundo hambriento en que vivimos!

Según la FAO, en el mundo mueren de hambre cada año 40 millones de seres humanos mientras nosotros nos damos el lujo de "engordar" ganado a tan alto costo. Según los estudios de la doctora en nutrición Frances Moore Lappé, cada vez que usted come un bistec de 200 gramos, entre 45 y 50 personas podrían comerse una taza llena de cereales cocidos si no se hubieran utilizado para obtener su bistec; la misma doctora Moore afirma que tan sólo "el ganado estadounidense ingiere cada año una cantidad de proteínas seis veces mayor de la que sería necesaria para alimentar a toda la humanidad".[2]

Y en lo concerniente al consumo de pescado como una alternativa más saludable en su dieta, esto sería así solamente en caso de que sean peces oceánicos, relativamente menos contaminados que los de río o granjas piscícolas, pues de lo contrario presentan los mismos inconvenientes que existen en las granjas avícolas, donde las aves están hacinadas en espacios tan pequeños que prácticamente no pueden moverse en toda su vida, jamás reciben la luz del sol ni están en contacto con la tierra; la comida que reciben es inadecuada para su nutrición, además de la cantidad de hormonas, químicos y medicamentos que les son aplicados y que ellas a su vez pasarán en su carne y huevos a los consumidores finales, los seres humanos. Respecto a las granjas para la crianza de peces le sugiero ver el video *Dirty Waters, Dangerous Fish* (Aguas sucias, peces peligrosos): <http://www.youtube.com/embed/h1nEPzsFpc0?feature=player>.

Para resumir las ventajas de la alimentación vegetariana

Con todo lo ya analizado, podemos aseverar que la alimentación vegetariana nos ofrece diversas y muy valiosas ventajas:

1) La posibilidad de nutrirnos sin intoxicarnos, ya que evitamos el colesterol, ácido úrico, bacterias de putrefacción y una gran variedad de sustancias tóxicas que contiene la carne en sí misma, como las hormonas y antibióticos que se dan a los animales.

---

[2] *Ídem.*

2) La posibilidad de alimentarnos a mucho menor costo a nivel personal en el corto plazo, pues la comida vegetariana es más económica, y a largo plazo porque vivir con más salud nos ahorrará grandes gastos en medicinas y servicios médicos, pero sobre todo nos ahorrará sufrimiento.

3) La posibilidad de emplear mejor los recursos de nuestro hambriento planeta, pues con lo anteriormente planteado sobre el gran costo que implica producir un kilo de carne animal, la contraparte es que:

◆ Cuando una hectárea es utilizada para sembrar col, puede alimentar a 23 personas. Si esa misma hectárea se siembra de papas, puede alimentar a 22 personas; sembrada de arroz, a 19 personas; de maíz, a 17 personas. Sembrando trigo, esa hectárea alimentará a 15 personas.
◆ En cambio, si esa misma hectárea se destina a criar gallinas, alimentará a dos personas y en caso de criar reses, a una sola.

4) La posibilidad de una relación menos cruel y más armónica con la naturaleza, pues nadie puede negar que los métodos de crianza tan inhumanos así como la matanza de tantos millones de animales es algo despiadado, y por lo tanto la alimentación a base de carne animal es cruenta, producto de la violencia humana, lo cual siempre tiene repercusiones para nuestro planeta a nivel físico y energético, y lo que afecta al planeta, "nuestra madre Tierra", nos afecta a nosotros, sus hijos. "Violencia genera violencia."

5) El vegetarianismo es el camino más directo y efectivo para reducir en corto tiempo el calentamiento global y el efecto

invernadero, pues al disminuir la demanda de productos cárnicos, en esa misma proporción disminuirá la crianza de ganado y consecuentemente la emisión de gas butano, óxido nitroso y amoníaco, los principales contaminantes del medio ambiente.

Si está interesado en obtener información visual muy contundente al respecto, le recomiendo buscar en internet el video *Conozca lo que come, cuando come carne*, de mi autoría.

Para concluir y reflexionar aún más sobre lo antes expuesto, cito un fragmento de *Emilio*, de Jean-Jacques Rousseau, filósofo suizo que lo escribió de 1759 a 1762 y por el cual se le condenó a prisión:

> Me preguntas, decía Plutarco, por qué se abstenía Pitágoras de comer carne de las alimañas; pero yo te pregunto qué ánimo de hombre tuvo el primero que acercó su boca a una carne manida, que con el diente quebrantó los huesos de un bruto expirado, que hizo que le sirvieran plato de cuerpos muertos, de cadáveres, y que tragó en su vientre miembros que un instante atrás mugían, balaban, andaban y veían. ¿Cómo pudo su diestra ahondar un hierro en el corazón de un ser sensible? ¿Cómo pudieron sus ojos soportar una muerte? ¿Cómo pudo ver sangrar, desollar, desmembrar un pobre animal indefenso? ¿Cómo pudo contemplar el jadear de las carnes? ¿Cómo no le hizo aquel olor levantar el estómago? ¿Cómo no sintió repugnancia y asco? ¿Cómo no le embargó horror, cuando vino a manejar la podre de las heridas y a limpiar la negra y cuajada sangre que las cubría?
>
> *Por tierra arrastran pieles desolladas;*
> *mugen al fuego carnes espetadas*

devóralas el hombre estremecido,
y oyó dentro del vientre su gemido.

Esto fue lo que de imaginar y de sentir hubo la primera vez que el hombre venció la Naturaleza para celebrar este horrible banquete, la vez primera que tuvo hambre de una alimaña viva, que quiso comer un animal que todavía pacía y que dijo cómo había de degollar, de despedazar, de cocer la oveja que le lamía las manos. De los que empezaron estos crueles banquetes, y no de los que los dejan, hay por qué pasmarse; aunque aquellos primeros pudieran justificar su inhumanidad con disculpas que a la nuestra faltan, y que faltándonos, cien veces más inhumanos que ellos nos hacen.

Empero a vosotros, hombres crueles, ¿quién os fuerza a derramar sangre? Ved la afluencia de bienes que os cerca, cuántos frutos os produce la tierra, cuántas riquezas os dan los campos y las viñas, qué de animales os brindan su leche para alimentaros y con su vellocino para abrigaros. ¿Qué más les pedís? ¿Qué furia os incita a cometer tantas muertes, hartos de bienes y manando en víveres? ¿Por qué mentís contra nuestra madre, acusándola de que no puede alimentaros? ¿Por qué pecáis contra Ceres, inventora de las sacras leyes, y contra el gracioso Baco, consolador de los mortales, como si sus pródigos dones no bastasen para la conservación del linaje humano? ¿Cómo tenéis ánimo para mezclar en vuestras mesas huesos con sus suaves frutos, y para comer con la leche la sangre de los animales que os la dieron?

Las panteras y los leones, que llamáis vosotros fieras, siguen por fuerza su instinto, y por vivir matan a los otros brutos. Empero vosotros, cien veces más que ellos fieros, resistís sin necesidad a vuestro instinto por abandonaros a vuestras crueles delicias. No son los animales que coméis los

que a los demás se comen: no los coméis esos animales carniceros, que los imitáis; sólo de inocentes y mansos brutos tenéis hambre, de los que no hacen mal a nadie, de los que con vosotros se amistan, de los que os sirven, y devoráis en pago de sus servicios.

¡Oh, matador contra la naturaleza! Si te empeñas en sustentar que te crio la naturaleza para devorar a tus semejantes, a seres de carne y hueso, que como tú sienten y viven, vence ahora el horror que a tan espantosos banquetes te inspira; mata tú mismo a los animales, digo con tus manos mismas, sin hierro ni cuchillo; destrózalos con tus uñas, como hacen los leones y los osos, muerde a ese toro, hazle pedazos, ahonda en su piel tus garras, cómete a ese cordero vivo, devora sus carnes humeantes y bébete con su alma su sangre... ¡Te estremeces! ¡No te atreves a sentir que entre tus dientes palpita una carne viva! Hombre compasivo, que empiezas matando el animal y luego te lo comes, para hacer que dos veces muera. No basta con eso; todavía te repugna la carne muerta, no la pueden llevar tus entrañas, fuerza es transformarla al fuego, cocerla, asarla, sazonarla con drogas que la disfracen; necesitas de pasteleros, de cocineros, de hombres que te quiten el horror de la muerte, y te atavíen cuerpos muertos, para que, engañado el sentido del gusto con estos disfraces, no deseche lo que le horroriza, y paladee con deleite cadáveres cuyo aspecto ni aun los ojos hubieran podido sufrir.[3]

---

[3] Jean-Jacques Rousseau, *Emilio o de la educación*, Madrid, Alianza, 1997, libro II.

NUTRICIÓN

NUTRICIÓN

NUTRIMENTOS INDISPENSABLES

Para su correcto mantenimiento, funcionamiento y desarrollo, nuestro organismo requiere una serie de nutrimentos que debemos obtener por medio de la alimentación aunque hay algunas excepciones, como el oxígeno que respiramos o la vitamina D, que en su mayor parte se forma con la acción de los rayos solares sobre nuestra piel. Estos nutrimentos indispensables se dividen en:

1) Proteínas
2) Lípidos o grasas
3) Hidratos de carbono
4) Vitaminas
5) Minerales

En los alimentos encontramos todos estos nutrimentos combinados, aunque aquí los separaremos para su análisis. Para información precisa del contenido de nutrimentos de algún alimento específico, consulte, en el Anexo I, la "Tabla del valor nutritivo de los alimentos".

Cada alimento que ingerimos contiene varios o todos los nutrimentos mencionados aunque, por supuesto, en diferente proporción, y esto es lo que desde el punto de vista de la nutrición nos lleva a preferir algunos alimentos sobre otros o a seleccionar aquellos que contienen los nutrimentos que para nuestro caso particular necesitamos. Decimos "para nuestro caso particular" porque no existe un patrón rígido al respecto: las necesidades nutricionales de cada individuo varían según su raza, edad, sexo, estatura, actividad a la que se dedique y el clima del lugar donde habita. Sin embargo, existen patrones de referencia al respecto que nos sirven de base para conocer nuestros requerimientos y los de nuestra familia de forma general.

Incluimos el cuadro "Recomendaciones para el consumo de nutrimentos", elaborado por el Instituto Nacional de Ciencias Médicas y Nutrición y adaptado a la alimentación en nuestro país (Anexo II); nos será de gran utilidad consultarlo como referencia para comprender mejor el propósito de nuestro libro: una nutrición completa y saludable.[1]

> Las más recientes investigaciones sobre nutrición son contundentes acerca de que la dieta completa y saludable debe ser: moderada en proteínas, rica en grasas saludables y baja en hidratos de carbono.

---

[1] Mercedes Hernández *et al.*, *Valor nutritivo de los alimentos mexicanos*, México, Instituto Nacional de la Nutrición, 1983.

LAS VITAMINAS

Nuestro análisis comenzará por las vitaminas, sustancias orgánicas cuya presencia en el organismo, como todos los demás nutrimentos, es indispensable para la vida. Desde la antigüedad se aceptaba como un hecho que la alimentación se hallaba íntimamente relacionada con la salud o la enfermedad y que existían algunos elementos específicos para corregir ciertos problemas de salud; sin embargo, no se conocían ni se identificaban las vitaminas como tales ni su función en el organismo.

Su descubrimiento es muy reciente, ya que fue apenas en 1912 cuando el científico inglés F. G. Hopkins demostró experimentalmente que se requerían algunos factores que él denominó "accesorios", además de los hidratos de carbono, proteínas y lípidos, para la supervivencia animal. Pero las vitaminas deben su nombre a Casimir Funk, químico polaco, quien también en 1912 obtuvo un concentrado de una amina (sustancia orgánica que contiene una molécula de nitrógeno y tres moléculas de hidrógeno) a partir de la cascarilla del arroz, con el cual encontraron alivio sobre todo los marineros japoneses, para quienes era común padecer beriberi, enfermedad que en la actualidad, es bien sabido, se debe a la carencia de vitamina B1. Al pasar largas temporadas en altamar, estaban limitados a una dieta de arroz descascarillado; por consiguiente, su alimentación carecía de vitamina B1, ya que ésta se encuentra en la cascarilla del arroz y de casi todos los cereales integrales, y por lo tanto la presencia de beriberi era algo muy común entre los marineros durante sus largas travesías en el océano.

Así pues, al obtener estos resultados positivos, Funk bautizó al concentrado con el nombre de *vitamina*, que significa

"amina esencial para la vida"; aunque en la actualidad conocemos que la estructura molecular de algunas de las llamadas vitaminas no corresponde a la de una amina, se siguen clasificando todas bajo el mismo nombre.

Algo muy importante que debemos saber respecto a las vitaminas es que se dividen en dos grupos:

- Hidrosolubles, que significa que son solubles en agua, y comprenden todas las vitaminas del complejo B y la vitamina C, y
- Liposolubles, que significa que son solubles en las grasas, y comprenden las vitaminas A, D, E y K.

Bioquímicamente hablando, las vitaminas se clasifican como coenzimas, es decir, sustancias que activan a las enzimas para que realicen sus diversas e innumerables funciones, acelerando la velocidad de los procesos y las reacciones químicas de nuestro organismo. Su presencia en el organismo es vital aunque se necesitan en cantidades muy pequeñas, pues se miden en miligramos e incluso microgramos (mcg); esto en comparación con los requerimientos de los otros nutrimentos, como las proteínas, los lípidos y los hidratos de carbono, que se requieren en cantidades mucho mayores. En el Anexo II encontrará información sobre los requerimientos de cada uno de estos nutrimentos según edad, sexo, etcétera.

Como su nombre lo indica, las *vitaminas hidrosolubles* son solubles en el medio acuoso y nuestro cuerpo las absorbe fácilmente al entrar en contacto con la saliva; no se almacenan en el organismo y los excedentes son eliminados mediante el sudor, la orina y las heces fecales. De la alimentación el cuerpo absorbe diariamente las vitaminas hidrosolubles que necesita para sus funciones y elimina el exceso por medio de

cualquiera de los medios mencionados; por lo tanto las vitaminas hidrosolubles nunca serán excesivas, pues si acaso las ingerimos en mayor cantidad de lo requerido, los sobrantes serán desechados sin ningún problema.

Sin embargo, esta ventaja es también una desventaja, porque precisamente el cuerpo no almacena estas vitaminas hidrosolubles y esto quiere decir que tenemos que ingerirlas diariamente en los alimentos por lo menos en la dosis mínima requerida, pues de lo contrario habrá una deficiencia y con ello pueden presentarse diversos problemas de salud, como analizaremos más adelante.

No sucede lo mismo con las *vitaminas liposolubles*, pues como su etimología nos indica, son solubles en los lípidos, aunque en este caso el cuerpo toma de la alimentación diaria las que necesita y los excedentes se acumulan en el tejido adiposo, para estar disponibles cuando se vuelvan a necesitar. Sin embargo, esta capacidad de almacenamiento tiene un límite y si lo excedemos se genera un problema, ocasionando diversos trastornos de salud.[2][3]

Prácticamente es casi imposible excederse en la ingesta de vitaminas por medio de los alimentos, pues éstos las contienen en cantidades muy pequeñas, como se necesitan; es más bien una observación a tomar en cuenta cuando se toman complementos vitamínicos. Si tomamos vitaminas hidrosolubles, ya sabemos que no hay ningún riesgo. Sin embargo, sólo debe tomarse un complemento de vitaminas liposolubles bajo supervisión de un experto en nutrición.

---

[2] Albert Lehninger, *Bioquímica*, Barcelona, Worth Publishers, 1983, cap. 13.
[3] *Recomendaciones de nutrimentos para la población mexicana*, México, Instituto Nacional de la Nutrición (Cuadernos de Nutrición, núm. 4), 1976, pp. 273-274.

Vamos ahora a conocer, desglosar y detallar las vitaminas más importantes.

Las vitaminas hidrosolubles

En este grupo de vitaminas están comprendidas todas las vitaminas del complejo B, así como la vitamina C. Existe una sinergia entre las vitaminas del complejo B, es decir, que son mucho más potentes y realizan sus funciones más eficientemente cuando trabajan en conjunto.

El complejo B consta de ocho vitaminas principales cuya función es colaborar con diversas enzimas encargadas de realizar cientos de funciones diferentes en el organismo. Algunas de las funciones más importantes de las vitaminas del complejo B son:

+ Proveer energía al organismo, ayudando en la conversión de los carbohidratos a glucosa.
+ Esenciales en el metabolismo de las grasas y las proteínas.
+ El hígado las requiere también para el buen desempeño de sus funciones.
+ Son necesarias para la salud y el correcto funcionamiento y mantenimiento del sistema nervioso.
+ Para conciliar un sueño profundo y reparador y para recordar los sueños.
+ Para mantener el tono muscular.
+ Indispensables para la salud del tracto gastrointestinal.
+ Se les conoce también como las vitaminas de la belleza, pues son muy importantes para la salud y belleza de la piel, cabello, ojos y la mucosa bucal.

♦ La levadura de cerveza es la fuente natural más rica de vitaminas del complejo B.

Las vitaminas del complejo B deben ingerirse juntas, pues sus funciones están interrelacionadas e ingerir en exceso una sola de ellas puede generar deficiencia y desequilibrio de las demás.

Hay algunas enfermedades en las que se encuentra deficiencia de una sola de las vitaminas B: el beriberi (de tiamina, o vitamina B1); la pelagra (de niacina, o vitamina B3); la anemia megaloblástica (de ácido fólico, o vitamina B9) y la anemia perniciosa (de cianocobalamina, o vitamina B12).

Los antibióticos químicos y otros medicamentos químicos como las sulfas, pastillas para dormir, hormonas sintéticas, anticonceptivos orales; el uso continuo de laxantes químicos, el consumo de alcohol, así como el estrés y los insecticidas, destruyen las vitaminas B del organismo.

En el proceso de industrialización de los alimentos se destruyen muchos de sus nutrimentos, incluidas las vitaminas B; dejar que se hagan rancios, la cocción excesiva, el calor, la exposición al aire y la luz, también destruye estas vitaminas.

Los síntomas más comunes de deficiencia de las vitaminas del complejo B son:

♦ Cansancio, debilidad, irritabilidad, insomnio, depresión, nerviosismo, neuralgias, anemia.
♦ Encanecimiento prematuro, caída excesiva del cabello, calvicie, seborrea.
♦ Acné, piel seca y agrietada, soriasis y diversos trastornos de la piel, además de ojos secos.
♦ Falta de apetito, así como niveles elevados de colesterol.

- El estreñimiento puede estar asociado con deficiencias de estas vitaminas.
- Hipersensibilidad a la luz y enrojecimiento de la córnea.
- Dolores de cabeza, migraña, mareos, náusea y síndrome de Ménière.
- Las náuseas durante el embarazo pueden estar relacionadas con la falta de estas vitaminas.
- Corazón crecido, arritmias y problemas cardiacos pueden tener relación con esta deficiencia.
- Lengua hipersensible, roja y brillante, o crecida con protuberancias laterales; la "lengua de mapa", llena de grietas, así como encías inflamadas, dolorosas y labios agrietados en las comisuras, todo ello indica deficiencias de las vitaminas B.
- Niños hiperactivos y con déficit de atención regularmente presentan una deficiencia de estas vitaminas.
- Pies calientes y que arden, sobre todo por las noches.
- La neuropatía diabética también está relacionada con esta deficiencia.

Desglosemos ahora cada una de las ocho vitaminas principales del complejo B:

Tiamina (vitamina B1)
- Es la sustancia antiberiberi y antineurítica.
- Esencial en el metabolismo.
- Indispensable para la salud del corazón y del sistema nervioso.
- Auxiliar en la digestión y metabolismo de los hidratos de carbono.

- Mejora la actitud mental.
- Ayuda a combatir y evitar los mareos.
- Auxiliar en el tratamiento del herpes zóster.
- Esencial en la etapa del crecimiento.

FUENTES NATURALES: Levadura de cerveza, pulido de arroz, germen de trigo, salvado de trigo, cereales integrales, nueces y semillas, frijol de soya, lácteos en general, betabeles, vegetales de hojas verdes.

REQUERIMIENTOS: Aunque varían sus requerimientos según la edad, 1.5 mg al día, en promedio, es lo adecuado; para mayores detalles consulte el Anexo II. La cocción prolongada destruye esta vitamina.

Riboflavina (vitamina B2)
- Esencial para la salud en general y un crecimiento adecuado.
- Necesaria para la respiración celular y la producción de energía corporal al utilizar adecuadamente las proteínas, grasas y carbohidratos.
- Necesaria para una piel, uñas y cabello saludables.
- Ayuda a combatir la fatiga visual y mejorar la visión.
- Contribuye a sanar lesiones en la boca, lengua y labios.
- Cuando la mujer toma anticonceptivos orales, está embarazada o lactando, requiere mayor ingesta de esta vitamina.
- También actúa como un antioxidante al destruir células anormales en el cuerpo que pueden causar cáncer.

FUENTES NATURALES: Leche, queso, cereales integrales, levadura de cerveza, germen de trigo, semillas de girasol, almendras.

REQUERIMIENTOS: Aunque varían sus requerimientos según la edad, 1.7 mg al día, en promedio, es lo adecuado. Para mayores detalles consulte el Anexo II.

Niacina (vitamina B3)

- Es el factor antipelagra. Importante para el saludable funcionamiento del sistema nervioso.
- Ayuda en la desintoxicación del organismo, tanto de desechos metabólicos como incluso de drogas y alcohol; dicho de una manera popular, esta vitamina es muy importante para contrarrestar los síntomas de la "cruda" o resaca.
- Mejora la circulación y regula los niveles de colesterol en la sangre.
- Actúa también como un antioxidante, ayudando a prevenir enfermedades.
- Esencial para mantener una piel, lengua y mucosas digestivas saludables.
- Ayuda a eliminar y prevenir las manchas de la edad o por el sol.
- Necesaria para la síntesis de las hormonas sexuales.

FUENTES NATURALES: Levadura de cerveza, pulido de arroz, germen de trigo, semilla de girasol, nueces, cereales integrales, vegetales verdes.

REQUERIMIENTOS: Varían según la edad. Consulte el Anexo II.

Ácido pantoténico (vitamina B5)

♦ Implicada en muchas de las funciones vitales del organismo.

♦ Activa el metabolismo de grasas, proteínas y carbohidratos para producir energía.

♦ Importante como factor antiestrés.

♦ Ayuda a fortalecer el cabello y a retardar su encanecimiento.

♦ Estimula las glándulas adrenales (suprarrenales) y aumenta la producción de cortisona y otras hormonas adrenales, importantes para un sistema nervioso fuerte y una piel saludable.

FUENTES NATURALES: Levadura de cerveza, germen de trigo, jalea real, cereales integrales, frijol, cacahuate, yema de huevo.

REQUERIMIENTOS: No establecidos, aunque se estiman entre 30 a 50 mg diarios.

Piridoxina (vitamina B6)

♦ Auxiliar en la asimilación de los alimentos y en el metabolismo de grasas y proteínas.

♦ Esencial para la regeneración celular y la síntesis y actividad del ADN (ácido desoxirribonucleico) y ARN (ácido ribonucleico), que son el material genético de la célula.

♦ Necesaria para la formación de la hemoglobina (las células rojas de la sangre) y las células del sistema inmunológico.

♦ Importante para la salud del sistema nervioso y para conciliar un sueño profundo.

- Es un diurético natural.
- Ayuda a liberar el glucógeno del hígado y los músculos, para producir energía.
- Alivia las náuseas matutinas.
- Reduce los espasmos musculares nocturnos, calambres en las piernas, brazos dormidos.
- Esta vitamina regula el equilibrio entre el sodio y el potasio, los cuales a su vez regulan los fluidos en el organismo, función de vital importancia.
- Indispensable para la absorción de la vitamina B12.
- Necesaria para la producción del ácido hidroclorhídrico, esencial para una buena digestión.

FUENTES NATURALES: Levadura de cerveza, aguacate, frijol de soya, nueces, plátanos, germen de trigo, leche, yema de huevo, col, melaza, vegetales de hoja verde, pimientos, cacahuates, zanahorias.

REQUERIMIENTOS: 2 mg para adultos, 0.2 mg para niños y 2.5 mg para embarazadas y lactantes. La cocción destruye la vitamina B6.

Biotina

- Es otro miembro del complejo B, se le conoce también como vitamina H o coenzima R.
- Necesaria en el metabolismo de las grasas, los carbohidratos y las proteínas.
- Es requerida para la síntesis del ácido ascórbico.
- También esencial para la síntesis de los ácidos nucleicos ADN y ARN.

- La biotina es necesaria para la utilización del ácido fólico (B9), ácido pantoténico (B5) y vitamina B12.
- Retarda el encanecimiento del cabello y ayuda a prevenir la calvicie y la alopecia.
- Alivia los dolores musculares.
- Combate la dermatitis y el eczema.
- Su deficiencia está relacionada con el agotamiento, la anorexia y la depresión.
- Quienes acostumbran consumir huevos crudos deben saber que la clara contiene una proteína, la avidina, que inhibe la absorción de la biotina; por esta razón y por otras posibilidades de contaminación, los huevos deben cocinarse.

FUENTES NATURALES: Levadura de cerveza, arroz integral, frijol de soya. Si nuestra flora intestinal es sana y abundante, es capaz de sintetizar esta vitamina.

REQUERIMIENTOS: 150 a 300 mg diarios.

Ácido fólico (vitamina B9)
- Actúa en unión con la vitamina B12 y es esencial para la producción de glóbulos rojos; su deficiencia genera anemia megaloblástica.
- Necesaria para el correcto funcionamiento del cerebro y la salud mental y emocional.
- Ayuda al mejor funcionamiento hepático y estimula la formación de ácido clorhídrico, que ayuda en la digestión y a prevenir parásitos intestinales y la intoxicación.

- Importante en la división celular y la producción de ADN y ARN (material genético) para el proceso del crecimiento y la reproducción de todas las células del organismo.
- Auxiliar en el metabolismo de las proteínas.
- Tomada junto con el ácido pantoténico (vitamina B5) ayuda a retardar el encanecimiento del cabello. Importante para una piel saludable.
- Esencial durante el embarazo para el correcto desarrollo del feto y evitar la espina bífida.
- Ayuda a la madre en la producción de leche durante la lactancia.

FUENTES NATURALES: Su nombre viene del latín *folium*, que significa *hoja*, lo que nos indica que se encuentra en abundancia en los vegetales de hoja verde; también en la levadura de cerveza, germen de trigo, nueces, brócoli, espárragos, zanahorias.

REQUERIMIENTOS: 0.4 mg o 400 mcg al día.

Cianocobalamina (vitamina B12)
- Esencial para la regeneración y producción de glóbulos rojos. Su deficiencia genera anemia perniciosa.
- Importante para el buen desarrollo de los niños y en muchas funciones metabólicas.
- Trabaja junto con el ácido fólico en la división celular.
- Ayuda a la absorción de los carotenos y la síntesis de la vitamina A.
- Esencial para un sistema nervioso saludable y para la conducción de los mensajes eléctricos nerviosos.

- Para regular las funciones cerebrales, especialmente la memoria a corto plazo.
- En su deficiencia, el sueño es ligero, se dormita sin llegar a conciliar el sueño profundo y reparador; también hay falta de apetito, nerviosismo, irritabilidad, neuritis, agotamiento físico y mental, dificultad para concentrarse, mala memoria, falta de equilibrio, entumecimiento de las extremidades, mal olor corporal y desarreglos menstruales.
- La vitamina B12 es necesaria también para la síntesis de ADN y ARN.

FUENTES NATURALES: Para los vegetarianos y especialmente para los veganos, esta vitamina es la que requiere más atención en nuestra dieta, pues se encuentra casi exclusivamente en los productos de origen animal: la B12 es la única vitamina que no proporciona de forma fiable una dieta vegana aun cuando ésta sea integral y variada, con abundantes frutas, verduras, semillas, algas y cereales integrales, junto con la exposición al sol.

Aunque con frecuencia se asevera la presencia de la vitamina B12 en ciertos alimentos de origen vegetal, como el germen de trigo, algas marinas, cacahuates, semillas etc., en los estudios científicos esto no se ha podido comprobar y las experiencias en el tiempo tampoco lo han respaldado.

El ovolactovegetariano o el lactovegetariano no tendrán problema alguno en encontrar vitamina B12 en los huevos y lácteos que consuman, aunque como se mencionó anteriormente, se recomienda que éstos sean orgánicos. En numerosos estudios la leche ya no es recomendada como alimento para los adultos, así que las fuentes sugeridas además de los huevos son un poco de yogur natural o leche búlgara y queso;

el suero de leche orgánica es también una buena opción. La ingesta diaria de alguno de estos productos será suficiente para el aporte de esta vitamina esencial.

Para los veganos, existen dos formas de llenar su requerimiento de vitamina B12:

a) Los alimentos enriquecidos con ella, como algunas leches vegetales de almendra, soya, coco, etc., la levadura nutricional (es difícil de conseguir en México y no debe confundirse con la levadura de cerveza) y algunos cereales para el desayuno; insisto, siempre y cuando hayan sido enriquecidos con esta vitamina, que lo exprese específicamente su etiqueta y la empresa que los elabora sea confiable en su producción e información. Se recomienda consumir al menos tres veces al día y con pocas horas de separación algunos de los alimentos enriquecidos con esta vitamina y que contengan alrededor de 1 mcg de B12 cada uno por lo menos.

b) Tomar un suplemento de vitamina B12. Para los veganos que quieran llenar este requerimiento con un suplemento, se recomienda tomar una tableta o cápsula que contenga todas las vitaminas del complejo B, incluida la B12 en la dosis ya indicada. La vitamina B12 de los suplementos, como la de los alimentos enriquecidos o la de los productos animales, procede de microorganismos.

REQUERIMIENTOS: 3 a 6 mcg al día.

Ingerir diariamente un suplemento alimenticio que contenga todas las vitaminas del complejo B es altamente recomendable tanto para los ovolactovegetarianos como para los vegetarianos y principalmente para los veganos, a fin de complementar su nutrición y asegurarse de que no haya deficiencia alguna; además de que el cuerpo humano no las almacena y se deben consumir a diario, como ya hemos explicado ampliamente, las tierras empobrecidas por los malos hábitos de cultivo producen alimentos inadecuados e insuficientes en muchos aspectos, con menor aporte de nutrimentos de los que se obtenían hace años y esto, aunado al estrés y la contaminación de la vida moderna, genera mayor requerimiento de estas vitaminas.

Vitamina C (ácido ascórbico)

- Es el factor antiescorbútico.
- Necesario para una correcta función fisiológica.
- Auxiliar específico en desórdenes gastrointestinales.
- Es un poderoso antibiótico natural. Importante en los resfriados comunes.
- Es un importante antioxidante y anticancerígeno.
- Esencial en el correcto funcionamiento de la glándula tiroides y las glándulas adrenales.
- Necesario para la formación del colágeno, el "cemento" intracelular; por ejemplo, las células en las paredes de las arterias necesitan colágeno para poder expandirse y contraerse con los latidos cardiacos.

- La vitamina C es también necesaria para la salud de los ojos, la piel y las mucosas, así como para dientes, encías, ligamentos y huesos sanos.
- Auxiliar en la cicatrización de heridas y quemaduras, por su capacidad para formar tejido conectivo.
- Ayuda a disminuir el colesterol sanguíneo.
- Previene y disminuye la formación de coágulos en las venas.
- Ayuda a prevenir enfermedades y a fortalecer la salud en general.
- Nos protege del daño de sustancias tóxicas presentes en el aire, agua y alimentos.
- Es esencial para combatir la fiebre y todo tipo de infecciones, ya sea por virus, hongos o bacterias.
- Ayuda a reducir las reacciones alérgicas.
- Indispensable en la absorción del hierro y del calcio.
- Protege al cerebro del daño que pueden causar los radicales libres.
- Y, muy importante, tiene un efecto protector contra diversos tipos de células cancerosas.

La vitamina C es muy sensible al oxígeno y sus beneficios se pueden perder al exponerse a la luz, al calor y al aire; por esta razón, los alimentos que la contienen deben consumirse lo más pronto posible después de cortarlos o exprimirlos.

FUENTES NATURALES: Todas las frutas y vegetales frescos. De manera muy especial, los pétalos de rosa, el escaramujo, que es el fruto de la rosa de Castilla, y los frutos cítricos, naranjas, toronjas, mandarinas, kiwis, guayabas, piñas, fresas, jitomates, pimientos, hojas de nabo y las hojas verdes en general.

REQUERIMIENTOS: Varían según las diferentes etapas de la vida; para ver detalles al respecto, consulte el Anexo II. Por sus características, la vitamina C puede ingerirse en dosis elevadas como tratamiento para prácticamente todo tipo de enfermedades, pues actúa como antibiótico natural sin efectos secundarios ni riesgos para el organismo.

Las vitaminas liposolubles

Como ya explicamos, son solubles en las grasas y se trata de las vitaminas A, D, E y K.

Vitamina A (retinol)

- Su papel es vital en el ciclo visual. Ayuda a prevenir enfermedades de los ojos, como ceguera nocturna, miopía, etc.
- Es de vital importancia para la nutrición de la piel y ayuda a evitar y eliminar las manchas de la edad.
- Esencial durante el embarazo y la lactancia.
- La vitamina A se requiere en el proceso de cicatrización de todo tipo de heridas, llagas y úlceras, tanto externas como internas.
- Su deficiencia provoca malformación de los huesos y del sistema nervioso, escaso crecimiento, resequedad y engrosamiento de la piel, degeneración de los riñones y de otras glándulas, así como esterilidad.
- Es esencial para la salud de las membranas mucosas del organismo, incluidas las del sistema respiratorio, con lo que nos protege del efecto dañino del aire contaminado así como de gérmenes, ayudando a prevenir infecciones respiratorias.

- Es necesaria para el correcto funcionamiento del sistema inmunológico.
- Es un auxiliar importante en el tratamiento de enfisema y del hipertiroidismo.
- Ayuda a que haya una adecuada secreción de jugos gástricos y una buena digestión de las proteínas.
- Previene el envejecimiento prematuro y la senilidad.
- Su carencia es más común en los niños, ya que en los adultos el hígado es capaz de almacenar suficiente vitamina A para meses e incluso años.
- Aplicada en la piel, ayuda a eliminar las manchas de la edad, arrugas superficiales, infecciones y úlceras de la piel.

FUENTES NATURALES: Hortalizas verdes y amarillas, especialmente zanahorias, melón, huevos, jitomate, lácteos; los chiles secos (guajillo, pasilla, ancho, mulato, morita, etc.). Todos los vegetales con colores intensos, rojos, naranjas, verdes, amarillos, son especialmente ricos en carotenos, que son los precursores de la vitamina A: en el organismo, cuando se requiere esta vitamina, los carotenos son transformados en ella con la ayuda del zinc, sólo en la cantidad necesaria, y el resto se almacena, principalmente en el hígado, hasta que es necesaria más vitamina, con lo que el zinc los remueve del órgano para volver a formar la que se requiera. De esta manera, aunque la vitamina A puede ocasionar problemas cuando se consume en exceso por ser una vitamina liposoluble, en su forma vegetal, como carotenos, no representa nunca un riesgo.

Cabe mencionar que los diabéticos y las personas con hipotiroidismo pierden casi en su totalidad la capacidad de transformar los carotenos en vitamina A, por esta razón es muy fácil que sufran deficiencias de la misma y por consi-

guiente padecen con frecuencia de los ojos, la piel, neuropatías, etc. Con esta información podemos estar más pendientes de que las personas con estos padecimientos tengan un complemento de vitamina A debidamente indicado por un experto para evitar ocasionar un exceso.

REQUERIMIENTOS: Varían según las diferentes etapas de la vida. Para ver detalles al respecto, consulte el Anexo II.

Vitamina D (calciferol)

♦ Se sintetiza con la acción de los rayos solares ultravioleta sobre la piel. Es un importante auxiliar en la asimilación de calcio, fósforo y otros minerales necesarios para tener huesos y dientes fuertes y sanos; junto con el calcio y el magnesio, es esencial para evitar y tratar la osteopenia y la osteoporosis.

♦ Muy importante en la infancia y adolescencia para la correcta formación de huesos y dientes. Su ausencia produce raquitismo, caries dental, crecimiento retardado.

♦ Es muy importante para mantener un sistema nervioso estable, un adecuado ritmo cardiaco y una correcta coagulación sanguínea. Es un importante auxiliar en el tratamiento de la conjuntivitis.

♦ La vitamina D es mejor aprovechada cuando se toma junto con la A, y al combinar ambas con la vitamina C, actúan protegiéndonos de gripe, tos y resfriados.

FUENTES NATURALES: Yema de huevo, leche, mantequilla, germinados, champiñones, semillas de girasol.

La exposición al sol es la forma más efectiva de obtener la vitamina D_3, que es la que nuestro cuerpo elabora y que

necesitamos principalmente para evitar las enfermedades de los huesos. La hora ideal para exponer nuestra piel al sol es antes de las once de la mañana mientras caminamos, hacemos ejercicio, etc. Veinte minutos son suficientes; nunca abuse del tiempo de exposición al sol, pues así como tomarlo con medida aporta beneficios, el exceso —como todos los excesos— daña la piel, puede provocar quemaduras de leves a graves y en caso extremo generar cáncer.

REQUERIMIENTOS: 400 UI.

Vitamina E (tocoferol)

♦ Posee actividad antioxidante, es decir, impide la oxidación de los ácidos grasos poliinsaturados, los que se encuentran en los aceites de soya, maíz, girasol, canola, cártamo, etc. Cuando éstos se fríen o se hacen rancios, generan incontables radicales libres, sumamente tóxicos para el organismo.

♦ Mejora la circulación al dilatar los vasos sanguíneos.

♦ Ayuda a que no queden cicatrices de heridas y quemaduras y acelera su proceso de curación.

♦ Es indispensable para la salud del corazón y en el tratamiento de angina de pecho, asma, flebitis, artritis, enfisema y úlceras varicosas.

♦ Es un anticoagulante natural, previene la formación de trombos.

♦ Protege a los pulmones del daño por el aire contaminado.

♦ Actúa también como un diurético natural, ayudando a eliminar el edema ocasionado por exceso de fluidos en los tejidos y a regular la hipertensión arterial.

♦ Retarda el proceso de envejecimiento.

- Ayuda a aliviar la fatiga y los calambres y espasmos en las piernas.
- Es un factor importante para la fertilidad, de ahí su nombre, que viene del griego *tokos* y significa "alumbramiento".
- Se ha utilizado con éxito en el tratamiento de diversos desórdenes reproductivos como abortos espontáneos, muerte fetal, infertilidad tanto en el hombre como en la mujer y desórdenes menstruales y menopáusicos.

FUENTES NATURALES: Aceite de germen de trigo, siempre y cuando esté fresco; aceite de oliva, aceite de aguacate y aceite de coco, todos los cuales deben ser prensados en frío, o sea, ser extra vírgenes. Germinados, nueces, linaza, chía, semillas y cereales integrales, vegetales de hojas verdes y huevos.

REQUERIMIENTOS: 60 mg al día.

Vitamina K

- Está relacionada con la coagulación de la sangre. Si los niveles de vitamina K son muy bajos, la sangre tardará más tiempo de lo normal en coagularse e incluso puede haber una gran pérdida hemática; es la vitamina antihemorrágica.
- Aunque no interviene directamente en el proceso de coagulación, su presencia estimula en el hígado la producción de cuatro proteínas específicas que determinan la coagulación de la sangre, entre las que se encuentra la protrombina, que gracias a la presencia de la vitamina K se convierte en trombina, proteína fibrosa e insoluble que forma una red en la pared dañada del vaso sanguíneo

donde se detienen los glóbulos rojos para formar el coágulo y parar o evitar el sangrado.

♦ Se han obtenido beneficios al tratar con vitamina K las menstruaciones excesivas y prolongadas, disminuyendo también el exceso de coágulos y cólicos.

♦ Ha demostrado tener efectos inhibidores de tumores cancerosos en senos, ovarios, colon, estómago, riñones y pulmones.

♦ También está involucrada en la producción de energía en los tejidos y sobre todo del sistema nervioso.

FUENTES NATURALES: Coliflor, coles de Bruselas, brócoli, lechugas, algas marinas, alga espirulina, alfalfa, yema de huevo, espinacas, repollo, tomates, papas, leche de vaca.

REQUERIMIENTOS: No establecidos.

Consideración final

El reino vegetal es, por excelencia, la fuente que nos brinda adecuadamente las vitaminas y minerales que requerimos de forma fácil, natural, apetitosa, saludable, y por fortuna en nuestro país variada y económica, pues todo el año la naturaleza nos ofrece frutas y verduras que nos aportarán justamente los nutrimentos necesarios según el clima y la región donde nos encontremos; siempre elija, de preferencia, los alimentos que se producen en la región donde usted vive, pues son los que le aportarán más eficientemente los nutrimentos que requiere.

Las frutas, verduras, granos, oleaginosas, semillas y cereales integrales son ricos en toda clase de vitaminas, minerales,

ácidos grasos esenciales, proteínas, hidratos de carbono, etc., variando por supuesto la cantidad y el tipo de nutrimentos en cada uno de ellos según el fruto de que se trate. Para tener información más detallada respecto al contenido de nutrimentos en los diversos tipos de alimentos, consulte el Anexo I.[4]

LOS MINERALES

Los minerales son los compuestos químicos cristalinos que resultan de los procesos inorgánicos de la naturaleza.

En el transcurso del tiempo, a lo largo de millones de años, las rocas son reducidas a infinidad de fragmentos diminutos debido a la erosión por la lluvia, el viento, etc.; estos fragmentos dan origen al polvo y la tierra que son la base del suelo. Además de estos diminutos cristales de sales minerales, el suelo es fértil en microorganismos que inician la transformación de estos minerales inorgánicos a "orgánicos", proceso que continúa al ser absorbidos por las plantas y que culmina cuando son utilizadas para la nutrición humana.

Los minerales se clasifican de la siguiente manera: metales, metaloides, iones positivos, iones negativos, bases y ácidos.

Son indispensables para la nutrición de las células y la constitución del sistema óseo. Participan en la composición química de todos los tejidos así como en el metabolismo, la digestión y asimilación de los alimentos; la importancia de los minerales, al igual que las vitaminas, es vital.

---

[4] Paavo Airola, Ph. D., N. D., *How to Get Well*, Phoenix, Health Plus Publishers, 1974.

Lo mejor es obtenerlos de sus fuentes naturales. Los encontramos en abundancia en las verduras, frutas, cereales, leguminosas, lácteos, entre otros. Los minerales más importantes para la nutrición humana son:

Calcio

- Es el mineral más abundante en nuestro cuerpo. El 99% del calcio se encuentra en los huesos y dientes y el 1% restante está en los tejidos, en la sangre y los líquidos intracelulares; el calcio que circula en los líquidos corporales es esencial para una sangre saludable.
- El calcio es primordial para muchas de las funciones vitales del organismo.
- Necesario para la formación y mantenimiento de huesos y dientes.
- Actúa en el proceso de coagulación de la sangre.
- Interviene en las funciones de las hormonas paratiroideas y otras.
- La vitamina D es necesaria en su metabolismo; para que el calcio se pueda absorber adecuadamente, debe haber suficiente vitamina D en el organismo.
- Tiene un efecto positivo sobre los neurotransmisores (serotonina, acetilcolina y norepinefrina), la transmisión nerviosa y los movimientos, la contracción y el crecimiento de los músculos.
- Ayuda a regular el flujo de los nutrientes hacia dentro y hacia fuera de las paredes celulares.
- Esencial en la absorción del hierro y para activar diversas enzimas digestivas.
- Ayuda a combatir el insomnio, a fortalecer y relajar el sistema nervioso y combatir la ansiedad.

- Una causa muy común de los calambres es la deficiencia de calcio.
- Junto con el magnesio, el calcio ayuda a regular el ritmo cardiaco y en general a la salud cardiovascular y nerviosa.
- Al igual que las vitaminas, los minerales también actúan en conjunto para poder realizar sus funciones de forma óptima; el calcio debe estar en nuestro cuerpo junto con el zinc, potasio, magnesio y manganeso.
- El calcio y el fósforo trabajan juntos para formar huesos y dientes fuertes y sanos.
- Es esencial comprender que, entre tantas otras funciones, el calcio ayuda a regular en la sangre los niveles de acidez-alcalinidad de la siguiente manera: la relación entre ambos debe ser en una proporción de 2.5 veces el calcio por una de fósforo.

Es muy importante considerar, para las personas que consumen muchos productos cárnicos, que éstos contienen fósforo en cantidades elevadas, lo que genera en el cuerpo un desequilibrio entre estos dos minerales. El exceso de fósforo en el organismo genera un pH ácido, y como esto no es sano, el cuerpo trata de compensarlo y equilibrarlo con el calcio para formar un pH alcalino; si este mineral no está disponible en ese momento en la sangre, el organismo lo tomará de los músculos y/o de los huesos. Si el proceso se repite con frecuencia, generará una deficiencia de calcio y dará lugar a la osteopenia y la osteoporosis, un sistema nervioso alterado, etc.

Para que pueda realizar bien sus funciones, el calcio también requiere la presencia de las vitaminas liposolubles: A, C, D y E.

Sólo bajo estricta supervisión de un especialista se debe tomar un suplemento de calcio, pues como con todos los

nutrimentos, lo adecuado es obtenerlo de los alimentos y un exceso siempre generará problemas.

FUENTES NATURALES: Tortillas, leche, queso, levadura de cerveza, vegetales crudos, especialmente los de hojas verdes oscuras; tofu, brócoli, perejil, berros, espárragos, semillas de girasol, avena, almendras, nueces, ajonjolí, melaza, col, higos, ciruelas pasas, algas marinas.

REQUERIMIENTOS: Sus requerimientos varían según las diferentes etapas de la vida. Para ver detalles al respecto, consulte el Anexo II.

Fósforo

- ♦ Es el segundo mineral en abundancia en nuestro organismo, presente en cada una de las células.
- ♦ Su acción va unida a la del calcio y ambos minerales deben encontrarse en un equilibrio adecuado para poder ser aprovechados por el organismo; como explicamos, éste es de una parte de fósforo por 2.5 de calcio.
- ♦ Es necesario en la conservación del equilibrio entre acidez y alcalinidad en la sangre y tejidos: un pH ácido indica exceso de fósforo en el cuerpo. Esto sucede cuando se lleva una dieta con alta ingesta de productos cárnicos, que contienen mucho fósforo. En esas circunstancias, el cuerpo busca equilibrar el pH ácido y para ello toma calcio de la sangre, los huesos, etc. Si este proceso se repite con frecuencia, dará lugar a la osteopenia y luego a la osteoporosis.
- ♦ Es necesario para una eficiente actividad mental y un sistema nervioso saludable.

- El fósforo se utiliza también para la construcción y mantenimiento de huesos, dientes y encías saludables.
- Es también un factor importante en el metabolismo de los hidratos de carbono, las grasas y las proteínas utilizadas para el crecimiento, mantenimiento, reparación y división de las células y la producción de energía.
- Estimula la contracción muscular, los impulsos nerviosos y regula las contracciones del músculo cardiaco.
- Esencial para el buen funcionamiento de los riñones.
- La niacina (vitamina B3) no puede ser asimilada sin la presencia de este mineral.
- Es fundamental en el crecimiento y reparación del organismo.
- Ayuda a disminuir los dolores artríticos y reumáticos.

FUENTES NATURALES: Levadura de cerveza, cereales integrales, productos lácteos, leguminosas, nueces, semillas, yema de huevo, frutos secos, maíz, ajo, espárragos, etcétera.

REQUERIMIENTOS: Adultos: 800 mg; niños, mujeres embarazadas o lactantes: 1000 a 1400 mg diarios.

Magnesio

- Es un catalizador de muchas e importantes reacciones enzimáticas, especialmente aquellas involucradas en la producción de energía en las células, incluida la conversión del azúcar de la sangre en energía.
- Combinado con el calcio es un tranquilizante natural, conocido como "el mineral antiestrés".
- Ayuda a combatir la depresión y el insomnio.

- La deficiencia de este mineral es muy común entre los alcohólicos.
- El magnesio ayuda a la asimilación de las vitaminas C y E y las del complejo B, las grasas, el calcio, el fósforo, el sodio y el potasio, y es esencial para una eficiente síntesis de proteínas.
- Regula el equilibrio entre acidez y alcalinidad en el cuerpo.
- Evita los depósitos de calcio y la formación de cálculos renales.
- También está involucrado en la producción de lecitina y ayuda a evitar la acumulación de colesterol, y con ello a prevenir la aterosclerosis.
- Es esencial para la transmisión de los impulsos nerviosos y musculares, incluidos los del corazón, promoviendo la salud cardiovascular y ayudando a prevenir infartos.
- Da tonicidad a las venas.
- Alivia la indigestión.
- Mantiene dientes saludables.

FUENTES NATURALES: Se encuentra muy especialmente en los vegetales de hojas verdes, pues forma parte de la clorofila. Otras buenas fuentes son las nueces, frijol de soya, tofu, higos, duraznos, limones, almendras, manzanas, cereales integrales, semillas de girasol y ajonjolí, maíz, duraznos, ajo.

REQUERIMIENTOS: 350 mg diarios para los hombres, 250 mg para las mujeres; 320 mg durante el embarazo y 355 mg durante la lactancia. Una dieta variada de los alimentos mencionados nos brindará de manera natural el magnesio necesario.

Potasio

♦ Previene el exceso de acidez del pH, ya que es un importante agente para mantener un equilibrio adecuado entre acidez-alcalinidad en sangre, fluidos corporales y tejidos.

♦ Esencial para la contracción muscular, por lo tanto, de suma importancia para la adecuada función cardiaca.

♦ Es un magnífico auxiliar renal en la purificación sanguínea.

♦ Junto con el sodio, ayuda a regular el flujo y equilibrio de los líquidos dentro y fuera de las células; el potasio trabaja dentro y el sodio fuera de la célula.

♦ Es importante en la transferencia de los nutrientes a las células y para la transmisión de los impulsos electroquímicos.

♦ Se une con el fósforo para hacer llegar oxígeno al cerebro, influyendo en la claridad mental.

♦ Junto con el calcio regula la actividad muscular y nerviosa.

♦ Es esencial para una piel saludable.

♦ Ayuda a regular la presión arterial de manera natural.

♦ El potasio interviene en la conversión de la glucosa a glucógeno, para que pueda ser almacenado en el hígado y esté disponible para cuando el organismo lo requiera en todas sus diversas funciones.

♦ Consumir café o alcohol en exceso, tomar diuréticos químicos, las diarreas prolongadas o dietas extremas pueden inducir una eliminación de potasio que ponga en riesgo su salud.

63

FUENTES NATURALES: Vegetales en general, especialmente los de hojas verdes, berros, levadura de cerveza, cereales integrales, naranjas y frutas cítricas en general, semillas de girasol, nueces, plátano, jitomate, papa (en especial la cáscara), ajo, higos, pasas, duraznos, arroz integral, hojas de menta.

REQUERIMIENTOS: 2000 a 2500 mg al día.

Sodio

- Es necesario para la producción de ácido clorhídrico en el estómago, lo que lo hace esencial en la digestión.
- Su función está muy ligada a la del cloro y el potasio en diversas funciones del organismo. Estos tres minerales ayudan a mantener y controlar la presión osmótica, que es la responsable de la transportación de nutrientes del intestino delgado a la sangre.
- El sodio se encuentra en cada célula, pero especialmente en los fluidos corporales.
- Junto con el potasio, ayuda a regular el equilibrio de los líquidos en el organismo y para el crecimiento.
- Sodio y potasio están involucrados también en la contracción y expansión de los músculos y en la estimulación nerviosa.
- Las dietas altas en sodio ocasionan la eliminación de potasio y pueden generar hipertensión arterial.
- Junto con el cloro, ayuda a mejorar la salud de la sangre y la linfa.
- Es importante en el transporte de oxígeno y en la eliminación del dióxido de carbono del organismo.
- Ayuda a prevenir la insolación y los golpes de calor.
- El medio de excreción de este mineral son los riñones.

♦ Su deficiencia impide la correcta digestión de los hidratos de carbono y puede ocasionar neuralgias.

FUENTES NATURALES: Sal, apio, lechuga romanita y vegetales de hojas verdes, algas marinas, melón, betabeles, zanahorias, agua de mar, espárragos, salsa de soya.

REQUERIMIENTOS: De 200 a 400 mg diarios.

Cloro

♦ Esencial en la producción de ácido clorhídrico en el estómago, el cual es utilizado para la correcta digestión de las proteínas y la asimilación de los minerales.
♦ Ayuda a mantener el equilibrio entre acidez y alcalinidad en el organismo; junto con el sodio y el potasio mantiene una presión osmótica para que la concentración de fluidos y electrolitos dentro y fuera de las células esté equilibrada.
♦ Es necesario para la distribución de las hormonas en el cuerpo.
♦ El cloro estimula al hígado en su función de eliminación de desechos del organismo.
♦ Es importante para mantener tendones y coyunturas saludables.

Todos los beneficios anteriores se refieren al cloro como mineral, que se encuentra de manera natural en los alimentos; sin embargo, el cloro que se agrega en el agua de consumo humano destruye la vitamina E y la flora intestinal.

Además, cuando es añadido al agua se combina con otros compuestos que se encuentran en ella, dando lugar a

subproductos de la cloración llamados trihalometanos o THM: éstos desencadenan la formación de radicales libres en el cuerpo, causando daños en las células. Son además altamente cancerígenos.

El cloro es también responsable de contribuir al endurecimiento de las arterias, la principal causa de enfermedades del corazón. Es importante tener esto en cuenta y evitar al máximo ingerir agua clorada; tener un buen filtro es esencial. Tomar yogur o un prebiótico ayuda a contrarrestar los daños, y si se requiere, un complemento de vitamina E.

Al nadar en agua a la que se agrega cloro, éste es absorbido a través de la piel, causando los mismos daños; en algunas piscinas ya se utiliza sal en lugar de cloro para tratar el agua.

FUENTES NATURALES: Aguacate, algas marinas, jitomates, berros, col, nabos, pepinos, piñas, avena, espárragos, aceitunas, agua de mar, sal.

REQUERIMIENTOS: 500 mg.

Azufre
♦ Es llamado "el mineral de la belleza".
♦ Esencial para la salud, tonicidad y belleza de la piel, uñas fuertes y mantener el cabello sedoso y brillante pues es el mayor componente de la queratina, la proteína dura necesaria para la salud y fuerza de estas partes del cuerpo.
♦ Ayuda en la depuración de la sangre y a combatir bacterias.

- En el hígado, estimula la producción de la bilis y ayuda en el proceso de desintoxicación de contaminantes y radiación.
- Es esencial, junto con las proteínas, para la síntesis de colágeno.
- Trabaja con varias vitaminas del complejo B, para el metabolismo basal y la síntesis de los aminoácidos.
- Es necesario para la salud del sistema nervioso.
- Ayuda a mantener el equilibrio de oxígeno necesario para el correcto funcionamiento del cerebro.

FUENTES NATURALES: Huevos, cebolla, ajo, apio, col, rábanos, nabo, berros, ejotes, frijoles, frijol de soya.

REQUERIMIENTOS: Aún no se han establecido, pero se considera que una dieta apropiada y una ingesta adecuada de proteína provee el azufre necesario.

Hierro

- Es el mineral que se encuentra en mayor concentración en la sangre y en cada célula del organismo.
- Su función más importante es la de asociarse con las proteínas y el cobre para la formación de la hemoglobina (las células rojas de la sangre), y la mioglobina (los pigmentos rojos en los músculos), ambas responsables del almacenamiento y transporte vital de oxígeno a cada célula del cuerpo.
- El hierro aumenta la resistencia a las enfermedades, previene la fatiga y constituye un factor determinante en la calidad sanguínea.

- Es necesario para el crecimiento adecuado, la síntesis del colágeno y la tonicidad de la piel.
- El calcio debe estar presente para que el hierro funcione adecuadamente.
- También son necesarios el cobalto y manganeso para la correcta asimilación del hierro.
- En el cerebro, el hierro es un cofactor en la síntesis de los neurotransmisores como la serotonina, dopamina y noradrenalina, que regulan el comportamiento.
- El ácido clorhídrico es un factor importante en la asimilación del hierro.

Las frutas y alimentos que contienen hierro tienen sus propios ácidos y enzimas requeridas para su digestión y asimilación, de ahí que sean las fuentes naturales más recomendables; asimismo, la vitamina C ayuda a la absorción y asimilación del hierro, mientras que el café y el té negro interfieren en ello.

La deficiencia de hierro genera anemia ferropriva.

FUENTES NATURALES: Betabel, duraznos, chabacanos, chícharos, fresas, plátano, melaza, frutas secas, levadura de cerveza, hojas de nabo, cereales integrales, espinaca, alfalfa, hojas del betabel, semillas de girasol, ajonjolí, lentejas, yema de huevo, frijoles, nueces, algas marinas, espárragos, avena.

REQUERIMIENTOS: Varían según las diferentes etapas de la vida. Para ver detalles al respecto, consulte el Anexo II.

Cobre

♦ Sus funciones son similares a las del hierro, el cual no puede ser asimilado sin la presencia del cobre, que es utilizado para convertir el hierro en hemoglobina.

♦ Es necesario para el metabolismo de las proteínas, el proceso de curación del cuerpo y la producción de energía.

♦ El cobre trabaja con la vitamina C en la formación de la elastina, componente esencial de los nervios y el tejido conectivo.

♦ Auxiliar en el correcto desarrollo y mantenimiento de los huesos.

♦ También es requerido para la síntesis de los fosfolípidos, sustancias esenciales para la formación de la mielina, la capa protectora de las fibras nerviosas.

♦ Este mineral está involucrado en la producción de colágeno, el "cemento" intracelular.

♦ También en la producción de la noradrenalina, un neurotransmisor.

♦ Ayuda a que el aminoácido tirosina se convierta en melanina, el pigmento que le da color a la piel y al cabello.

♦ El cobre es necesario en la producción del ARN, encargado de la transmisión genética.

FUENTES NATURALES: Almendras, frijoles, vegetales de hojas verdes, cereales integrales, nueces, melaza, ciruelas pasas, coliflor, aguacate, pasas, huevos.

RECOMENDACIONES: 2 a 3 mg diarios.

Manganeso

- Es un componente importante de varias enzimas involucradas en el metabolismo de proteínas, grasas y carbohidratos.
- Actúa también como un catalizador en la síntesis de los ácidos grasos y el colesterol.
- Es necesario para regular los niveles de azúcar en la sangre.
- Indispensable para el desarrollo normal del esqueleto y la prevención de la osteoporosis.
- Requerido también para la producción de las hormonas sexuales encargadas de la reproducción, el correcto funcionamiento de las glándulas mamarias y la producción de la leche materna.
- El manganeso ayuda a activar las enzimas necesarias para que el organismo pueda utilizar correctamente la tiamina (B1), la biotina y la vitamina C.
- Auxiliar importante en la nutrición cerebral y nerviosa así como en la coordinación de la actividad entre el cerebro, los nervios y músculos de todo el organismo.
- Ayuda a disminuir la irritabilidad nerviosa y a mejorar la memoria.
- Es un importante antioxidante que previene el envejecimiento y mantiene el sistema inmunológico fuerte y saludable.
- Se necesita para la formación de la urea y el colágeno y el metabolismo de las purinas.
- Es un mineral esencial para la formación de la tiroxina, una de las hormonas de la glándula tiroides.
- También se forman con su ayuda la protrombina y la vitamina K, encargadas de la coagulación de la sangre;

cuando hay anemia por deficiencia de hierro, el manganeso es indispensable para combatirla.

FUENTES NATURALES: Cereales integrales, espinacas, vegetales de hojas verdes en general, betabel, nueces y semillas, frambuesas, colecitas de Bruselas, uvas, naranjas, toronjas, piña, alverjas, aguacates, chabacanos, pulido de arroz, algas marinas, germen de trigo, yema de huevo.

REQUERIMIENTOS: De 2 a 5 mg.

Zinc

+ Esencial para la síntesis de las proteínas y la formación de ADN y ARN, el material genético de la célula.
+ Está involucrado en la actividad de muchas enzimas y hormonas, especialmente de las hormonas reproductivas.
+ Esencial para la fertilidad en ambos sexos y para el correcto desarrollo del feto.
+ Indispensable en la etapa del crecimiento.
+ Necesario para el desarrollo de los órganos sexuales.
+ Regula los niveles de testosterona, mejorando el funcionamiento de la próstata.
+ Aumenta la potencia y las funciones de los órganos sexuales masculinos y el conteo espermático.
+ En la mujer, la deficiencia de este mineral puede llevar a menstruaciones dolorosas e irregulares, al síndrome premenstrual y a la infertilidad.
+ Rige la capacidad de contracción muscular.
+ Se requiere para mantener el equilibrio ácido-base del organismo y la estabilidad de la sangre.

- El zinc es importante para el metabolismo de la vitamina A y las del complejo B; el conjunto de estos nutrimentos es esencial para la salud de los ojos, uñas, el cabello y la piel.
- El acné indica deficiencia de zinc y también, generalmente, deficiencia de vitamina A o sus precursores, los betacarotenos, y de vitaminas del complejo B.
- Ayuda a acelerar el proceso de curación de heridas, quemaduras e infecciones en general y es también requerido para la adecuada formación del esqueleto.
- Estudios recientes revelan su importancia para las funciones cerebrales, la memoria, la capacidad de atención y el tratamiento de la esquizofrenia.
- Indispensable para la salud y humedad de las mucosas de los tractos digestivo y respiratorio, de los ojos y de todo el organismo.
- Ayuda a combatir reacciones alérgicas, los virus de la gripe y la influenza, enfermedades de las vías respiratorias y en general a combatir enfermedades y fortalecer el sistema inmunológico.
- Es necesario para la formación de la molécula de la insulina, y por lo tanto es esencial para los diabéticos.
- Está involucrado en el metabolismo de los carbohidratos y la energía.
- Ayuda al cuerpo en la eliminación del tóxico dióxido de carbono.

No percibir los olores ni los sabores de los alimentos indica deficiencia de zinc. Su carencia afecta la respiración celular y el proceso normal de crecimiento; las manchitas blancas que en ocasiones aparecen en las uñas son indicativo de deficiencia.

Consumir azúcar y dulces en exceso puede ocasionar la pérdida de hasta 3 mg de zinc al día; además, mucho de este mineral es eliminado de los alimentos al refinarlos y procesarlos.

FUENTES NATURALES: Levadura de cerveza, semillas de calabaza y de girasol, ajonjolí, germen de trigo fresco, huevos, cebollas, nueces, vegetales de hojas verdes. En los cereales y semillas el zinc se encuentra cautivo por una enzima, el ácido fítico, que inhibe su asimilación, pero al fermentarlos o germinarlos es liberado.

REQUERIMIENTOS: De 12 a 15 mg diarios.

Cromo

+ El cromo, junto con la niacina y algunos aminoácidos, forma una sustancia llamada "factor de tolerancia a la glucosa" que estimula la actividad de la insulina, necesaria para mover la glucosa de la sangre hacia el interior de las células y optimizar su aprovechamiento, produciendo energía y previniendo la hipoglucemia (por demasiada insulina) o la diabetes (por muy poca insulina). Es un mineral indispensable para los diabéticos.
+ Es parte integral de varias enzimas y hormonas.
+ Es esencial en el crecimiento y ayuda a prevenir y bajar de manera natural la hipertensión arterial.
+ Importante también en el metabolismo del colesterol, las proteínas, las grasas y los carbohidratos.

FUENTES NATURALES: La fuente óptima de este mineral es la levadura de cerveza, que además lo contiene en la forma

química de cromo trivalente, que es la más efectiva para estimular la acción de la insulina. Se encuentra también en cereales integrales, champiñones y hongos, aguas minerales, pimienta negra, tomillo, jugo de caña, melaza y azúcar mascabado. El azúcar refinada contribuye a la pérdida del cromo del organismo y conduce a su deficiencia.

REQUERIMIENTOS: No determinados.

Selenio

♦ Es un antioxidante cuya actividad biológica está íntimamente relacionada con la vitamina E: juntos tienen una acción sinérgica, mayor a la suma de sus partes, que los potencializa para la producción de anticuerpos y proteger al organismo de la intoxicación por mercurio.

♦ Evita la oxidación de la hemoglobina en la sangre, protege las membranas celulares y por sus funciones como antioxidante es utilizado para prevenir y tratar diversas enfermedades incluyendo cáncer, embolias, artritis, arterosclerosis, cirrosis, enfisema, etcétera.

♦ Ayuda a aliviar los bochornos y las crisis de la menopausia.

♦ Combate y previene la fatiga, la falta de energía y el agotamiento.

♦ Es también útil en la prevención y tratamiento de la caspa.

♦ Protege al organismo del daño que ocasionan los radicales libres, manteniendo la salud en óptimas condiciones.

♦ Conserva además la elasticidad de los tejidos, previniendo el envejecimiento.

♦ Es esencial en el metabolismo de las proteínas, la fertilidad y el crecimiento.

- Provee adecuada energía y oxigenación para las células del corazón.
- El selenio es necesario para la producción de prostaglandinas, un tipo de hormonas con diversas funciones en el organismo, entre ellas regular la presión arterial y evitar la formación de placas en las arterias.
- El páncreas depende del selenio para su correcto funcionamiento.
- Este mineral juega un rol vital para los varones, pues casi la mitad del que se encuentra en su organismo está concentrado en los testículos y los ductos seminales cercanos a la próstata y una parte de él se pierde en el semen.

FUENTES NATURALES: Levadura de cerveza, algas marinas, alga espirulina, agua de mar, germen de trigo, champiñones, hongos, leche, huevos, brócoli, cereales integrales, nueces de Brasil, col, jitomate, pepinos, rábanos, ajo, cebolla, melaza y la mayoría de los vegetales.

REQUERIMIENTOS: De 50 a 100 mcg de selenio diariamente es una dosis adecuada.

Yodo

- Mineral esencial para la salud de la glándula tiroides: dos tercios del yodo orgánico se encuentran allí. Es necesario para la formación de la tiroxina, la hormona de la tiroides que regula la mayoría de las funciones metabólicas como la síntesis del colesterol, la capacidad del lenguaje y la actividad física y mental. También regula la producción de energía y el peso corporal, pues ayuda a quemar el exceso de grasa.

♦ Es necesario para la salud de la piel, uñas, dientes y cabello, por lo tanto, ayuda a prevenir la resequedad de los mismos así como las arrugas y las uñas quebradizas. Promueve el crecimiento.

Los niveles adecuados de tiroxina en el organismo hacen que se realicen eficientemente funciones como la síntesis de las proteínas, la conversión de los carotenos a vitamina A y la absorción de los carbohidratos en el intestino delgado.

FUENTES NATURALES: Agua de mar, algas marinas, alga espirulina, alga clorela, ajo, ajonjolí, frijol de soya, rábanos, espinacas, mangos, hojas de betabel, hongos y champiñones, berros, piña, pera, alcachofa, frutas cítricas, yema de huevo, zapote negro.

REQUERIMIENTOS: 150 mcg (0.15 mg).

Minerales traza
Existen otros minerales traza, oligoelementos o microminerales que, como su nombre lo indica, se encuentran presentes en el organismo en cantidades tan pequeñas que a veces incluso son difíciles de detectar. Algunos de ellos son: níquel, vanadio, bromo, estroncio, litio, etc.; no se analizan en forma detallada porque la pequeña cantidad en que se requieren se obtiene regularmente en una alimentación equilibrada. Es importante aclarar que, ingeridos en exceso, estos minerales traza son sumamente tóxicos, de allí que no se aconseje su ingestión en forma aislada a menos que sea bajo la prescripción de un profesional, para un propósito específico y con un control extremo.

Obtener nuestros nutrimentos, ya sean vitaminas o minerales, en su forma natural, es decir, por medio de alimentos integrales, frutas, verduras, nueces, semillas o cereales, es la forma más adecuada de conseguir estos elementos vitales.[5] [6]

LA ENERGÍA

Todo ser vivo necesita energía para llevar a cabo el trabajo biológico que lo distingue de los seres inanimados: movimiento, contracción, transporte de nutrimentos a través de membranas, síntesis de macromoléculas y sustancias metabólicas útiles, reparación, reproducción, etcétera.

Los organismos autótrofos (aquellos que sólo utilizan materiales inorgánicos como fuente de alimento, por ejemplo dióxido de carbono como única fuente de carbono) pueden captar energía electromagnética del sol; los organismos heterótrofos, entre ellos el hombre (aquellos que requieren uno o más compuestos orgánicos), sólo pueden utilizar la energía química contenida en algunas sustancias: hidratos de carbono, lípidos y proteínas.[7]

---

[5] *Recomendaciones de nutrimentos para la población mexicana*, México, Instituto Nacional de la Nutrición (Cuadernos de Nutrición, núm. 4), 1976, pp. 273-274.

[6] Paavo Airola, Ph. D., N. D., *How to Get Well*, Phoenix, Health Plus Publishers, 1974.

[7] Dr. Héctor Bourges R., *Alimentación y nutrición*, México, Instituto Nacional de la Nutrición (Cuadernos de Nutrición, núm. 4), 1976, p. 275.

La energía es liberada de los alimentos cuando éstos son digeridos, siendo el calor un producto de la energía. Ésta se mide en términos de calorías; las calorías son, entonces, una medida de la energía proporcionada por los nutrimentos.

Podemos definir una caloría como una cantidad de calor capaz de elevar la temperatura de un gramo de agua en un grado centígrado, por ejemplo, de 14 °C a 15 °C.

Nuestro organismo utiliza la energía para las siguientes funciones:

1) **Para actividades internas:** los procesos básicos involuntarios, también conocidos como metabolismo basal, tales como: latido cardiaco, respiración, circulación, metabolismo, etcétera.

2) **Para actividades externas:** cada movimiento voluntario, desde el más sencillo hasta el que requiere el máximo esfuerzo.

3) **Para almacenamiento:** acumular y proporcionar energía cuando sea requerida durante cada etapa de la vida, principalmente durante la infancia y el embarazo; en estas últimas los requerimientos totales de energía incluyen no sólo el metabolismo basal y la actividad muscular, sino también otro aspecto muy importante: el crecimiento. Sólo con una alimentación adecuada, que permita la reserva de energía requerida durante la infancia y el embarazo, el desarrollo del niño o el feto será normal.

No se conoce con exactitud qué proporción de la energía ingerida con los alimentos es usada como material de reserva y cuál es utilizada para la actividad muscular; sin embargo, el organismo llenará primero sus requerimientos de energía para actividad, de tal forma que si un niño no obtiene la cantidad necesaria de energéticos, su actividad se desarrollará a expensas de su crecimiento.

También el embarazo y la lactancia implican formas de crecimiento similares. El mayor requerimiento de energía durante la gestación se debe a los más altos niveles metabólicos existentes en ese estado, a partir del cuarto mes; el aumento se origina por la mayor cantidad de tejido protoplásmico en el cuerpo de la madre debido al crecimiento de los tejidos uterinos y mamarios y al desarrollo del feto. El metabolismo basal de la madre puede aumentar hasta en 20%. Algo similar ocurre durante la lactancia, cuando son necesarios mayores requerimientos de energía para la producción de leche.[8]

Aunque las necesidades de energía varían de acuerdo con la actividad, estatura, sexo, peso y edad de cada individuo, la tabla del Anexo II nos proporciona los requerimientos aproximados.

Como ya habíamos mencionado, obtenemos la energía de los hidratos de carbono, los lípidos y las proteínas en la siguiente proporción:

- ◆ 1 g de hidratos de carbono = 4 calorías
- ◆ 1 g de grasa o lípidos = 9 calorías
- ◆ 1 g de proteína = 4 calorías

Es importante destacar que un gramo de grasa nos proporciona más del doble de calorías que los hidratos de carbono o las proteínas.

---

[8] Ethel Austin Martin, *Nutrition in Action*, Nueva York, Holt, Rinehart & Winston, 1974, pp. 56-71.

Los hidratos de carbono

Como su nombre lo indica, los hidratos de carbono se llaman así porque son átomos de carbono a los cuales se les ha agregado agua, es decir, están hidratados.

Las plantas toman dióxido de carbono de la atmósfera y agua del suelo y emplean la energía del sol para unir ambos, combinándolos para formar series de cadenas complejas llamadas azúcares o almidones; realizan así el trabajo más crucial de manera que el hombre pueda, al comerlas, consumir los hidratos de carbono que elaboraron, quemarlos con el oxígeno que respira, produciendo, por una parte, dióxido de carbono que al exhalarlo se reintegrará a la atmósfera, y por otra parte agua que será después evaporada en la respiración o excretada mediante la orina y liberando, finalmente, la energía que la planta obtuvo de la luz solar y que nos servirá para todas las funciones mencionadas en el apartado anterior. De esta forma, nuestro organismo es capaz de mantener dentro de sí una fuente de energía que actúa como un sol en miniatura.

La formación y asimilación de los hidratos de carbono da origen a un ciclo constante: la planta los forma con la liberación de oxígeno y la captación de la energía solar, y son luego oxidados por el animal con la excreción de dióxido de carbono y agua, aprovechando la energía obtenida del sol por la planta. Esta última es, pues, la que capta la energía, mientras que el animal la libera luego para su aprovechamiento.

Una molécula de hidrato de carbono es una estructura simple: contiene sólo carbono, hidrógeno, oxígeno, además de la energía solar captada durante su síntesis. La molécula o unidad más pequeña de hidrato de carbono producida por la planta es llamada azúcar. Existen varios tipos de moléculas de azúcares simples: tenemos a la fructuosa, que es el azúcar de las frutas; la glucosa, el azúcar primario en la sangre; la galactosa, que se convierte en glucosa en el hígado para servir de aporte energético además de formar parte de las membranas celulares, especialmente de las neuronas; la ribosa, uno de los principales componentes del ARN, y la manosa, otro azúcar simple muy similar a la glucosa.

Algunos azúcares están compuestos por la combinación de estas moléculas simples. Por ejemplo, cuando se unen la fructuosa y la glucosa se forma la sacarosa, o sea, el "azúcar de mesa". De igual manera, al unirse la glucosa y la galactosa se forma la lactosa, también llamada "azúcar de leche". La maltosa se forma al unirse dos moléculas de glucosa.

Cuando el nivel de azúcar en nuestra sangre empieza a declinar, se da en nuestro organismo una sensación de hambre; al subir nuevamente, la sensación desaparece. Cuando el hombre vivía en armonía y en contacto con la naturaleza, este mecanismo no presentaba ninguna dificultad: los alimentos que consumía el hombre primitivo contenían una moderada cantidad de azúcar y en la medida en que ésta era absorbida por el estómago e intestino y arribaba al torrente sanguíneo, el apetito desaparecía.

Esto se debe, en cierto grado, al contenido de azúcares en los alimentos, pero principalmente a la digestión de los almidones contenidos en ellos. Los almidones son la forma en que los vegetales almacenan los azúcares y la principal fuente de energía (calorías) para los seres humanos.

Cuando se ingieren alimentos naturales e integrales, el organismo digiere y absorbe, junto con el almidón, los numerosos nutrientes que necesita, tales como proteínas, grasas, vitaminas y minerales.

No sucede lo mismo cuando se consumen azúcares simples o refinados. Cuando éstos entran en el organismo, nuestra necesidad de carbohidratos está satisfecha al tiempo que la sensación de hambre es eliminada; sin embargo, quedan sin cubrir las necesidades de los demás nutrientes: grasas, proteínas, vitaminas y minerales, ya que el azúcar, por ser procesado, consiste esencialmente en las llamadas calorías "vacías".

Nutricionalmente hablando podemos decir que quedamos entonces en deuda con nuestro cuerpo por faltarle la mayoría de los nutrientes esenciales, siendo ésta además una causa común de obesidad por la siguiente razón: al consumir el azúcar en forma aislada no solamente se le ahorra al organismo el trabajo de romper los enlaces del almidón en pequeñas unidades de azúcar, sino que al ser ingeridas directamente como azúcares son rápidamente absorbidos, desapareciendo la sensación de hambre al elevarse de inmediato el nivel de azúcar en la sangre. Esto hace que se experimente un estallido de energía que por desgracia durará muy poco; más tarde, al bajar nuevamente el nivel de azúcar en la sangre, "sentiremos" otra vez hambre y la sensación de debilidad que la acompaña, hecho que nos conducirá a comer nuevamente, formándose así un círculo vicioso causante de sobrepeso y obesidad en aquellas personas habituadas al consumo de pastelillos, bebidas embotelladas y azúcares refinados en general. Obesidad y malnutrición pueden ir de la mano: bajo una montaña de grasa, muchas personas obesas "viven muriendo" por no obtener los nutrientes requeridos.

El problema de las "calorías vacías" no queda ahí, pues no sólo carecen de los elementos indispensables para la salud sino que además, para poder metabolizar los carbohidratos, el organismo requiere vitaminas y minerales que si no se

encuentran en los alimentos que consume, tendrá que obtener de los almacenados en sus órganos y tejidos, causando una mayor deficiencia y un doble perjuicio.

Derivados de este hecho existen una gran diversidad de problemas de salud: por ejemplo, se ha comprobado que después de consumir azúcar simple se presenta una eliminación considerable de calcio en la orina. Luego de unas horas de comer azúcar refinada se presenta también una disminución tan drástica de fósforo en la sangre, que por un par de horas se cuenta con muy poco fósforo para colaborar en la calcificación de los huesos (calcio, fósforo y magnesio se equilibran recíprocamente en el organismo).

De esta manera, la destrucción ósea puede exceder a la formación ósea en ese periodo. Y si ese consumo de azúcar se repite dos, tres o más veces al día, es muy fácil llegar luego a experimentar problemas de osteopenia y osteoporosis, alteraciones nerviosas, insomnio, depresión y tantos otros relacionados con una mala nutrición, tan comunes hoy en día.[9]

Edulcorantes naturales

Para endulzar los alimentos o bebidas, lo más saludable son los edulcorantes naturales como la melaza, el piloncillo o el azúcar mascabado; también se incluye en esta categoría la miel de abeja. Recientemente ha habido un auge en la utilización de la miel de agave como edulcorante. Es también una buena elección pues tiene un índice glucémico bajo, esto es, que prácticamente no requiere insulina para su metabolismo. Otros de sus beneficios son:

---

[9] Ing. Francisco Chávez M., *Natural Health. A Modern Approach*, Chicago, 1982, pp. 192-194.

- Mejora la digestión
- Ayuda a disminuir los niveles de colesterol sanguíneo
- Estimula la formación de flora intestinal saludable
- Apta para diabéticos, pues no requiere insulina para su metabolismo
- Es rica en inulina, una fibra suave que ayuda a mejorar el tránsito intestinal y evitar el estreñimiento
- Por ser un azúcar natural, no causa caries ni hiperactividad en los niños.

Otra excelente alternativa como edulcorante natural es la stevia, una planta originaria de Sudamérica que tiene un sabor muy dulce —hasta 300 veces más dulce que el azúcar— y no contiene calorías. Endulzar con stevia prácticamente no tiene ninguna influencia sobre la glucosa en la sangre así que es apta para todos, incluidos los diabéticos y los niños; no genera adicción y no daña los dientes ni los huesos como el azúcar.

La tabla comparativa a continuación nos permitirá observar la diferencia entre el contenido de vitaminas y minerales de los diversos azúcares, melaza y miel de abeja.[10]

---

[10] Departamento de Agricultura de Estados Unidos, *Composición de los alimentos. Manual de agricultura núm. 8* (*Composition of Foods, Agriculture Handbook No. 8*), Washington, USDA, 1987.

Contenido de minerales y vitaminas en 100 g				
	Azúcar blanca (mg)	Azúcar morena (mg)	Melaza (3ª extracción)	Miel de abeja
Minerales				
Calcio	0	85	684	5
Fósforo	0	19	84.0	6.0
Hierro	0.1	3.4	16.1	0.5
Potasio	3.0	344	2927	51.0
Sodio	1.0	30	96.0	5.0
Vitaminas				
Tiamina	0	0.01	0.11	Indicios
Riboflavina	0	0.03	0.19	0.04
Niacina	0	0.2	2.0	0.3

Podemos ver que de los carbohidratos simples el menos recomendable es el azúcar blanca y la más rica en nutrientes es la melaza. Aun siendo naturales, todos los edulcorantes deben consumirse con mucha moderación, pues cualquier exceso puede acarrear problemas de salud.

Lo que definitivamente debemos evitar es el azúcar refinada, y más aún, le recomiendo evitar totalmente los edulcorantes artificiales, que como detallaré enseguida son sumamente tóxicos.

Edulcorantes artificiales

Los más comunes son el aspartame y la sucralosa. Hay un tercero, la sacarina, cuyo consumo se prohibió en 1972 al comprobarse sus consecuencias negativas para la salud de los consumidores, pero la presión de intereses económicos logró

que en 1981 se levantara su prohibición, limitándose solamente a advertir en la etiqueta que "su consumo puede ser perjudicial para la salud". Con su empleo en estudios de laboratorio en ratas se observó la formación de tumores, sobre todo en vejiga y vías urinarias.

Aunque el propósito original de los edulcorantes artificiales era ofrecer una alternativa saludable para los diabéticos y las personas con sobrepeso u obesidad, con el uso y el tiempo han demostrado ser sumamente tóxicos, incluso cancerígenos, además de provocar precisamente las enfermedades que se pretendía evitar con su consumo.

Muchos estudios en la actualidad demuestran que los edulcorantes artificiales:

- ◆ Aumentan el riesgo de diabetes tipo 2
- ◆ Alteran la función de la glucosa e incrementan la resistencia a la insulina
- ◆ Interfieren con las funciones gastrointestinales
- ◆ Alteran el pH del tracto intestinal aumentando su inflamación
- ◆ Destruyen la flora intestinal benéfica
- ◆ Promueven el aumento de peso y la obesidad
- ◆ Causan disfunción metabólica
- ◆ Dañan el ADN celular
- ◆ Destruyen neuronas, alterando las funciones cerebrales
- ◆ Al usar la sucralosa para hornear se liberan dioxinas, sustancias que son cancerígenas.

Por todo lo antes expuesto, estará de acuerdo conmigo en que conviene evitar por completo los edulcorantes artificiales en nuestra dieta.

Conclusión

Resumiendo, podemos afirmar que las fuentes más valiosas de azúcares son los almidones que se encuentran en los granos y cereales integrales, las semillas y los tubérculos.[11]

Recordemos que los almidones son la forma en que las plantas almacenan hidratos de carbono: es el almidón el que las alimenta durante las primeras etapas de su desarrollo, antes de que se establezca en ellas un sistema de alimentación por medio de las hojas y raíces de forma que sea capaz de producir sus propios nutrimentos. A esto se debe que en las plantas los almidones estén ligados a los demás nutrimentos vitales: vitaminas, minerales, lípidos y proteínas además de la fibra, tan importante para una adecuada función intestinal.

Los carbohidratos complejos, es decir, los almidones, serían pues ideales para satisfacer nuestras necesidades de energía consumiéndolos tal y como nos los ofrece la naturaleza en los granos y cereales integrales, semillas y tubérculos.

Sabemos de la necesidad vital de los carbohidratos como fuente de energía; dependerá de nosotros la elección de la clase de alimentos que queramos consumir. Sin duda, en la medida en que hagamos conciencia de este hecho nos inclinaremos más hacia los alimentos naturales e integrales como la mejor fuente de energía y nutrición.

---

[11] Rudolph Ballentine, M. D., *Diet and Nutrition*, Honesdale, The Himalayan International Institute, 1978, cap. 4.

Las grasas o lípidos

Las grasas o lípidos, que también conocemos como aceites, están formados, al igual que los almidones, por cadenas de átomos de carbono pero en una forma más simple y compacta que estos últimos. Se les conoce también como hidrocarburos, pues están relacionados estructuralmente con el petróleo.

En nuestro cuerpo se encuentran como ácidos grasos y desempeñan un papel sumamente importante pues son combustibles ricos en energía, y debido a su estructura pueden almacenarse fácilmente en grandes cantidades en las células y en el tejido adiposo; de ahí su importancia como reservas de energía, ya que en el organismo pueden acumularse en forma casi anhidra (sin agua), como gotitas de grasa intracelulares. Esto hace posible que en los periodos de ayuno o hibernación de los animales en general, incluidos nosotros, los ácidos grasos constituyan la fuente principal de energía.

En cantidades adecuadas, estas reservas de grasa en nuestro organismo son algo necesario y saludable, pero cuando se sale de control esta acumulación de grasa, da origen al sobrepeso y la obesidad, que como ya sabemos, tienen consecuencias nefastas para la salud.

Como vimos en el apartado de los carbohidratos, las grasas nos proporcionan nueve calorías por gramo: más del doble de las que nos dan los hidratos de carbono y las proteínas, con cuatro calorías por gramo.

Además de ser fuentes importantes de energía, las grasas o lípidos desempeñan funciones muy importantes en nuestro organismo:

- ♦ Son parte esencial de las membranas celulares y ayudan a su mantenimiento, flexibilidad y regeneración.
- ♦ Necesarias para el normal funcionamiento de los ojos.
- ♦ Tienen propiedades antiinflamatorias.
- ♦ Indispensables para la nutrición cerebral y el desarrollo adecuado de todas sus funciones, como el razonamiento y la memoria, así como en la formación suficiente de conexiones entre las células del cerebro y la salud de las neuronas.
- ♦ Mejoran la concentración de los niños y ayudan a combatir el déficit de atención.
- ♦ Fortalecen la salud del sistema nervioso.
- ♦ Se requieren para la formación de diversas hormonas y enzimas.
- ♦ Las grasas sirven también como medio de almacenamiento y de transporte para las vitaminas liposolubles A, D, E y K, de modo que lleguen a los diferentes órganos de nuestro cuerpo.
- ♦ Ayudan a convertir los carotenos en vitamina A.
- ♦ Son esenciales para la absorción de los minerales en el organismo.
- ♦ También son potentes antioxidantes, fortaleciendo el sistema inmunológico.
- ♦ Indispensables para la salud cardiovascular.
- ♦ Regulan la presión arterial.

Las grasas o lípidos se conocen también como ácidos grasos y se dividen en:

- ♦ Ácidos grasos esenciales, aquellos que nuestro organismo no puede elaborar y por lo tanto debemos consumir directamente mediante la alimentación.

♦ Ácidos grasos no esenciales, los que nuestro cuerpo sí tiene la capacidad de elaborar, utilizando los elementos de los alimentos que consumimos.

Los ácidos grasos esenciales para el ser humano son el Omega-3 o alfa-linolénico y el Omega-6 o linoleico; si se suministran por medio de la alimentación, el organismo humano puede sintetizar el resto de los ácidos grasos que necesita.

La deficiencia de los ácidos grasos Omega-3 puede contribuir a problemas de salud, tanto mentales como físicos. Para la salud del corazón debe haber un equilibrio entre los ácidos grasos Omega-3 y Omega-6, ya que son esenciales para que se forme en las arterias la prostaciclina, sustancia responsable de que la sangre fluya libremente.

A finales de los años setenta hubo mucho auge de las dietas bajas en grasa, pues se pensaba en ese entonces y aún en la actualidad muchos consideran que ésta es el gran enemigo de la salud; se trata de un grave error, pues se debe hacer distinción entre los diferentes tipos de grasas: las saludables y esenciales, con sus beneficios para la salud, y las grasas oxidadas o tóxicas, con los consiguientes daños que causan al organismo.

La peor consecuencia de esta tendencia fue que la industria alimentaria eliminó la grasa indiscriminadamente, quitando de igual manera las grasas saludables y las tóxicas y las reemplazó por grandes cantidades de azúcares y carbohidratos diversos, desencadenando una serie de problemas de salud y dando lugar a la gran pandemia de obesidad que ahora se ha desatado en el mundo, además de una mayor incidencia de enfermedades cardiacas, diabetes e hígado graso no alcohólico.

Probablemente le sorprenderán las siguientes indicaciones, pero las investigaciones más recientes acerca de las grasas nos llevan a la conclusión de que hay que eliminar los alimentos bajos en grasa o sin grasa, aumentar la ingesta de grasas saludables y disminuir la de carbohidratos. Lo ideal, plantean los nuevos estudios, es consumir entre 50% y 85% de sus requerimientos calóricos en forma de grasas monoinsaturadas y saturadas saludables; para conocer sus requerimientos calóricos consulte el Anexo II.

Lo que determina la cantidad de grasas a consumir depende de varios factores, como el clima, su peso actual, su actividad física e intelectual y la etapa de vida en la que se encuentre: infancia, adolescencia, embarazo, lactancia, edad madura o vejez.

¿Pero cuáles son las grasas saludables?, se preguntará usted. Para responder bien a este planteamiento debemos comprender primero que las grasas se dividen en:

- ♦ Poliinsaturadas
- ♦ Monoinsaturadas
- ♦ Saturadas

La mayoría de los animales tiende a almacenar su energía en cadenas saturadas a las que comúnmente nos referimos como grasas mientras que las plantas las almacenan en forma insaturada, a la que conocemos como aceites; hay una excepción a esta regla que se aplica al coco y al cacao, pues aunque pertenecen al reino vegetal, su grasa es saturada. Esta observación será de suma importancia más adelante, cuando hablemos de las grasas saludables.

Los aceites están presentes en la mayoría de los cereales, granos, nueces y semillas, en los vegetales y aun en las frutas,

especialmente en el aguacate. Ingerirlos en su forma natural, por medio de los alimentos, es la manera idónea para nuestra salud pues así los obtendremos con todo su potencial de nutrición y sin alteraciones, tal como los requiere nuestro organismo; sin embargo, una vez que el aceite es extraído de los granos o semillas, al exponerlo al aire, la humedad, la luz o someterlo al calor al freír, se hace susceptible de alteraciones en su conformación química, se generan muchos radicales libres y se convierte entonces en un producto muy tóxico.

Explicaré por qué: como mencioné en el primer párrafo de este apartado, las grasas y aceites, al igual que los almidones, están formados por cadenas de átomos de carbono e hidrógeno; estas cadenas de grasa pueden ser saturadas, poliinsaturadas y monoinsaturadas.

Cuando hablamos de las grasas saturadas, nos referimos a que en su composición todos los enlaces de carbono están ocupados por sus correspondientes átomos de hidrógeno; no hay espacios vacíos y esta unión es lo que hace que una grasa sea muy estable, además de darle la consistencia sólida que tienen las grasas a temperatura ambiente, como vemos en un caldo de pollo o de res: cuando se enfría, se forma una capa gruesa de sebo.

Las grasas saturadas de origen animal, como la manteca de cerdo, son triglicéridos de cadena larga con un elevado peso molecular, lo cual les da mucha tendencia a depositarse y solidificarse en las arterias, obstruyéndolas y causando aterosclerosis y problemas circulatorios. Si usted consume grasas de origen animal, la mantequilla natural —no la margarina— es una buena grasa, sobre todo en forma de *ghee* o mantequilla clarificada. La margarina y la manteca vegetal, en cambio, no deben ser consumidas, pues como explicaremos más adelante, son aceites hidrogenados y precisamente éstas, las grasas trans, son altamente cancerígenas y muy dañinas para nuestro organismo.

También la yema de huevo es una buena fuente de grasas saturadas de calidad, así como de vitaminas importantes para el organismo; sin embargo, hay que evitar los huevos de gallinas en cautiverio y alimentadas artificialmente y preferir sólo huevos orgánicos y de gallinas libres que sean alimentadas de manera natural.

En general, las grasas saturadas son de origen animal: la excepción, como ya dijimos, son el aceite de coco y el cacao, cuya grasa es saturada, aunque en este caso son triglicéridos de cadena media, lo que los hace muy asimilables y benéficos para el organismo.

Los aceites, en cambio, son grasas poliinsaturadas o monoinsaturadas. En las primeras encontramos cadenas de átomos de carbono con varios espacios vacíos, es decir, carentes de un átomo de hidrógeno que los acompañe, y éstos hacen que el aceite poliinsaturado sea líquido siempre como resultado: a mayor cantidad de espacios vacíos en la cadena de carbonos de un aceite, es decir, entre más poliinsaturado, es más inestable y hay mayor posibilidad de que se oxide y cause daño.

Los aceites monoinsaturados, en cambio, tienen únicamente un doble enlace de dos átomos de carbono unidos entre sí, por lo que carecen solamente de dos átomos de hidrógeno. Esto hace que un aceite monoinsaturado, como el de oliva, el de aguacate y el de sésamo, sean relativamente estables y permanezcan líquidos a temperatura ambiente, aunque fácilmente se solidifican si los refrigeramos.

La importancia de esta explicación estriba en comprender que, a mayor cantidad de espacios vacíos en la cadena de carbonos de un aceite, es decir, entre más poliinsaturado es,

mayores posibilidades tiene de oxidarse y causar daño. Por el contrario, los aceites monoinsaturados, es decir, con un solo espacio vacío en su cadena de carbonos, son los menos expuestos a daño u oxidación y por lo tanto los más indicados y saludables para el consumo humano.

En la categoría de aceites poliinsaturados entran casi todos los aceites vegetales que erróneamente se utilizan para cocinar: de cártamo, girasol, soya, canola, algodón y maíz. Este tipo de aceites, repito, no deben usarse para cocinar; por favor recuerde que lo que los hace tóxicos son los espacios vacíos en sus cadenas, los que, cuando se fríen o se hacen viejos o se exponen a la luz o al aire, se van llenando de oxígenos simples, también conocidos como radicales libres, es decir, se oxidan o se hacen rancios. Estos oxígenos simples o radicales libres son sumamente inestables, y como no están realmente unidos a la cadena del aceite, son muy reactivos: al ingerirlos pueden pasar fácilmente a otras moléculas o sustancias, alterando y dañando el ADN celular o alterando vitaminas o sustancias valiosas para el organismo, oxidándolas o quemándolas y cambiando su estructura lo suficiente para que no sean ya funcionales biológicamente.

Estos radicales libres dan también origen a un sinnúmero de enfermedades degenerativas como la diabetes, la artritis, el envejecimiento prematuro, la fibromialgia, la fatiga crónica, enfermedades cardiovasculares e incluso cáncer. En realidad la lista de las posibles enfermedades derivadas de un alto consumo de alimentos llenos de grasas oxidadas, es decir, aceites fritos o rancios, es prácticamente interminable.

Por otra parte, al someter los aceites a temperaturas elevadas cuando los freímos, además de oxidarlos esto da origen a la polimerización, una alteración de la estructura de las moléculas, y cuando esto sucede el cuerpo ya no las reconoce

ni las puede digerir o asimilar; se convierten entonces en sustancias extrañas y muy tóxicas, potencialmente generadoras de cáncer y tantas otras enfermedades degenerativas ya mencionadas.

En este grupo de grasas tóxicas se encuentran también las llamadas grasas trans, las cuales consisten en aceites poliinsaturados que, como ya expliqué, son líquidos, y para darles una consistencia sólida y convertirlos en manteca vegetal o margarina se les insuflan de manera artificial átomos de hidrógeno en los espacios vacíos de sus cadenas de carbono: de este modo un aceite líquido se convierte en una grasa sólida, conocida como grasa hidrogenada, por ejemplo, la manteca vegetal o la margarina. Como es una manteca artificial, los átomos de hidrógeno que se adicionan a los espacios vacíos son sumamente inestables y reactivos, causando los mismos daños ya explicados de los aceites rancios o fritos.

En conclusión, evite al máximo y aún mejor, elimine totalmente de su alimentación los aceites fritos e hidrogenados, y sobre todo, evite por completo utilizar aceites poliinsaturados.

Por fortuna existen en la naturaleza diversos compuestos que combaten a los radicales libres o elementos agregados, evitando que causen daño en el organismo; a éstos se les conoce como antioxidantes. Existen muchísimos de ellos, y cada día la ciencia va descubriendo más y más sustancias que llevan a cabo esta función. Todos ellos se encuentran de forma natural en los alimentos del mundo vegetal: granos, nueces, semillas, frutas y verduras. Esa es una de las razones por la que este tipo de alimentos deben ser parte importante de nuestra dieta, no solamente por los elementos nutritivos que nos aportan, sino también por su alto contenido de antioxidantes.

Entre los más conocidos están las vitaminas C, E y A, el zinc, el selenio, los Omega-3, el resveratrol, los lignanos, las ligninas, las catequinas, las epicatequinas, la alicina, las abscisinas, los licopenos, los bioflavonoides, etcétera.

Las grasas saludables que debemos consumir

Los alimentos vegetales más ricos en las grasas saludables, que son los ácidos grasos esenciales Omega-3 y Omega-6, son la linaza, la chía, el aceite de coco, el aguacate, las nueces y las semillas; le recomiendo incluir diariamente en su alimentación varias porciones de ellos.

Los principales beneficios de los alimentos ricos en ácidos grasos esenciales son:

- ◆ La linaza: Es una semilla rica en ácidos grasos esenciales Omega-3 y Omega-6 en el equilibrio adecuado para que puedan ser absorbidos de manera óptima por nuestro cuerpo; por esta razón nos ayuda a reducir el riesgo de contraer enfermedades coronarias y a equilibrar los triglicéridos y la presión sanguínea. Como la linaza es rica en fibras solubles, nos ayuda a combatir el estreñimiento y la obesidad. Ayuda a mantener la glucosa y el colesterol en los niveles adecuados. Es rica en antioxidantes como los lignanos y las ligninas, que nos ayudan a prevenir y combatir el cáncer y otras enfermedades degenerativas. Contiene proteínas de alta calidad biológica.
- ◆ La chía: 34% de su peso está formado por los ácidos grasos esenciales Omega-3 y Omega-6 en un excelente equilibrio. A la chía se le considera un súper alimento, pues contiene prácticamente todos los nutrimentos que requiere nuestro organismo. Además de los valiosos Ome-

gas, es también una rica fuente de antioxidantes diversos, proteínas completas, vitaminas, minerales y fibra suave.

- El aceite de coco: Aunque es una grasa saturada, es rico en ácido láurico, un triglicérido de cadena media fácilmente asimilable y al que se le atribuyen muchos beneficios para la salud. Fortalece el sistema inmunológico ayudando a combatir y prevenir enfermedades contagiosas. Ayuda a combatir la obesidad. Es esencial para la nutrición y el buen funcionamiento del cerebro, evitando su deterioro y el desarrollo de enfermedades como el Alzheimer. Necesario para la salud del sistema cardiovascular. Ayuda a retardar el envejecimiento y la oxidación y a prevenir la formación de tumores y el desarrollo de células cancerígenas.

- El aguacate, las nueces y semillas: Contienen prácticamente todos los beneficios anteriores.

Puede incluir todos estos productos en su alimentación diaria. Insisto, como son alimentos completos y saludables, puede ingerir diariamente una, dos y hasta tres cucharadas de cada uno o irlos alternando según su gusto y necesidad de acuerdo con su edad, peso, sexo, actividad, etc. Verá enormes beneficios en su salud, energía, desempeño de sus funciones mentales y resistencia a las enfermedades.

Los aceites más recomendables para hornear y cocinar son:

- El aceite de coco, extra virgen y orgánico, es una de las mejores opciones para cocinar, pues está compuesto de grasas saturadas naturales formadas principalmente por el ácido láurico, un triglicérido de cadena media (TCM) que nuestro cuerpo asimila fácilmente y que son las menos reactivas a la luz y el calor, y por lo tanto, las que menos radicales libres, inflamación, oxidación y daños causan a nuestro cuerpo.

- El *ghee*, que se conoce también como mantequilla clarificada. Es una grasa saturada saludable que se obtiene al hervir la mantequilla e ir eliminando los sólidos lácteos y el agua.
- La mantequilla natural y orgánica, sobre todo de animales de pastoreo que viven al aire libre y están libres de hormonas y antibióticos.
- El aceite de oliva, extra virgen y de preferencia orgánico, es adecuado para cocinar a temperaturas más bajas, menores a 180 °C, pues por ser monoinsaturado es moderadamente estable. Los ácidos grasos monoinsaturados del aceite de oliva ayudan a disminuir los niveles de LDL, colesterol malo, sin afectar el HDL, el colesterol bueno, o los triglicéridos; por lo tanto, su consumo es muy recomendable para evitar enfermedades cardiovasculares. El suave mucílago de este aceite protege el tracto digestivo y ayuda a combatir el estreñimiento, flatulencias y mejora la digestión. Lo ideal es utilizarlo crudo como aderezo para ensaladas, verduras al vapor, etcétera.
- El aceite de semilla de uva, extra virgen, contiene prácticamente los mismos beneficios del aceite de oliva.

Es muy importante comprender que el término "extra virgen" que se aplica a las grasas y aceites significa que son prensados en frío y que en su producción no se han utilizado hexanos, que son químicos tóxicos, ni calor, lo cual altera y disminuye la calidad del aceite.

LAS PROTEÍNAS

¿Qué son? Las proteínas son el material estructural que permite a las plantas y animales crecer, erguirse, desarrollarse: son tan importantes que sin ellas no es posible la vida, ya que mientras los hidratos de carbono, grasas y proteínas contienen hidrógeno, oxígeno y carbono, sólo las proteínas poseen además nitrógeno, fósforo y azufre, sustancias esenciales para los seres vivos.

Es impresionante saber que de 18% a 20% de nuestro peso corporal son proteínas. Las moléculas de proteína son los gigantes en el mundo de la bioquímica: su peso es tan enorme que pueden sumergirse fácilmente hasta el fondo de un tubo de ensayo por centrifugación, y su tamaño es tan grande que no pueden pasar a través de la membrana celular para su asimilación salvo que sean desdobladas en sus componentes, los aminoácidos, de los cuales hablaremos posteriormente.

Comparando a las proteínas con otras moléculas, nos asombramos de la enorme diferencia que existe entre sus pesos: mientras que el agua tiene un peso molecular de 18 moles, el de una molécula de azúcar de caña es de 342; las moléculas de las proteínas pueden variar en sus pesos moleculares de 6 000 a 100 000 o aun hasta 1 000 000 de moles o más.

Las proteínas en los seres vivos son indispensables: de ellas se dice que son el material primitivo de la vida. Son esenciales para el crecimiento de los niños y para una buena salud en los adultos, ya que las funciones que realizan en el organismo son numerosas y sumamente importantes.

¿Cuáles son sus funciones? La versatilidad de las proteínas es enorme, están involucradas en una serie tan amplia de procesos vitales que sería prácticamente imposible enumerarlos todos. Mencionaremos los más importantes:

Crecimiento y manutención: Muchas partes de nuestro organismo están hechas de proteínas: las uñas y el pelo, todos los músculos y órganos del cuerpo están formados por grupos de proteínas fibrosas que tienen la capacidad de responder a cambios químicos en el organismo, contrayéndose o relajándose.

Las proteínas son el eje alrededor del cual el calcio y el fósforo son depositados para formar el esqueleto óseo.

Otra de las funciones esenciales de la célula, la transmisión genética, es también realizada por proteínas: el ADN y el ARN.

Las células rojas de la sangre (hemoglobina) y el tejido conectivo (tendones y cartílagos) también son proteínas. La hemoglobina tiene un promedio de vida de un mes, al cabo del cual debe ser reemplazada por nuevas células que son elaboradas en la médula ósea.

Un tipo de célula que se encuentra en el tracto intestinal vive menos de una semana y es constantemente sustituida y excretada por el organismo.

Una infinidad de células en nuestro cuerpo están constantemente muriendo y siendo reemplazadas por otras nuevas, que a su vez morirán y darán cabida a otras más y así sucesivamente, dando origen al ciclo vital, para lo cual es indispensable la obtención constante y apropiada de proteínas por medio de la dieta.

Enzimas y hormonas: El cuerpo depende de las proteínas para un sinnúmero de reacciones que conocemos como *metabolismo*.

Las enzimas son unas de las proteínas más importantes formadas por las células. Son catalizadoras de reacciones enzimáticas, esto es, permiten a dos sustancias unirse para

formar una tercera, o ayudan a que una sustancia compleja pueda ser desdoblada en otras más simples, etc. Existen alrededor de 1000 enzimas diferentes en una sola célula.

Las hormonas son similares a las enzimas, aunque no todas están hechas de proteínas; a diferencia de las enzimas, que catalizan reacciones específicas dentro de la célula, las hormonas regulan sobre todo las condiciones corporales como el nivel de glucosa en la sangre mediante la insulina, el metabolismo por medio de la tiroxina, el crecimiento con la hormona del crecimiento, etcétera.

Anticuerpos: La síntesis de proteínas nuevas es necesaria para la formación de anticuerpos como respuesta a la presencia de partículas extrañas, por ejemplo, los virus, bacterias y toxinas que invaden el organismo.

Una vez que el organismo recibe las señales de que ha sido invadido por alguno de estos virus o bacterias, que por lo general son también proteínas, empieza a elaborar anticuerpos cuya tarea específica será la de inactivar a las proteínas extrañas.

Equilibrio de líquidos: Las proteínas del suero sanguíneo juegan un importante papel en la regulación del equilibrio acuoso del cuerpo, que consiste en la distribución equitativa de los líquidos en ambos lados de la membrana celular: demasiado líquido daría como consecuencia la ruptura de la célula, y la falta del mismo haría imposible su correcto funcionamiento y podría generar incluso la muerte celular.

Manteniendo un nivel adecuado de proteínas en el interior de la célula, ésta es capaz de retener el nivel correcto de líquido; cabe mencionar que también los minerales son utilizados con este propósito.

De manera similar, la célula secreta proteínas y minerales en los espacios extracelulares para mantener también un equilibrio acuoso adecuado alrededor de cada célula. En casos de carencias proteínicas graves, este equilibrio se rompe dando origen a la acumulación de líquido en los espacios intersticiales entre las células, lo que podemos observar muy claramente en zonas donde hay hambrunas: los niños en estado extremo de desnutrición tienen sus vientres muy hinchados. Como hay carencia extrema de proteínas, no hay proteínas transportadoras de líquidos que puedan distribuirlos adecuadamente por todo el organismo y estos se acumulan en el vientre.

Equilibrio de sales minerales: Así como es fundamental la cantidad de líquidos en la célula, también es esencial la composición de estos. Aquí radica una importantísima función de las proteínas transportadoras: deben trabajar también para mantener un equilibrio adecuado de sustancias dentro y fuera de la célula.

Un ejemplo claro lo observamos con los minerales sodio y potasio. El primero es concentrado fuera de las células y el segundo dentro de ellas, propiciando así el correcto funcionamiento muscular y nervioso.

Equilibrio ácido-base: Las proteínas de la sangre contribuyen a mantener la neutralidad corporal, evitando la acumulación de demasiada base o demasiado ácido.

Los procesos corporales normales producen continuamente, como resultado de estos mismos procesos metabólicos, ácidos y bases o álcalis que deben ser llevados por la sangre a los órganos de excreción para ser expulsados; este balance entre acidez y alcalinidad es llamado pH y sus valores deben

ser entre 7.35 y 7.45, que es el punto neutro. Si estos límites se salen de rango las consecuencias para ese organismo serían fatales, sobreviniendo coma e incluso la muerte. Las proteínas de la sangre tienen una capacidad extraordinaria para mantener el equilibrio entre acidez-alcalinidad; captan hidrógeno (ácido) cuando hay en exceso o lo liberan cuando hay muy poco.

Una vez más vemos qué indispensables son las proteínas para los procesos vitales del organismo.

Producción de energía: El requerimiento principal de nuestro organismo es la energía; todas las demás necesidades pasan a segundo término cuando ésta es requerida.

Como vimos antes, la mejor fuente de energía son las grasas, que proporcionan 9 calorías por gramo; les siguen los hidratos de carbono, con 4 calorías por gramo. En algunas circunstancias poco usuales, como cuando se hacen ayunos prolongados o en caso de hambrunas, cuando ni grasas ni hidratos de carbono están disponibles en el organismo, éste echa mano de las proteínas para cubrir sus necesidades energéticas, ayudando así a mantener el nivel adecuado de glucosa en la sangre, cuyo principal consumidor es el cerebro: este órgano consume dos terceras partes del total de la glucosa circulante, el resto va a los músculos y al torrente sanguíneo. Niveles bajos de glucosa serían fatales para las funciones corporales.

Para comprender mejor este proceso es importante considerar que una proteína está formada por la unión de diferentes tipos de aminoácidos y cada aminoácido a su vez se compone de un grupo amino y un grupo ácido, de lo que se deriva su nombre.

La capacidad de las proteínas de ser utilizadas como fuente de energía estriba en que al ser desdobladas en aminoácidos para su asimilación, los grupos amino son generalmente transformados por el hígado en urea y enviados al riñón para ser excretados, mientras que los fragmentos ácidos restantes están constituidos de carbono, oxígeno e hidrógeno al igual que las grasas y los hidratos de carbono, pudiendo por lo tanto ser usados, al igual que aquellos, para proporcionar la energía requerida. Así se utilizan como fuente de energía las valiosas proteínas, tan importantes para todas las funciones antes mencionadas.

Esta es una forma muy cara de obtener energía, pues el metabolismo y la síntesis de las proteínas son mucho más complejos que los de las grasas o los hidratos de carbono, como ya hemos visto. Por esta razón, deben ser las grasas y los hidratos de carbono los elementos primordiales para la producción de energía en el organismo, y dejar mejor a las proteínas realizar sus tan variadas y complejas funciones.

Por otra parte, cuando el consumo de proteínas es inferior al requerido, la cantidad de aminoácidos disponibles para las células será insuficiente y entonces el organismo tiene que degradar tejidos de la piel y músculos para que sus aminoácidos sirvan para llenar los requerimientos de proteínas de los órganos vitales como el corazón, cerebro, pulmones, hígado y riñones principalmente, conservando así las prioridades de nutrición para que la vida continúe.

Este proceso explica el valor curativo de los ayunos terapéuticos: al ingerir por un tiempo controlado una dieta basada principalmente en frutas, verduras, germinados y semillas con el propósito de desintoxicar, el organismo echará mano de sus propios tejidos para el suministro de proteínas.

Nuestro cuerpo tiene una sabiduría inherente y este proceso no es indiscriminado. Esto significa que cuando se realiza este proceso, conocido como autolisis (lisis = rompimiento), el cuerpo elige primeramente los tejidos viejos, enfermos, dañados, los tumores —en caso de haberlos—, cuyo tejido está hecho de proteínas, las desdobla en sus componentes, los aminoácidos, los cuales utiliza para formar las proteínas nuevas que requiera en ese momento y el resto, las sustancias tóxicas y de desecho, son eliminadas del sistema por medio de los órganos encargados de ello: hígado, riñones, la piel. Es por esto que en un tratamiento de desintoxicación con una alimentación totalmente saludable y natural y, debo decirlo, bien guiada por un experto, los resultados son asombrosos en cuanto a la eliminación de todo tipo de tejidos viejos y dañados, tumores, y en la depuración y regeneración general del organismo.

Por otra parte, si son consumidas proteínas en exceso, el organismo sólo utilizará las que se requieren en ese momento y, ya que no tiene la capacidad de almacenarlas como tales, debe desdoblarlas; en este caso los grupos amino, como ya explicamos, serán transformados por el hígado en urea. Un exceso de urea dificulta su correcta eliminación por los riñones y entonces se acumula en el organismo dando lugar a los problemas relacionados con el ácido úrico; los demás residuos del metabolismo de las proteínas, los grupos ácidos, serán convertidos en glucosa o en grasas para ser almacenadas y poder más tarde, en caso necesario, obtener de ellas energía o generar sobrepeso u obesidad cuando son excesivas.

Concretando, es importante enfatizar que el consumo proteínico debe ser adecuado. Ni demasiadas proteínas, porque es un derroche inútil y factor de obesidad, artritis y otras enfermedades, ni pocas, porque se afecta el equilibrio del organismo.[12]

¿Cuántas proteínas debemos consumir? Ya hemos mencionado que los requerimientos nutricionales varían según la edad, el sexo, la raza, el peso, la actividad, el clima, etc.; incluso las tensiones físicas o psicológicas pueden aumentar las necesidades nutricionales del organismo. Sin embargo, existen ciertos patrones a seguir: consulte el Anexo II, la "Tabla de recomendaciones de nutrimentos" del Instituto Nacional de la Nutrición, especialmente adaptada a la población mexicana. Le será también de utilidad consultar el Anexo I, donde encontrará los alimentos más comúnmente empleados y su contenido nutricional.

Cabe aclarar a este respecto que el verdadero valor de las proteínas no está constituido por la cantidad de éstas en cierto alimento, sino por su valor biológico y digestibilidad, de lo cual hablaremos con más amplitud.

¿Cómo están constituidas las proteínas? Debemos primero aclarar que existen muchas clases de proteínas, cada una de ellas específica para una función biológica diferente.

Como acabamos de ver, existen unas que actúan como enzimas, otras como hormonas, unas más son anticuerpos, otras sirven como estructuras para formar músculos y tejidos o como encargadas de la transmisión genética, del equilibrio de líquidos entre las células, del balance del pH en el organismo, de la generación de energía, etc.

Todas contienen carbono, hidrógeno, nitrógeno y oxígeno y algunas, además, azufre u otros elementos adicionales

---

[12] Eleanor Noss Whitney, *Nutrition Concepts and Controversies*, St. Paul, West Publishing, 1982.

como cobre, zinc, hierro, etcétera.[13] Así pues, dependiendo de la función de una proteína, serán sus elementos componentes y su tamaño.

Las proteínas se clasifican en dos clases principales: proteínas fibrosas y proteínas globulares. Las primeras, como su nombre lo indica, forman fibras o láminas largas sumamente resistentes que sirven como estructuras básicas en el tejido conjuntivo de los animales superiores; las segundas tienen formas esféricas compactas. Entre las proteínas globulares se encuentran casi todas las enzimas, los anticuerpos, algunas hormonas, las proteínas de la sangre, etc. Existen otras proteínas cuya estructura es algo fibrosa y algo globular.

Cuando una proteína es sometida en el laboratorio a hidrólisis ácida, resultan de su desdoblamiento compuestos orgánicos sencillos a los que se denomina *aminoácidos*. Estos difieren entre sí, dependiendo de la estructura de sus cadenas laterales; generalmente se encuentran 20 tipos diferentes de aminoácidos conformando las proteínas.

¿Cuál es el valor biológico de las proteínas? Como ya hemos mencionado, las proteínas no son idénticas entre sí y su diferencia estriba en la secuencia y clase de los aminoácidos que las conforman.

Las proteínas utilizadas por nuestro organismo se componen de 20 aminoácidos diferentes, 10 esenciales y 10 no esenciales, que son los siguientes:

---

[13] Dra. Frances Moore Lappé, *Dietas para la salud*, Barcelona, Bruguera, 1979.

Aminoácidos esenciales		Aminoácidos no esenciales	
Lisina	Fenilalanina	Tirosina	Asparagina
Valina	Metionina	Cisteína	Prolina
Leucina	Triptófano	Ácido glutámico	Serina
Isoleucina	Histidina*	Ácido aspártico	Alanina
Treonina	Arginina*	Glutamina	Glicocola

* A estos dos aminoácidos se les considera semiesenciales, pues son indispensables solamente para los niños ya que su organismo sintetiza una parte de ellos pero no alcanza a cubrir los requerimientos, mientras que el organismo adulto sí los sintetiza en cantidad suficiente.

Los otros ocho aminoácidos esenciales (AAE) no pueden ser sintetizados por el organismo humano y deben por tanto obtenerse de fuentes externas, esto es, mediante la alimentación.

Fue sólo hasta 1935 cuando se estableció claramente la necesidad de estos ocho AAE y el hecho de que debían estar presentes en las proteínas ingeridas en una proporción adecuada para poder ser utilizadas por el organismo. En esto precisamente estriba el valor biológico de una proteína: una que contiene todos los AAE requeridos por el organismo y en la proporción correcta será eficientemente utilizada mientras que, si otra carece de uno o más de ellos, el o los aminoácidos esenciales faltantes limitarán la utilización de los demás, que tendrán que ser desechados. A la primera se le considera de alto valor biológico, mientras que en la segunda el valor biológico será menor.

Una proteína a la que falta uno de los AAE no puede ser utilizada en la síntesis de proteínas, a no ser que el aminoácido faltante sea suministrado por medio de otro alimento. En el primer caso, la síntesis de proteínas desciende a un nivel muy bajo o puede incluso interrumpirse. A este aminoácido esencial que, por estar ausente total o parcialmente en una proteína, limitando la síntesis de ésta por el organismo, se le llama precisamente "aminoácido limitante".

La síntesis de proteínas resulta pues, para nuestro organismo, un juego un tanto complicado:

- ◆ Se requiere simultáneamente la presencia de cada uno de los ocho AAE.
- ◆ Los ocho AAE deben también estar presentes en las proporciones correctas.

Según la FAO, la proporción en que deben estar presentes los AAE es la siguiente:

Por cada 100 g de proteína pura:

Isoleucina	4.0 g
Leucina	7.0 g
Fenilalanina	6.0 g
Metionina	3.5 g
Treonina	4.0 g
Triptófano	1.0 g
Valina	5.0 g
Lisina	5.5 g

Para ejemplificar esto con más claridad, citaremos lo siguiente con base en la tabla anterior: suponiendo que en la comida del mediodía usted ingirió proteínas que satisfacían

100% de los requerimientos de isoleucina, leucina, lisina, fenilalanina, metionina, treonina y valina, pero el triptófano sólo estaba presente en 60%, la célula entonces únicamente es capaz de utilizar los demás AAE al 60% y desecha el otro 40%, que serán utilizados como energía, derrochándose así una valiosa cantidad de las proteínas ingeridas.

Aunque hoy se cuestiona si nuestro organismo tendrá más capacidad de la que se creyó en un principio para compensar el desequilibrio natural de los aminoácidos de los alimentos por medio de algunos mecanismos en el lumen intestinal, aún no hay nada preciso al respecto.

Resumiendo, podemos decir que el valor biológico de una proteína es igual a la proporción que de ésta retiene el cuerpo al ser absorbida por el tubo digestivo, o sea, el porcentaje de proteínas que realmente utiliza el organismo.[14]

¿Qué es la UNP? La UNP o Utilización Neta de Proteína de un alimento está determinada, según lo define la doctora Frances Moore Lappé, "por la fidelidad con que los aminoácidos esenciales de sus proteínas equivalen al patrón utilizable del cuerpo".

Así pues, para determinar la UNP de nuestra alimentación debemos considerar que no está determinada por la cantidad de proteínas ingeridas, sino por su:

Digestibilidad La proporción de proteínas absorbidas por el tubo digestivo	+	*Valor biológico* Proporción de proteínas absorbidas que fueron retenidas por el organismo	=	Utilización Neta de Proteína (UNP)

---

[14] Ídem.

Como vemos, aquí no solamente interviene el *valor biológico* anteriormente expuesto sino también la *digestibilidad*, otro factor sumamente importante en la determinación de la UNP.[15]

Lea lo anterior cuidadosamente y familiarícese con estos términos, ya que precisamente en ello estriba la decisión de preferir una proteína de mayor o menor calidad.

Si todas las proteínas fueran iguales, no habría controversias acerca de cuáles son sus mejores fuentes para la alimentación humana, pero a este nivel de nuestra exposición ya podemos comprender claramente por qué las proteínas difieren en sus valores de UNP: debido a que algunas de ellas llenan mejor los requerimientos de aminoácidos esenciales del patrón que el organismo requiere.

La UNP se determina por medio de minuciosos estudios de laboratorio, y sus valores ya están establecidos para los alimentos de consumo más común. Precisamente de estos estudios se concluyó que el huevo contiene la proteína más perfecta para la alimentación humana, con una UNP de 94;[16] de manera que, como fuente de proteínas, es un alimento excelente. Por la forma como se crían en la actualidad las gallinas ponedoras, es importante, si usted consume huevos, elegir que sean orgánicos para evitar las hormonas, químicos, antibióticos y vacunas que se utilizan en la crianza de los animales.

Pasemos ahora a analizar la gráfica 1, que indica el porcentaje de proteínas que contienen los alimentos ahí mencionados; así, cuando usted escuche que la leche tiene aproximadamente 4% de proteínas, el arroz integral 7%, el huevo 14%, la carne, alrededor de 30% y la harina de soya cerca de 42%, etcétera, se estará hablando de la cantidad

---

[15] *Ídem.*
[16] OMS, FAO, 1965.

de proteínas de dichos alimentos pero no de la calidad de sus proteínas, es decir, la cantidad que de ellas aprovecha realmente nuestro organismo: su UNP o Utilización Neta de Proteína.

Si ahora analizamos la gráfica 2, observaremos cómo varían los valores, ya que aquí encontramos que la UNP de la leche es de casi 83, el arroz integral tiene 70, el huevo llega hasta 94, la UNP de la carne es de 68, y la de la harina de soya de 63.

Comparando ahora ambas gráficas vemos que aunque los cereales y leguminosas en general contienen solamente entre 7% y 25% de proteínas, su valor biológico y digestibilidad, es decir, su UNP, alcanza hasta 70% en el caso del arroz integral. El huevo contiene 14% de proteínas, de las cuales nuestro organismo utiliza 94%; siendo ésta la UNP más elevada de los alimentos de consumo humano, se le considera como proteína patrón.

Gráfica 1

Forcentaje de proteínas contenido en los alimentos de uso más común

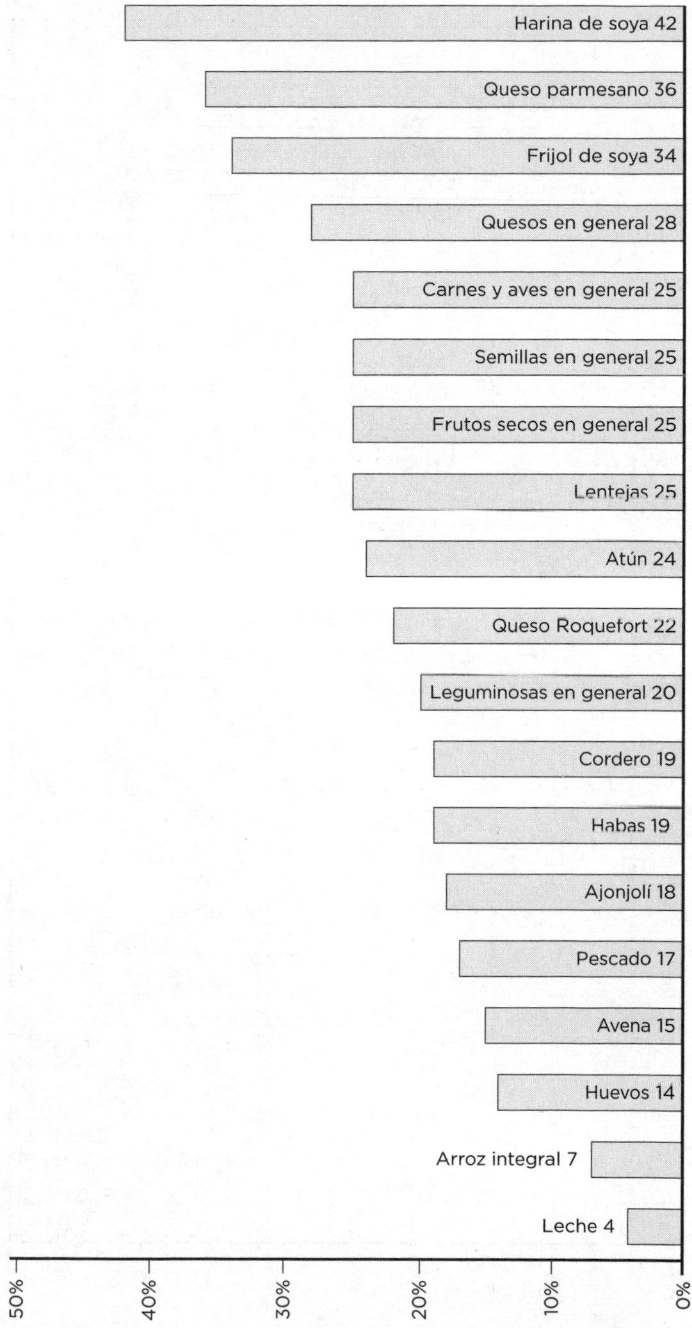

Alimento	%
Harina de soya	42
Queso parmesano	36
Frijol de soya	34
Quesos en general	28
Carnes y aves en general	25
Semillas en general	25
Frutos secos en general	25
Lentejas	25
Atún	24
Queso Roquefort	22
Leguminosas en general	20
Cordero	19
Habas	19
Ajonjolí	18
Pescado	17
Avena	15
Huevos	14
Arroz integral	7
Leche	4

Gráfica 2
Alimentos de uso más común y sus valores de UNP*

Huevo	94
Clara de huevo seca en polvo	83
Yogur o jocoque	82
Leche	82
Queso Chedar	75
Requesón	75
Champiñones	72
Arroz integral	70
Quesos en general	70
Carnes y aves	68
Pulido de arroz	67
Germen de trigo	67
Avena	66
Tofu (queso de soya)	65
Frijol y harina	63
Papas	60
Cebada	60
Bulgur (trigo precocido)	60
Trigo integral	60
Harina de centeno	58
Semilla de girasol	58
Arroz pulido	57
Judías mung	57
Germinados de soya	56
Mijo	55
Habas y maíz	52
Levadura de cerveza	50
Espinacas o acelgas	50
Macarrones	50
Pistaches	50
Nueces y semillas de calabaza	50
Pan integral	45
Hijas de nabo	45
Cacahuates	43
Garbanzos	43
Frijoles	42
Harina de gluten	39
Alubias	38
Frijol blanco (judías)	38
Germinados de trigo mongu	36
Lentejas	30

(eje horizontal: 100% 80% 60% 40% 20% 0%)

* Recuerde que la UNP es la cantidad real total de proteínas que de un determinado alimento absorbe y utiliza nuestro organismo. La proteína patrón es el huevo, con la UNP *más elevada*: 94. Los valores de UNP de carnes, aves y pescado se incluyen como punto de referencia.

NUTRICIÓN VEGETARIANA

No debemos olvidar que al combinar los alimentos en forma adecuada, de tal suerte que sus contenidos de aminoácidos esenciales se complementen, sus valores de UNP pueden duplicarse o aun triplicarse. Entonces, para determinar el verdadero valor proteínico de un alimento debemos considerar no la cantidad de proteínas que contiene sino su UNP, o sea, la Utilización Neta de Proteína, que es la cantidad que de éstas utiliza realmente el organismo.

Recuerde que esto se debe a la calidad y cantidad de los aminoácidos esenciales (AAE) que forman parte de determinada proteína, ya que, como analizamos anteriormente, puede contener los ocho AAE, aunque siete en la proporción adecuada y uno a 50% del patrón requerido, en cuyo caso este último aminoácido limitará toda la asimilación de la proteína al 50%. De igual forma, si una proteína contiene solamente seis de los aminoácidos esenciales (AAE), nuestro organismo no podrá sintetizar esa proteína en lo absoluto por la carencia de dos de los AAE.

Sin embargo, en la realidad esto no resulta tan drástico, ya que es muy raro que alguien consuma un solo tipo de alimento aislado; lo común es combinar en una comida dos, tres o más tipos de alimentos, complementándose entonces mutuamente no sólo las proteínas sino todos los nutrimentos entre ellos; así, comemos lentejas con arroz y jitomate, o yogur con amaranto y manzana, etcétera. Las combinaciones posibles son infinitas: esto lo veremos con más amplitud posteriormente.

Volviendo entonces a la Utilización Neta de Proteína o UNP, podemos observar en la gráfica que sus valores oscilan entre 38 y 94; no se incluye ninguna proteína con una UNP menor de 38 por considerársele de muy baja calidad biológica. En realidad, son los valores alrededor de 70 de UNP los que se consideran buenos nutricionalmente.

En la gráfica 2 podemos observar que los alimentos de origen animal se encuentran entre los valores más altos debido a que su contenido de AAE se ajusta perfectamente al patrón requerido por el organismo humano: esto se debe a que las reses, gallinas, cerdos y humanos pertenecemos al mismo reino animal y por lo tanto nuestras proteínas son prácticamente idénticas. Esta es la razón por la que se les ha marcado con tanto énfasis como las proteínas idóneas para la alimentación humana, pensando que las de origen vegetal no nos podrían brindar los aminoácidos requeridos.

Por supuesto que esto se aceptaba íntegramente hasta hace algunos años, ya que, como hemos venido analizando, si bien es cierto que la carne es excelente como fuente de proteínas, es también una realidad científicamente apoyada que su consumo es causa de un sinnúmero de padecimientos que aquejan al hombre moderno sobre todo en los países desarrollados, donde el elevado consumo de carnes y el alto índice de enfermedades cardiacas, circulatorias, reumáticas, etc., van de la mano, como lo muestran las estadísticas.

Resulta interesante anotar que en la actualidad, en algunos países desarrollados —citaremos a Noruega como caso concreto— los gobiernos han establecido incentivos económicos para estimular el mayor consumo de alimentos vegetales y la disminución del consumo de ganado; las razones principales estriban en que tanto las estadísticas como los expertos sanitarios atribuyen al elevado consumo de alimentos animales el que el índice de longevidad en ese país haya disminuido considerablemente.

Así pues, varias de las ideas existentes a nivel popular respecto a la carne como la única o la mejor fuente de proteínas (UNP 67) están basadas en mitos originados en un postulado de 1930 hoy totalmente caduco e inadecuado, pues si bien es cierto que la carne es una buena fuente de proteínas, también lo es igualmente que su consumo está asociado con muchos problemas de salud, como he venido explicando.

Además, como se ha analizado, no es la única buena fuente de proteínas: compruebe en la tabla de UNP que el arroz integral está situado en la escala un tanto por arriba de la carne y aves, con un 70 en comparación con el 67 de las segundas. (El arroz pulido tiene una UNP de 57.) Igualmente, el germen de trigo y el pulido de arroz tienen una UNP de 67, al mismo nivel que la carne y aves. Las leguminosas en general tienen un valor bastante aceptable de UNP, y combinadas con otros alimentos forman proteínas completas, como analizaremos más adelante.

Para concluir diremos que si usted desea seguir una dieta vegetariana, sean cuales fueren los motivos que lo impulsen a ello, los conocimientos que hemos venido exponiendo y una adecuada combinación de diversos alimentos le asegurarán una nutrición adecuada no solamente por contener los requerimientos nutricionales indispensables para la salud y correcto desarrollo y funcionamiento de nuestro organismo, sino por ser además alimentos sanos para su cuerpo y para el equilibrio del planeta.

¿Cómo combinar los alimentos para obtener proteínas completas? Una adecuada combinación de diferentes tipos de alimentos nos proporciona todos los nutrimentos que nuestro organismo necesita.

Si incursionamos un poco en la alimentación clásica de cualquier país, veremos que sus comidas tradicionales están sabiamente basadas en estas combinaciones correctas de los alimentos; debe haber sido mediante la observación y la experiencia de muchas décadas como llegaron a diseñar de forma tal sus menús cotidianos con combinaciones perfectas, tanto en cantidad como en calidad, que llenaban todos los requerimientos nutricionales. Ellos descubrieron con la vivencia lo que la ciencia y la tecnología postularon hace apenas unos años: que en la combinación de los alimentos estriba la nutrición adecuada, aun cuando cada uno por separado no contenga todos los nutrientes requeridos, ya que la deficiencia de ciertos aminoácidos esenciales en algunos es complementada por su presencia en otros. Por ejemplo, los cereales pueden combinarse con leguminosas para formar una proteína completa pues sus AAE son complementarios, ya que los que le faltan a un alimento los contiene el otro.

Este hecho tan sencillo ha sido apenas aceptado e integrado en la enseñanza científica universitaria aunque sigue siendo ignorado por muchos expertos en nutrición y especialmente los médicos, quienes no llevan temas de nutrición en sus estudios.

Así pues, comer una mezcla de fuentes de proteínas acrecienta el valor proteínico total de la comida; estas combinaciones pueden aumentar la calidad de las proteínas hasta en 50% sobre el promedio de esos mismos alimentos ingeridos por separado.

Analicemos el porqué de una manera más objetiva: por ejemplo, las leguminosas son deficientes en metionina. Recuerde que a este AAE faltante se le denomina "aminoácido limitante". Por otra parte, los cereales en general contienen una adecuada cantidad de metionina pero son deficientes en lisina, su "aminoácido limitante". Combinando cereales y leguminosas, pues, sus aminoácidos esenciales (AAE) se complementan, aumentando sus valores nutritivos considerablemente. Esta mezcla de cereales y leguminosas incrementa la utilidad proteínica de ambos, es decir, aumenta su Utilización Neta de Proteína o UNP hasta en 50%.

Estudios experimentales con animales de cinco semanas de edad demostraron que, por ejemplo, una dieta que incluía 18% de proteína de trigo producía un aumento de peso de 40 g; otro grupo en experimentación, alimentado con 18% de proteína de lenteja, obtuvo un incremento de peso semejante, mientras que un tercer grupo alimentado con 18% de proteínas, pero esta vez combinadas —una tercera parte de lentejas y dos terceras partes de trigo—, obtuvo un aumento de peso de 130 g: más de tres veces el obtenido con las proteínas administradas por separado.[17]

Figura 1

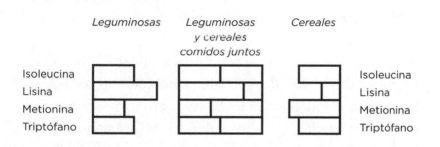

Fuente: FAO, Roma, 1970.

Existe una forma óptima de combinar leguminosas y cereales a fin de obtener el máximo provecho. Por lo general se obtienen mejores resultados con un mayor consumo de cereales que de leguminosas; esto es, dos terceras partes de cereal y una tercera parte de leguminosas. Recuerde que estas últimas, además de ser magníficas fuentes de proteína, son también excelentes auxiliares de nuestra salud, ya que

---

[17] Ethel Austin Martin, *Nutrition in Action*, Nueva York, Holt, Rinehart & Winston Series, 1974, pp. 56-71.

como mencionamos anteriormente, contienen cantidades importantes de lecitina, sustancia que tiene la capacidad de disolver el colesterol y otras grasas, ayudando a disminuir el endurecimiento arterial.

Abramos un paréntesis para aclarar que, a pesar de que las leguminosas son nutritivas y relativamente económicas, muchas personas rehúyen su consumo debido a que les resultan difíciles de digerir, causando gases y flatulencias; esto surge principalmente con toda la variedad de frijoles cuando la persona no está habituada a su consumo. En estos casos se aconseja comer sólo una pequeña cantidad de ellos mientras el tracto intestinal se adapta.

La formación de gases por la ingestión de frijoles es causada principalmente por dos tipos de almidones no muy comunes, estaquiosa y rafinosa, cuyos enlaces no pueden ser desdoblados por las enzimas intestinales; por consiguiente, no pueden ser absorbidos pero son metabolizados por algunas bacterias que son más comunes en los intestinos de personas carnívoras, que rompen estos almidones formando dióxido de carbono e hidrógeno, los causantes de gases y flatulencias.

Existen métodos efectivos para evitar estos problemas. El más sencillo es remojar los frijoles durante toda la noche, ya que esto hace que los almidones sean desdoblados a azúcares simples, mejorando así su digestión considerablemente. Hay que tirar el agua del remojo y enjuagar muy bien los frijoles antes de ponerlos a hervir en agua limpia.

Un método muy efectivo para el frijol de soya, el cual es quizá el más difícil de digerir debido a que contiene grandes cantidades de inhibidores de tripsina que precisamente interfieren con la acción de esta enzima —ayudar a la digestión en el tracto gastrointestinal—, es hervir los frijoles durante cinco minutos, dejarlos remojando en el agua caliente durante media hora, frotarlos después hasta que suelten el hollejo y enseguida cocinarlos por espacio de una hora.

Si usted está habituado al consumo de frijol no tiene necesidad de usar estos métodos. Por otra parte, en nuestro país es muy común hervir los frijoles con algunas hierbas o especias (epazote, hierbabuena, cilantro, pápalo, ajo, cebolla, etc.) y esta tradición no tiene como único propósito añadir un sabor y aroma agradables sino ayudar precisamente a su digestión.

Volvamos a nuestro tema sobre la combinación de alimentos para complementar las proteínas:

1. Explicamos ya la combinación de leguminosas con cereales en una proporción de una tercera parte de las primeras por dos terceras partes de cereales. Recuerde que las leguminosas son las semillas que crecen en vainas: lenteja, garbanzo, frijol, alverjas, alubias, habas, cacahuates, soya, ejotes, etc., mientras que los cereales crecen en espigas: trigo, maíz, cebada, centeno, arroz, mijo, avena, etcétera.

2. Otra excelente forma de combinar alimentos para obtener proteínas completas es:
   a) Lácteos (queso, requesón, yogur, etc.) más cereales (arroz, trigo, avena, mijo, maíz, cebada, etcétera).
   b) Lácteos más leguminosas.
   c) Lácteos más semillas u oleaginosas: ajonjolí, semilla de calabaza, semillas de girasol, nueces, almendras, avellanas, etcétera.

Los cereales, semillas y oleaginosas tienen deficiencias de los mismos AAE; para complementarlos debidamente deben combinarse con leguminosas o con lácteos. Y respecto a los

lácteos no olvide, si elige consumirlos, buscar que sean orgánicos y de animales libres. Es útil saber, para quienes no están familiarizados con su uso, que el trigo de grano entero, el centeno, la avena y el mijo se pueden cocinar en la misma forma que el arroz.

Tenga presentes estas pequeñas y sencillas claves cuando vaya a elaborar el menú del día; si aprende a manejar estas sencillas combinaciones obtendrá, con casi el mismo esfuerzo y seguramente el mismo costo, una alimentación de más calidad que redundará en una mejor salud y nutrición de su familia.

Sin embargo, no es este el único método a seguir. Existe otro sistema, surgido no hace muchos años y que considero más completo y quizá también más fácil de manejar: más completo porque no solamente se hace referencia a las proteínas, sino que incluye todos los demás nutrimentos: vitaminas, minerales, lípidos, hidratos de carbono e incluso fibra, que sin ser precisamente un nutrimento, como veremos posteriormente, es un elemento indispensable para la salud.

Es también más fácil de manejar porque está diseñado de tal forma que tanto un niño como un adulto con educación escolar, e incluso analfabetas, puedan manejarlo para beneficio propio y de quienes les rodean: me refiero al sistema de los cinco grupos de alimentos.

Figura 2

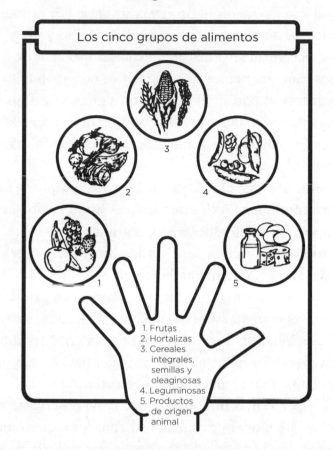

Los cinco grupos de alimentos

3

2

4

1

5

1. Frutas
2. Hortalizas
3. Cereales
   integrales,
   semillas y
   oleaginosas
4. Leguminosas
5. Productos
   de origen
   animal

Al concluir la Segunda Guerra Mundial, muchos países europeos quedaron en la más absoluta miseria, con sus ciudades destruidas, las familias sin hogar y desintegradas por la pérdida de uno o varios de sus miembros, pero el problema más agudo al que se tenían que enfrentar era el hambre: había que alimentar, y pronto, a la población y proporcionarle los medios necesarios y educarla de tal forma que supiera obtener alimentos de rápido crecimiento, fáciles de cultivar, que además fueran nutritivos y supieran administrarlos de manera tal que les brindaran los nutrimentos necesarios.

Fue a partir de esta necesidad que expertos en el área de la salud y la nutrición idearon y postularon por primera vez los *grupos de alimentos* como un medio sencillo y eficiente de educar a la población en la combinación adecuada de los alimentos para obtener los requerimientos nutricionales; a partir de entonces han surgido diferentes grupos de alimentos, algunos de los cuales ya no se consideran adecuados, pues van cambiando los conocimientos sobre nutrición y con ello los postulados al respecto.

Considero que el método de los cinco grupos se adapta en forma óptima no sólo a nuestro país sino a cualquier otro, sin importar las diferencias en los alimentos y, sobre todo, nos enseña de manera sencilla los lineamientos a seguir para la adecuada obtención de proteínas de alto valor biológico y todos los demás nutrimentos requeridos para la dieta ovolactovegetariana, vegetariana o vegana; como veremos a continuación, está diseñado de tal manera que resulta fácil de comprender y manejar para cualquier persona sin importar su edad, idioma, nivel cultural, etcétera.

El aspecto más importante que debe observarse al desarrollar este modelo es que debe llenar los requerimientos nutricionales. Un segundo aspecto es que cada grupo elegido contenga alimentos que, siendo básicos en la nutrición, sean también accesibles a la población tanto en lo económico como en lo referente a los hábitos y la cultura.[18] El tercer aspecto es de suma importancia y consiste en la universalidad de los criterios con que se determinan los grupos: esto es, que cualquier persona pueda clasificar fácilmente en el

---

[18] Janice M. Dodds, "The Handy Five Food Guide", en *Journal of Nutrition Education*, vol. 13, núm. 2, junio de 1981, Nueva York, Columbia University, pp. 50-52.

modelo cualquier alimento aun cuando no haya sido anteriormente integrado al grupo; en el caso de los cinco grupos, si se encuentra una fruta, por más rara que sea, originaria del país más exótico, fácilmente podremos clasificarla en el dedo meñique de nuestro modelo, que pertenece a "frutas". De la misma forma procederíamos con respecto a un cereal o a alguna hortaliza desconocida, incorporándolos al grupo tres o dos respectivamente.

Como podemos observar, nuestro modelo consta de cinco grupos de alimentos:

1. Frutas
2. Verduras y hortalizas
3. Cereales integrales, semillas y oleaginosas
4. Leguminosas
5. Huevos y lácteos

Por las características del modelo podemos darnos cuenta de que resulta muy útil didácticamente, ya que puede ser enseñado a adultos con cualquier nivel de educación e incluso para los niños resulta ameno, sencillo e interesante.

Ya hemos consignado previamente los nutrimentos indispensables para el ser humano. Recordemos que consisten en: proteínas, grasas o lípidos, hidratos de carbono, vitaminas y minerales además de la fibra, que sin ser un nutrimento es indispensable para la salud, como veremos en el apartado correspondiente.

Hago especial hincapié en la importancia de aprender a manejar este método, ya que le resultará de suma utilidad: como ama de casa, le guiará en la elección de sus menús diarios; como madre, le servirá de método de enseñanza para que sus hijos vayan, poco a poco, aprendiendo las bases sencillas pero indispensables para una buena nutrición. Para cualquier persona tiene especial valor, ya que desde la infancia debe comprenderse que salud y alimentación van de la mano, y que de la sabia elección de nuestros alimentos depende no sólo el adecuado desarrollo y crecimiento sino una vida sana, plena y feliz.

Pasemos entonces a explicar la forma en que este modelo debe manejarse: con los cinco grupos de alimentos hay tres tipos de combinaciones básicas con las que cubriremos nuestros requerimientos nutricionales.

Reglas de combinación de alimentos para obtener proteínas completas y todos los demás nutrimentos

Por lo menos dos de las comidas que usted realice durante el día deben observar las siguientes reglas de combinaciones; las restantes pueden ser más sencillas.

Sugerencias de combinaciones:

1. Cereal + leguminosa + fruta o verdura, o sea,
   Grupo 3 + Grupo 4 + Grupo 1 o Grupo 2

EJEMPLOS:
   Arroz + frijoles + ensalada
   Tortilla + caldo de habas + verduras al vapor
   Arroz + lentejas + verdolagas
   Cereal de arroz + leche de soya + papaya
   Tlacoyo de maíz + relleno de habas + nopales, salsa, cilantro
   Tortillas de trigo + tofu guisado + ensalada
   Atole de avena + leche de soya + fruta al gusto

Arroz + carne de soya + rajas de poblano con cebolla y
    calabacitas
Mijo o cebada perla + garbanzos guisados + ensalada

2. Cereal + lácteo + fruta o verdura, es decir,
    Grupo 3 + Grupo 5 + Grupo 1 o Grupo 2

EJEMPLOS:
    Amaranto + yogur + mango o fruta al gusto
    Avena + licuada con yogur + manzana
    Arroz + queso + calabacitas con elote
    Taquitos de requesón + ensalada al gusto
    Chilaquiles + queso y crema + salsa de tomate, cilantro,
        cebolla y ajo

3. Leguminosa + lácteo + fruta o verdura, es decir,
    Grupo 4 + Grupo 5 + Grupo 1 o 2

EJEMPLOS:
    Frijoles + queso + verduras al vapor
    Caldo de habas + tacos de requesón + ensalada
    Sopa de lentejas + leche búlgara + verduras al vapor

Éstos son sólo algunos ejemplos de las múltiples combinaciones que usted puede hacer; en realidad su imaginación y creatividad son el límite. Es muy recomendable que en cada comida haya fruta o verdura cruda. Recuerde que hay vitaminas, minerales y enzimas esenciales que se pierden y son destruidas con la cocción.

Para aprovechar al máximo las proteínas de los alimentos, los granos deben combinarse en la siguiente proporción: dos partes de cereal por una parte de leguminosa. Para que pueda seleccionar bien sus combinaciones es importante comprender que cereales son todos los granos que crecen en espiga: arroz, maíz, cebada, mijo, trigo, avena, amaranto, centeno, etc., y leguminosas son todos los granos que crecen en vaina: frijol, garbanzo, haba, lenteja, chícharo, alverjas, alubias, etcétera.

Este sistema de combinación de alimentos le permitirá, además de una adecuada nutrición, una amplísima gama de posibilidades culinarias, de tal forma que, además de poder elegir una alimentación sana, completa y nutritiva, tiene la posibilidad de preparar menús sabrosos y variados. Las numerosas opciones de recetas de cocina que le brinda este libro le serán de gran utilidad al respecto, pues le ofrecen muchas posibilidades para elegir.

LA FIBRA

Todavía hasta hace algunos años la dieta humana, en general, estaba constituida de alimentos naturales e integrales que contenían no sólo los nutrimentos requeridos, sino también la cantidad de la fibra necesaria para una correcta función intestinal; la constipación y demás problemas derivados de ella eran casi desconocidos para el hombre.

A medida que avanzaron la civilización y la tecnología, poco a poco se fueron introduciendo en la alimentación humana productos procesados, enlatados y refinados tales como la harina y el azúcar, los cereales pulidos, etc., que al ser sometidos a estos procesos no sólo perdían varios elementos nutritivos, como la variedad de los minerales y vitaminas que se encuentran en el azúcar mascabado, en la miel o melaza (véase el apartado sobre los hidratos de carbono), o la

vitamina E, que se encuentra en el germen de los cereales integrales y es un importante factor en la nutrición celular, además de las vitaminas del complejo B, que se encuentran en la cascarilla de los cereales (véase el apartado sobre las vitaminas); por otro lado, se estaba eliminando de la dieta la fibra, constituyendo este hecho el principio de una serie de graves problemas del aparato digestivo y en consecuencia muchas enfermedades.

Cuando el consumo de fibra en la dieta es muy pequeño, los residuos que llegan al colon no son fácilmente eliminados, ya que en lugar de una masa voluminosa que puede ser removida fácilmente, sólo encontramos una pequeña cantidad de material pastoso; los restos de tales dietas bajas en fibra pasan por el tracto intestinal con mucha mayor lentitud, convirtiéndose el estreñimiento en un problema crónico, fuente de intoxicación y enfermedad.

En Inglaterra se han realizado estudios sobre personas habituadas al consumo frecuente de pastelitos, dulces y alimentos refinados y se ha encontrado que en casos como éstos se requiere más de una semana para que la pequeña masa sobrante de la asimilación de estos productos sea evacuada: en contraste, en los países donde la gente consume alimentos naturales no refinados ni procesados, el tránsito de la comida a lo largo del tracto intestinal puede reducirse a tan sólo 4 o 6 horas.[19]

Cuando el estreñimiento se ha vuelto crónico, las heces que no se han eliminado pueden llegar a endurecerse y adherirse a la pared intestinal, formando así divertículos que al inflamarse dan lugar a la diverticulosis. Más y más estudios

[19] Rudolph Ballentine, M. D., *Diet and Nutrition*, Honesdale, The Himalayan International Institute, 1978, cap. 4.

nos muestran cada día que enfermedades prácticamente desconocidas en grupos humanos que tenían una dieta integral son frecuentes en el hombre occidental moderno, como el cáncer de colon, la obesidad y la diabetes.

La fibra tiene además la capacidad de absorber o retener ciertas sustancias tóxicas o irritantes del organismo, eliminándolas por medio de las heces: entre éstas se encuentra la bilis, que cuando no es eliminada normalmente, puede llegar a ser modificada por ciertas bacterias intestinales que la convierten en una sustancia capaz de causar cáncer en el colon. Este tipo de bacterias son mucho menos comunes en los intestinos de aquellas personas cuya dieta no incluye carne y es rica en fibra.

La fibra se divide en dos grupos: *insoluble* y *soluble* y ambas son importantes para nuestra salud.

Uno de los componentes más importantes de la fibra insoluble es la celulosa, que se encuentra en la cascarilla de los cereales integrales y constituye también la estructura de los frutos, tallos y hojas del mundo vegetal; es un polisacárido casi idéntico al almidón (una de nuestras principales fuentes de energía, como vimos acerca de los hidratos de carbono), y la única diferencia entre ambos estriba en el tipo de enlace que une a cada una de sus moléculas. Nuestro organismo tiene la capacidad de romper los enlaces alfa que se encuentran en el almidón, aprovechando así sus elementos nutritivos; no sucede lo mismo con los enlaces beta de la celulosa, ya que no poseemos las enzimas requeridas para romper este tipo de enlaces. Por lo tanto, la celulosa no es un elemento nutritivo para los humanos, pues no la podemos digerir. Su importancia estriba en absorber agua y bilis durante la digestión; también es esencial para el desarrollo de una flora intestinal saludable además de que aumenta el volumen del excremento, ayudando así a que éste pueda ser eliminado en forma plena, adecuada y en menor tiempo.

Como muchos problemas de salud se debían a la falta de fibra en la dieta, se inició la tendencia de añadir grandes cantidades de salvado a la alimentación, lo cual definitivamente no es la solución ideal para la constipación: el salvado contiene una sustancia, el ácido fítico, que al ser consumido en mayor cantidad de la que se encuentra en forma natural en los alimentos integrales puede capturar minerales durante el proceso digestivo, "robándoselos" a nuestro cuerpo y produciendo así deficiencias en zinc, calcio, magnesio, etcétera.

Además, los experimentos han demostrado que cuando el salvado es incluido en la dieta en forma aislada en lugar de utilizar alimentos integrales ricos en fibra, se pierden varios de los beneficios que se obtienen con la digestión y asimilación de los alimentos integrales. Por ejemplo, uno de los beneficios del consumo de dietas integrales es que su fibra ayuda a disminuir el nivel del colesterol en la sangre casi al doble que cuando se ingiere el salvado en forma aislada, aun en el caso de que se consuma doble cantidad de salvado.

Otro gran beneficio del consumo de alimentos integrales es lo que ya he mencionado varias veces a lo largo de estas páginas, la obtención de todos los nutrimentos a la vez: proteínas, grasas, hidratos de carbono, vitaminas, minerales y fibra.

El otro tipo de fibra importante, la pectina, una fibra hidrosoluble, es también resistente a las enzimas digestivas, es decir, tampoco la podemos digerir. Al entrar en contacto con el agua forma un gel o goma conocido también como mucílago; se encuentra en la mayoría de las frutas, como manzanas, peras, papaya, mamey, chicozapote, zapote negro, aguacate, etc., y en muchos vegetales y semillas. La encontramos en abundancia en los nopales, la linaza, la chía, las ciruelas pasas, etcétera.[20]

La pectina tiene la capacidad de absorber agua dentro del organismo, dando volumen y suavidad a las heces y facilitando así su eliminación; tiene además compuestos que ayudan a disminuir el nivel de colesterol en el organismo y a combatir la obesidad.

Para concluir podemos decir que los tipos ideales de fibra por sus beneficios para el intestino, especialmente cuando hay problemas de estreñimiento crónico, son las fibras suaves y mucilaginosas como la pectina.

Las semillas de linaza y chía son especialmente ricas en pectinas, que tienen la capacidad de suavizar y lubricar el tracto intestinal, evitando la constipación, además de que contienen un amplio espectro de todos los nutrimentos y antioxidantes. Cuando el estreñimiento es crónico, aconsejo tomar dos veces al día una cucharada de semilla de linaza molida o de chía o ambas combinadas, remojadas durante unos minutos; tómelas en un vaso grande de agua para que los geles puedan hacer su función de forma óptima. Recuerde, sin embargo, que la forma ideal de obtener la fibra es por medio de una *alimentación integral*.

EL YOGUR

Una de las formas más tradicionales de preparar el yogur es con leche de vaca; sin embargo, se puede elaborar también

---

[20] Lic. Alejandra M. Sosa *et al.*, *Nuevos conceptos para comer mejor*, México, Instituto Nacional de la Nutrición, 1984.

con todo tipo de leches vegetales como las de soya, arroz, coco, almendras, etc.

Respecto a las variantes del yogur, como son la leche búlgara y el jocoque, sus beneficios y propiedades nutritivas son prácticamente los mismos, así que se puede emplear cualquiera de ellos indistintamente. Quiero insistir en que, quienes elijan incluir lácteos en su alimentación, es muy recomendable que sean orgánicos.

Quizá la preparación del yogur surgió de la necesidad de encontrar una forma de preservar la leche fresca; el objeto de hervir la leche de vaca con la que se produce es destruir cualquier bacteria o enzima que pueda interferir con el crecimiento del cultivo que se le agrega o que pueda ser dañina al organismo. El yogur es una alternativa ideal para aquellas personas que tienen intolerancia a la leche debido a la falta de la enzima llamada lactasa. Durante el proceso de acidificación de la leche para convertirse en yogur, la lactosa, que es el azúcar de la leche, se rompe formando ácido láctico, siendo éste fácilmente tolerado por aquellos que no digieren la lactosa.[21]

El yogur de cualquier tipo es un alimento muy nutritivo además de sabroso y refrescante, y es utilizado por muchas culturas en una gama muy amplia de posibilidades culinarias.

Más de 50% de las heces fecales están formadas por bacterias; sus colonias habitan el intestino humano y son de carácter vital para la buena digestión y la salud en general. Esos millones de bacterias colaboran en la digestión y eliminación, además de sintetizar algunas vitaminas que el

---

[21] Rudolph Ballentine, M. D., *Diet and Nutrition*, Honesdale, The Himalayan International Institute, 1978, cap. 4.

organismo no puede elaborar y/o no puede obtener en cantidades suficientes mediante la dieta.

El uso de antibióticos y sustancias químicas en los alimentos destruye gran cantidad de la flora bacteriana; esto, aunado a una dieta rica en azúcares y productos refinados más el consumo de carnes, favorece el desarrollo de bacterias de putrefacción en detrimento de las bacterias de fermentación. Por lo tanto, hay irregularidades en la digestión, acné, putrefacción intestinal y diversas enfermedades como consecuencia.[22]

El yogur contiene gran cantidad de bacterias benéficas a la flora intestinal, lo que significa que es un probiótico, por lo que se recomienda consumirlo; en especial cuando se está pasando de la alimentación carnívora a la vegetariana, ya que en el primer caso la digestión se realiza por medio de bacterias de putrefacción y cuando cambiamos el sistema de nuestra alimentación a una dieta vegetariana, para una buena digestión y asimilación requerimos de esas benéficas bacterias de fermentación que contiene el yogur y que poco a poco irán reemplazando a las de putrefacción, repercutiendo este hecho de manera muy positiva en nuestra salud en general.

El yogur es un magnífico auxiliar para corregir padecimientos estomacales como colitis, estreñimiento, úlceras, gastritis, etc.; es además fácil de digerir, proveyendo al mismo tiempo proteínas, calcio, fósforo, riboflavina, vitamina B12, magnesio, zinc, ácido pantoténico y vitamina C (consulte el Anexo I).

---

[22] Ing. Francisco Chávez M., *Natural Health. A Modern Approach*, Chicago, 1982, pp. 192-194.

Se puede aplicar externamente al cutis, como mascarilla, para refrescar y devolver lozanía a la piel. En la cocina su uso es variadísimo, se puede emplear en la preparación de postres, bebidas, aderezos, panes, sopas, etcétera; consulte el índice para ver recetas. La preparación del yogur se detalla a continuación.

Yogur de leche de soya (o cualquier otro tipo de leche vegetal)

Ingredientes

1 l de leche de soya o de la leche vegetal de su elección
150 ml (¾ de taza) de yogur de soya o del yogur vegetal
de su elección, como cultivo

Preparación

◆ Se calienta la leche a 45 °C o 50 °C; si no tiene termómetro, caliéntela al punto en que ya esté muy caliente pero pueda introducir la punta del dedo en ella sin que le queme.

◆ Retírela enseguida del fuego. Bata el cultivo un poco, a que se acreme, y agréguelo a la leche caliente. Mezcle bien.

◆ Vacíe en frascos de vidrio y ciérrelos bien. También se pueden usar envases de plástico; tápelos bien.

◆ Una clave muy importante para que se forme bien el yogur es mantener el calor apropiado. Los bacilos necesitan para reproducirse un medio ambiente calientito de 37 °C; para mantener esta temperatura, los recipientes se envuelven perfectamente con una tela de lana o una cobijita. Coloque esto dentro de una caja de cartón, cerrándola para que guarde el calor, durante ocho horas o más, según si la temperatura exterior es templada o fría.

♦ También puede calentar el horno y, una vez apagado, guardar allí los recipientes, envueltos como ya se indicó.

♦ Una vez cuajado el yogur, se refrigera; se apartan 150 ml como cultivo para la siguiente preparación.

Cómo preparar el yogur vegetal como cultivo inicial

Por supuesto que usted puede comprar el yogur vegetal de su elección como cultivo para iniciar su propia preparación de yogur; pero si por alguna razón no lo encuentra o prefiere hacerlo usted mismo, enseguida le indico cómo prepararlo.

Ingredientes

½ taza de búlgaros de leche de vaca
1 taza de la leche vegetal de su elección
1 frasco de vidrio con tapa
1 trozo de tela y un cordón
1 colador de plástico
1 cuchara de madera

Preparación

♦ Se mezclan los búlgaros con la leche vegetal elegida y se colocan en el frasco de vidrio. Se cubre con el trozo de tela y se coloca el cordón; se deja reposar durante 24 horas. Se cuela y se coloca en un frasco de vidrio, se tapa y se refrigera, y éste es el fermento o cultivo inicial para preparar el yogur, como ya expliqué.

♦ Los búlgaros se regresan a la leche de vaca, pues no sobreviven en la leche vegetal, sólo nos sirven para el fermento inicial.

Yogur de leche de vaca

Ingredientes

2 l de leche de vaca, de preferencia orgánica
2 cucharadas soperas de leche en polvo (opcional)
150 ml de yogur (¾ de taza) como cultivo inicial

Procedimiento

♦ Si la leche es bronca, se hierve y se deja enfriar durante 30 minutos. Si es leche pasteurizada, se calienta al punto en que esté muy caliente pero podamos introducir la punta del dedo durante un minuto sin que nos queme.

♦ Se agrega entonces la leche en polvo —previamente diluida en un poco de leche—, el yogur batido, y se mezcla bien. Se coloca en uno o varios recipientes, se tapan y se envuelve perfectamente con una tela de lana o una cobijita para que guarde el calor durante 8 horas o más según si la temperatura exterior es templada o fría.

♦ Para mantener el calor necesario, además de envolver el recipiente con una frazada, ayuda colocarlo en una caja de cartón y cerrarla bien; también puede calentar el horno y, una vez apagado, guardar allí los recipientes envueltos, como ya expliqué.

♦ Una vez cuajado el yogur, se refrigera. Se apartan 150 ml como cultivo para la siguiente preparación.

♦ Si el yogur no cuaja bien y le quedó con mucho suero, puede deberse a las siguientes causas:

   a) Leche de mala calidad. En este caso se debe agregar más leche en polvo (4 a 6 cucharadas) o cambiar de marca.

   b) Faltó calor. Los bacilos del yogur necesitan un medio ambiente calientito para reproducirse (37 °C).

Si usted no mantuvo la leche lo suficientemente cubierta para que conservara su temperatura, al enfriarse, los lactobacilos ya no se pueden reproducir.

EL FRIJOL DE SOYA

Desde la antigüedad se ha utilizado el frijol de soya en el Lejano Oriente como comestible en una gama muy amplia de opciones culinarias; en el antiguo libro *Pen-tsao Kang-mu*, que describe los cinco granos sagrados —arroz, soya, trigo, cebada y mijo—, se encuentra el primer informe escrito sobre el frijol de soya, en el año 2838 antes de Jesucristo. Era considerado como la leguminosa más importante y esencial para la existencia de la civilización china.[23] En la actualidad, tanto chinos como japoneses consumen diariamente al menos 10 gramos de proteína de soya, sobre todo de forma fermentada.

Hay una gran corriente que postula a la soya como un producto dañino para la salud: la principal razón para ello es que la que se utiliza en muchos productos comerciales es genéticamente modificada además de que ha sido altamente procesada y estos tratamientos químicos son dañinos para la salud, aparte de que alteran y eliminan sus propiedades benéficas. No sucede lo mismo cuando la soya es orgánica, y en especial cuando es fermentada aporta muchos nutrimentos y grandes beneficios para la salud.

La soya es una alternativa excelente sobre todo para los vegetarianos y veganos, y aun para quienes buscan alternativas para consumir menos carne; es un alimento bueno para

---

[23] *Misiones culturales*, México, SEP, 1954.

los niños pero deben consumirla con moderación por sus propiedades estrogénicas, que explico más adelante.

Los aminoácidos que constituyen las proteínas de la soya son casi tan completos y asimilables como los de las contenidas en la carne; su contenido proteínico es de 33% y su Utilización Neta de Proteína o UNP es de 63 como frijol y de 65 en forma de tofu, lo que lo coloca en un nivel proteínico excelente ya que, por ejemplo, la carne de res y las aves tienen una UNP de 67 (consulte la sección sobre las proteínas, página 99).

El frijol de soya se utiliza también sin cáscara en forma de harina que presenta un alto poder alimenticio, mayor que otro tipo de harinas; con ella se pueden preparar atoles, panes, galletas. También se utiliza como sustituto de leche en polvo; su contenido proteínico es de 36.7 por ciento.

Además de los aminoácidos esenciales, para formar proteínas de calidad biológica también existen los ácidos grasos esenciales, que son indispensables en la dieta humana, y la soya es muy rica en ellos, con 20.3% de los mismos además de contener lecitina y diversos minerales y vitaminas (consulte Anexo I). Es abundante en varias vitaminas, sobre todo B1 y B2, y en cantidades considerables de A, E y K (consulte Anexo I); en forma de aceite contiene vitaminas A, D, E y K.

Es muy importante que cuando compre soya en cualquiera de sus presentaciones se asegure de que sea orgánica y *no* genéticamente modificada. Considerando, pues, que la soya sea orgánica, las formas más saludables y conocidas de consumirla son:

◆ Leche de soya, que podemos preparar en casa en forma manual, como explico más adelante, o con un procesador especial para ese propósito, el Soyaelectric. También encontramos ya en el mercado varias marcas de leche de soya orgánica de buena calidad. Entre muchos otros nutrientes, la leche de soya, comparada con la de vaca, contiene más del doble de calcio (278 mg contra 118 mg), un mineral importante para fortalecer huesos y dientes; en el aspecto económico es una magnífica alternativa, ya que de un kilo de frijol de soya se pueden obtener de 9 a 12 litros de leche.

♦ El tofu tiene textura similar al queso fresco de vaca y se prepara en forma parecida, como describo más adelante; en la forma más profesional de preparación se utilizan coagulantes de varios tipos. En el mercado existen muy buenas opciones de tofu orgánico. Es un ingrediente básico para preparar una gran variedad de platillos deliciosos y muy nutritivos: su proteína es de alta calidad, pues contiene los ocho aminoácidos esenciales. Además, como normalmente se consume combinado con arroz, esto hace que se aprovechen al máximo las proteínas de ambos alimentos y su valor nutricional aumenta hasta 32% más que al consumirlos de forma aislada, como ya expliqué en la sección sobre las proteínas (página 99).

♦ El edamame, que son los granos tiernos de la soya. Se pueden cocinar en su propia vaina durante 10 minutos, espolvorearlos con sal de mar o sal de ajo y comerse así, directamente; también se pueden agregar, en crudo, a los guisados o caldos de verduras. Una taza de estos frijoles de soya tiernos contiene 17 gramos de proteína de alta calidad biológica y son ricos también en ácidos grasos esenciales Omega-3; contienen además calcio, magnesio, hierro, fósforo, potasio, zinc, cobre y manganeso, y las vitaminas C, K, E, tiamina, riboflavina, niacina, piridoxina, ácido pantoténico, colina y gran abundancia de folatos, que son los precursores del ácido fólico.

NUTRICIÓN VEGETARIANA

♦ Germinados de soya, con los que se pueden preparar una gran variedad de sopas, ensaladas y guisados como el chop suey. Explico sus valores nutricionales y su forma de preparación en la sección sobre germinados.

♦ La soya texturizada, que sirve como base para preparar una gran variedad de platillos que semejan en gran medida la textura, vista y sabor de la carne. En este libro encontrará diversos platillos que se pueden preparar utilizándola: los presento como otra opción más dentro de la comida vegetariana, pero es importante comprender que cuando se es vegetariano *no es indispensable* consumir la soya texturizada; es solamente, como ya dije, una alternativa que presento en el libro, tratando de cubrir toda la gama de posibilidades dentro de la comida vegetariana.

Cómo hidratar la carne de soya texturizada

Ésta se compra en las tiendas de nutrición o supermercados. Viene en diferentes presentaciones: picadillo, trozos y tartaletas, según el platillo que se vaya a preparar, y está disponible con sabores a res, pollo, chorizo o al natural.

Para hidratarla se pone a hervir el agua necesaria, según la cantidad de carne a preparar, y se agregan hierbas de olor, ajo, cebolla, apio o cualquier condimento que se desee. Cuando el agua suelte el hervor, se agrega la carne de soya texturizada y se deja hervir durante 15 minutos; esto, además de hidratarla, ayuda a que su digestión sea más fácil y mejora su sabor. Enseguida se escurre en un colador, se deja enfriar y se exprime perfectamente con ambas manos. Se procede, entonces, a prepararla según la receta seleccionada.

La soya fermentada

La forma óptima para la salud, la nutrición y también para una mejor digestión, es consumir la soya en sus variantes fermentadas, como la salsa de soya, el miso y el tempeh; hay también un tipo de tofu fermentado. Estos alimentos, además de ofrecer un gran aporte proteínico a nuestra alimentación, reducen el riesgo de enfermedades cardiovasculares, previenen el cáncer, la diabetes y la obesidad, ayudan a regular la glucosa en la sangre, son potentes antioxidantes y también prebióticos, por lo que promueven la salud digestiva y regulan el ritmo intestinal.

- ♦ Yogur de soya. Tanto sus valores en la nutrición como para la salud se describen en el apartado del yogur.
- ♦ La salsa de soya. Le recomiendo que busque que en la etiqueta diga "fermentada naturalmente", pues esa es la de mayor calidad, sabor y beneficios para la salud. Nos sirve de aderezo para casi todo tipo de guisados, ensaladas, sopas, pastas, arroces, etc. En su elaboración se utilizan sólo cuatro ingredientes: soya, trigo, agua y sal. También puede encontrar una variedad que utiliza arroz en lugar de trigo, para las personas alérgicas al gluten.
- ♦ El miso, que en japonés significa "fuente de sabor", es una pasta que se obtiene al fermentar los frijoles de soya, aunque también se hace con otros cereales como el trigo, arroz, cebada, etc. Por sus fermentos es muy saludable como un prebiótico; reconstituye la flora intestinal, además de que aporta muchos nutrimentos: proteínas, vitaminas, minerales. Su color y sabor varían de acuerdo con el tiempo de fermentación y el grano utilizado. Hay que usarlo en cantidad moderada pues contiene mucho sodio.

♦ El tempeh se obtiene de la fermentación del frijol entero de soya con los hongos Rhizopus, formando una especie de pastel blanco muy compacto. Como los demás productos de la soya, es un gran alimento, pues contiene todos los aminoácidos esenciales además de minerales y vitaminas abundantes. Como conserva toda su fibra, ayuda a combatir y evitar el estreñimiento y adquiere además grandes beneficios por el proceso de fermentación al que es sometido; en éste se generan enzimas y sustancias que actúan como antibióticos naturales, aumentando la resistencia del organismo a infecciones. El tempeh se emplea en sopas, cremas de untar, sándwiches y ensaladas, aunque con frecuencia se come frito.

Las isoflavonas

Otro de los grandes beneficios de la soya y sus derivados es que son alimentos ricos en *isoflavonas*, sustancias vegetales también conocidas como *fitoestrógenos*, que tienen funciones protectoras en el cuerpo y ayudan a regular el equilibrio hormonal en la mujer en todas las etapas de la vida: los años reproductivos, menstruación, fertilidad y muy especialmente durante la menopausia, cuando el nivel del estrógeno cae ocasionando bochornos, fatiga, sudores nocturnos, alteraciones en el estado de ánimo, dolores de cabeza, disminución de la libido y resequedad vaginal.

Las isoflavonas ayudan también a prevenir la osteoporosis. Diversos estudios muestran que consumir 40 gramos de proteínas de soya al día, durante seis meses, incrementan considerablemente la densidad mineral ósea vertebral en las mujeres posmenopáusicas; son además potentes antioxidantes que protegen contra enfermedades del corazón y el desarrollo del cáncer de mama. Las estadísticas muestran que en los países asiáticos, donde la soya forma parte de la alimentación diaria, estas enfermedades son casi inexistentes.

Lecitina de soya

Y por si todo lo ya mencionado sobre los beneficios de la soya fuera poco, aún nos falta mencionar la lecitina de soya, que es otro de los elementos valiosos de esta leguminosa: aunque la lecitina se encuentra en todas las leguminosas y algunos cereales, la fuente más rica de ella es el frijol de soya.

La lecitina es un tipo de cera que ayuda a emulsificar el colesterol y los triglicéridos, es decir, rompe sus moléculas para que los excesos puedan ser eliminados del organismo; es un importante auxiliar en el control del peso. Como materia prima en la producción de neurotransmisores en el cerebro, tiene un gran efecto directo en funciones como la memoria, las habilidades del pensamiento y el control muscular, previniendo el mal de Parkinson y la esclerosis múltiple.

La lecitina de soya también es recomendable para los niños, y en las mujeres embarazadas es esencial para el buen desarrollo cerebral del feto. En los ancianos ayuda a retardar los procesos degenerativos del cerebro, corazón, hígado y sistema nervioso.

Conclusión

El frijol de soya, en todas sus variedades, es un alimento muy sano y puede ser una alternativa excelente para quienes no consumen proteínas animales, o bien aquellos que quieren consumirlas en menor cantidad; lo importante es comerla orgánica en sus diversas presentaciones naturales —ya mencionadas— y evitar a toda costa la soya genéticamente modificada.

A continuación indicamos cómo preparar la leche de soya y el tofu de forma manual y casera. También puede utilizarse el Soyaelectric, un electrodoméstico con el que podemos preparar todo tipo de leches vegetales, atoles, tofu, etc., muy fácil y literalmente en minutos.

Leche de soya

Ingredientes
250 g de frijol de soya
2 l de agua
1 raja de canela
Piloncillo o azúcar mascabado al gusto

Procedimiento
♦ Poner a remojar la soya en agua hirviendo durante 15 minutos, escurrirla y dejarla remojando durante 17 horas en agua fría; volver a escurrirla pasado el tiempo indicado.
♦ Moler en la licuadora con el agua, vaciar a una manta o servilleta donde se filtre y exprimir enseguida; el líquido blanco que resulte, o sea la leche, se pone a hervir con el piloncillo y la canela durante el tiempo necesario para que hierva y suba igual que la leche de vaca, moviendo de vez en cuando para que no se pegue.
♦ Servir caliente o fría. Emplear al igual que la leche de vaca para chocolate, café, atole, licuados o sola.
♦ La masa o bagazo sobrante de esta preparación se llama okara y se utiliza para preparar galletas, panes o pasteles.

Tofu o queso de soya

Ingredientes

1 taza de frijol de soya
2 l de agua
El jugo de dos limones

Procedimiento

◆ Remojar el frijol de soya en agua hirviendo durante 15 minutos. Escurrir y dejar en remojo, en agua fría, durante 17 horas. Escurrir nuevamente.

◆ Moler en la licuadora con el agua indicada.

◆ Colocar sobre una olla un cedazo de manta húmeda y vaciar ahí el líquido a que se filtre; después se exprime la manta.

◆ Poner el líquido blanco, o sea la leche de soya, a fuego lento. Cuando esté tibia, retirar del fuego y añadir el jugo de limón, moviendo para que se incorpore todo perfectamente.

◆ Dejar en reposo en un lugar tibio para que cuaje, aproximadamente una hora.

◆ Una vez cuajado, vaciar nuevamente en una manta y colgar a que escurra el suero; cuando ya esté casi seco, amasar con un poco de sal o salsa de soya y moldear para darle forma de queso. Se puede servir bañado con salsa de soya como botana, en chop suey u otros platillos chinos. Se puede también cortar en rebanadas, freír a que dore y agregar unas gotitas de salsa de soya, o marinar en salsa de soya, aceite de oliva y ajo y pasarlo después en el sartén en un poco de aceite de oliva caliente. Dejándolo como requesón, se puede servir con fruta y miel o espolvorear sobre ensaladas, hacer taquitos, etcétera.

- Recuerde que el bagazo del frijol que quedó en la servilleta, la okara, se puede utilizar para hacer galletas, panes, chorizo, etcétera.

Okara

Es el residuo que queda del frijol de soya al extraer la leche de éste. Podemos decir que es el bagazo del frijol una vez que se ha molido, pero no debemos verlo como un desecho ya que aún conserva un porcentaje apreciable de las proteínas de la soya y contiene la fibra del frijol; la fibra, como sabemos, es esencial para el buen funcionamiento intestinal. (Consulte la sección de la fibra.)

Sáquele partido a la okara, la puede utilizar como sustituto de la carne de soya en la elaboración de chorizo, atún, picadillo, etcétera.

Al preparar panes, tortillas, tamales, etc., emplee la mitad de la harina indicada en su receta y supla la otra mitad con okara; así aumentará el valor nutricional de su platillo y evitará el desperdicio, resultando en bien de su economía y sobre todo le proporcionará a su organismo la fibra tan escasa en la alimentación moderna, redundando esto en beneficio de su salud.

EL GLUTEN

Aunque en la actualidad muchas personas evitan el gluten en su alimentación, lo incluyo como información complementaria en un libro de comida vegetariana; queda a cada lector la decisión de incluirlo o eliminarlo de su dieta.

No debe ser consumido por personas que padecen la enfermedad celíaca, un desorden autoinmune hereditario en el que el intestino delgado se daña con el gluten, produciendo síntomas como diarrea, dolor de estómago, inflamación y pérdida de peso.

El gluten contiene la parte proteínica del trigo, ya que en su preparación el almidón es eliminado. Es rico en vitaminas y minerales, pero sobre todo en proteínas (45%). Preparándolo en la forma correcta tiene la misma apariencia que la carne y, claro está, no contiene las toxinas ni el ácido úrico de ésta. Su Utilización Neta de Proteína o UNP es de 39 (consulte el apartado sobre las proteínas), ya que es deficiente en lisina; de ahí que para obtener una proteína de mejor calidad se debe combinar con leguminosas o con lácteos, que son ricos en este aminoácido.

Este alimento tiene grandes ventajas, ya que además de ser nutritivo es barato, fácil de hacer y conservar, con una asombrosa versatilidad que nos permite elaborar con él una gran variedad de vistosos y sabrosos platillos.

Contenido nutricional del gluten
- ♦ Proteínas 45%
- ♦ Hidratos de carbono 20%
- ♦ Grasas 10%
- ♦ Agua 20%
- ♦ Minerales 5%

Las vitaminas que contiene son: B1, B2, B3, B5, B6 y E.

Gluten

Ingredientes

3 kg de harina de trigo blanca o integral, o mitad y mitad

Agua, la necesaria

Caldo de cocción

3 l de agua

1 taza de salsa de soya

1 cucharada de orégano

1 rama de apio en trocitos

1 cabeza de ajo

1 cebolla en trozos

Hierbas de olor

Perejil y cilantro al gusto

Procedimiento

♦ Colocar la harina en una palangana grande e ir agregando poco a poco el agua necesaria para formar una masa como cuando se va a hacer pan. Una vez obtenida esta pasta, conservarla en la misma bandeja y cubrirla de agua; dejarla reposar de 5 a 6 horas. Si se amasa en la noche, se dejará reposar hasta la mañana siguiente.

♦ Pasado el tiempo de reposo, lavar la masa con ambas manos como si se estuviera amasando. Cuando el agua de la palangana esté ya muy blanca, se tira y se agrega más agua limpia; se sigue lavando, repitiendo los mismos pasos. Una vez que el agua esté muy blanca, tirarla, poner más agua limpia y continuar así hasta que el agua del lavado quede apenas blanquecina. Se cambia entonces nuevamente por agua limpia a que cubra la masa restante del lavado, que es precisamente el gluten en crudo, y se deja reposar durante 1 o 2 horas a que tome consistencia. Durante el lavado vamos eliminando de la masa el almidón, que es lo blanquecino del agua, y nos resta el gluten, que es precisamente la proteína de trigo; mientras lo esté lavando debe tenerse cuidado de que al cambiar el agua no se tiren trocitos de él, pues esto mermaría mucho el producto final.

♦ Veinte minutos antes de que se cumpla el tiempo de reposo del gluten se procede a preparar el caldo de cocción, colocando en una olla todos los ingredientes; poner al fuego y cuando suelte el hervor, agregar poco a poco los bisteces de gluten que se prepararán como se indica.

♦ Cuando ya el gluten hubo reposado, se saca del agua y se cortan trocitos del tamaño deseado: se extienden con un vaso o rodillo, dándoles la forma de bistec.

♦ Se dejan cociendo a fuego suave durante 20 minutos.

♦ Se retiran del fuego, se escurren y se preparan al gusto.

Pueden guisarse como milanesas, como se hace comúnmente con la carne, o adobarse o hacerse al carbón; igualmente se pueden preparar bisteces encebollados o fritos, en fin, de cualquiera de las formas como comúnmente se prepara la carne. Consulte el Índice, donde encontrará muchas recetas para preparar el gluten. Esta "carne vegetal" rinde mucho, ya que de 3 kilos de harina obtenemos de 1 ½ a 1 ¼ kilos de gluten, lo que rinde para 20 o 25 filetes medianos.

Tenga presente que su experiencia en la preparación de carne animal es muy valiosa, pues puede preparar las mismas recetas que conoce sólo sustituyendo la carne por el gluten, con la única salvedad de que cuando vaya a preparar pancita o carnitas, por ejemplo, el gluten se deberá cocer en la forma requerida por su receta en lugar de como bisteces, es decir, se cortará y cocerá en trocitos cuadrados o rectangulares; si es

cuete o lomo, se cortará y cocerá en un trozo o rollo grande que se mechará después.

Igualmente, cualquier platillo que se prepara con carne de soya se puede suplir por gluten. A continuación verá una lista de sugerencias de platillos que puede preparar con gluten; en el índice de la sección de guisados (pág. 285) encontrará la receta de su elección.

Birria vegetariana
Bisteces de gluten al carbón
Caguama
Callos a la madrileña
Carne adobada
Carne china con verduras
Carne con plátano estilo veracruzano
Carne empapelada
Carne en chile pasilla
Carne en escabeche
Carne en salsa de crema
Cochinita pibil
Cuete mechado a la vinagreta
Chorizo
Gluten en mole rojo
Manchamantel
Pancita vegetariana
Pastel de carne
Pollo de gluten

LOS GERMINADOS

Una maravillosa capacidad de las semillas es, que al ser germinadas, se multiplican en una forma tan asombrosa que con tres cucharadas de ellas obtenemos casi un frasco de un litro de germinados.

Los germinados constituyen un alimento sano, fresco, fácil de asimilar; además son un excelente medio para complementar nuestra alimentación diaria. Rinden mucho y como usted puede prepararlos en casa fácilmente, resultan también muy económicos.

En general, todos los granos contienen proteínas, carbohidratos, vitaminas y sales minerales, pero su contenido nutricional aumenta cuando se germinan: una taza de germinados de soya contiene 6 gramos de proteínas, de las cuales 3 gramos son utilizadas por el organismo. Su Utilización Neta de Proteína o UNP es de 56 (consulte el apartado sobre las proteínas, página 99).

Al germinar las semillas se multiplica su contenido de vitamina C, se reduce su naturaleza feculosa, también se multiplican las sales minerales como el calcio, fósforo, hierro, potasio y magnesio, mientras que el contenido proteínico de la semilla sigue presente en el germinado.

¿Cómo obtener germinados en casa?

Ingredientes
1 frasco de vidrio de un litro de capacidad, con boca ancha
3 cucharadas de semillas: puede ser frijol de soya, lenteja, alfalfa, garbanzo, frijol mungo, semilla de girasol, etcétera.
500 ml de agua

Procedimiento

- ◆ Vaciar las semillas al frasco y dejar remojando toda la noche en agua simple, cubriendo la boca con un cuadrito de gasa o tela delgada sujeta con una liga o cinta para que no se tiren las semillas y no entren insectos o polvo en el frasco.

- ◆ Por la mañana, escurrir el agua sin destapar el frasco, enjuagar los granos o semillas con un poco de agua limpia y volver a escurrir. Distribuir los granos por toda la pared interior del frasco y dejar reposar donde no le dé luz directa, puede ser dentro de una alacena.

- ◆ Al día siguiente hay que volver a enjuagar los granos o semillas, escurrir y acomodar otra vez en la pared interior del frasco para que sigan germinando. Este último paso habrá que repetirlo 1 o 2 días más y los brotes estarán listo para comer cuando tengan 2 o 3 centímetros de largo, empiecen a brotar las hojitas y/o las semillas suelten la cáscara.

Es recomendable que cuando los germinados ya estén listos, se expongan a la luz solar indirecta por espacio de unas 2 horas para que se forme la clorofila en las hojitas, que se ponen verdes por este proceso; esto favorece además el aumento de vitamina C y otros nutrimentos y les da un sabor más agradable.

Se pueden utilizar para ensaladas, atoles, aguas, guisados, sopas, etc.; lo ideal es consumirlos crudos o agregarlos a sus sopas o guisados hasta el final, para que no pierdan sus elementos nutritivos.

Es importante que las semillas que se vayan a destinar para germinados estén libres de fungicidas, insecticidas, etc.; asegúrese de ello, ya que estos productos químicos son

sumamente nocivos para la salud. El lugar más seguro para comprarlas es en el mercado o tiendas de nutrición y no donde venden artículos para agricultores, pues lo más probable es que esas semillas estén fumigadas.

SUGERENCIAS PARA SUSTITUIR QUESO, HUEVO, PESCADO Y CARNE POR OPCIONES VEGANAS

Si usted quiere hacer cambios hacia una alimentación vegetariana pero está acostumbrado a los sabores animales, las siguientes recomendaciones pueden serle útiles cuando quiera dar un toque diferente a sus platillos vegetarianos o veganos:

- ♦ *Queso feta, cottage y ricotta*: Obtenga un sabor similar al desmenuzar tofu con un tenedor y mezclarlo con especias y vinagre.
- ♦ *Queso parmesano*: Pulverice juntas nueces pecanas y levadura nutricional o levadura de cerveza en la cantidad necesaria hasta darle el toque de sabor a su gusto.
- ♦ *Salsas de queso*: Siga su receta habitual, supliendo el queso por nuez de la India molida.
- ♦ *Huevos*: El tofu sirve para suplir los huevos en las omelettes, quiches o frittatas. Desmenúcelo, y si requiere mayor consistencia puede agregar harina de haba o garbanzo. Una pizca de sal negra o un poco de algas marinas le dará el toque azufrado del huevo. Para suplirlo en panes, pasteles, *hot cakes*, etc., sustituya cada huevo remojando una cucharada de semillas de chía con tres cucharadas de agua, déjelo reposar durante 15 a 20 minutos, ¡y listo!
- ♦ *Pescados*: Las algas marinas son el ingrediente perfecto para dar sabor a pescado a sus sopas y platillos; también

puede marinar cuadritos de tofu, hongos o champiñones en un caldo de algas marinas para simularlo.

- *Carnes*: Prepare sus recetas de carne de la manera que acostumbra, sólo sustitúyala con tofu, hongos de diversos tipos, y si le gusta y le cae bien, la soya texturizada es otra buena alternativa. El tofu marinado durante algunas horas en salsa de soya o aceite de oliva y ajo enriquece los sabores de sus platillos.

- *Caldo de pollo*: Agregue a su caldo de verduras tradicional unas hojas de laurel, tomillo fresco, apio y cebolla; también la combinación de poro y apio es útil para este propósito.

- *Caldo de res*: Agregue salsa de soya y salsa inglesa a su caldo de verduras tradicional para darle un toque a res.

ENSALADAS DE VEGETALES CRUDOS

~~~~~~~~~~

ENSALADAS DE VEGETALES CRUDOS

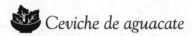 *Ceviche de aguacate*

♦ Proceder en la misma forma que en el ceviche de champiñones; sustituir los champiñones por aguacate en la misma proporción.

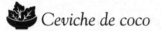 *Ceviche de coco*

♦ Se procede de la misma forma que en el ceviche de champiñones; sustituir los champiñones por coco rallado fresco, en la misma proporción.

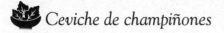 *Ceviche de champiñones*

Ingredientes
  1 kg de champiñones
  500 g de jitomate picado
  1 cebolla grande picada finamente
  Jugo de limón al gusto
  Cilantro al gusto

Salsa cátsup al gusto
Orégano al gusto
Pimienta al gusto
Aceite de oliva al gusto
Sal al gusto

Procedimiento
- ◆ Lavar los champiñones y cortarlos en trocitos.
- ◆ Rociarlos con jugo de limón, dejarlos reposar unos minutos.
- ◆ Agregar y mezclar el jitomate, la cebolla y el cilantro.
- ◆ Sazonar al gusto con la salsa cátsup, orégano, pimienta, aceite de oliva y sal.

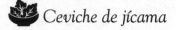

Ceviche de jícama

- ◆ Proceder de la misma forma que en el ceviche de champiñones; sustituir los champiñones por jícama en la misma proporción.

Coctel de zanahorias

Ingredientes
6 zanahorias crudas
1 taza de aceitunas
3 aguacates
El jugo de 2 limones
Salsa cátsup al gusto

Procedimiento

- Rallar las zanahorias y agregarles las aceitunas y los aguacates picados.
- Hacer una mezcla con la salsa cátsup y el jugo de limón, añadiendo un poco de agua si es necesario.
- Mezclar esta salsa con lo anterior. Servir fría, con galletas saladas.

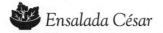 *Ensalada César*

Ingredientes

1 lechuga romana grande
4 rebanadas de pan integral, de caja
2 cucharadas de aceite de oliva
1 huevo tibio (opcional)
1 cucharada de jugo de limón
1 cucharada de mostaza
1 cucharada de sal
1 aguacate cortado en rebanadas
50 g de queso parmesano

Procedimiento

- Lavar y cortar la lechuga, en trozos.
- Aparte formar un aderezo con el aceite de oliva, el huevo, la mostaza, el jugo de limón y la sal.
- Cortar el pan en cuadritos y dorarlos en un poco de aceite de oliva con un diente de ajo.
- Mezclar el aderezo con la lechuga y el pan y colocar en una ensaladera.
- Espolvorear encima el queso parmesano.

Ensalada de aguacate

Ingredientes

4 aguacates grandes
1 cebolla de rabo grande, picada
3 chiles poblanos en rajas
1 manojito de cilantro picado
250 g de queso Roquefort o requesón
Aceite de oliva al gusto
Sal al gusto

Procedimiento

- Pelar y cortar los aguacates en cuadritos y rociarlos con el jugo de limón.
- Mezclar con las rajas, el cilantro, la cebolla y el aceite de oliva.
- Adornar con el queso.

Ensalada de aguacate y orégano

Ingredientes

2 aguacates macizos
4 hojas de lechuga
4 jitomates medianos
175 g de queso Oaxaca
6 cucharadas de aceite de oliva
1 cucharada de orégano seco
2 cucharadas de vinagre de manzana
Sal y pimienta al gusto

Procedimiento

- Pelar los aguacates, cortarlos a la mitad y deshuesarlos.
- Colocar las hojas de lechuga, ya lavadas, sobre un platón y encima acomodar la mitad de los aguacates.
- Colocar alrededor rebanadas de jitomate y queso, alternándolas.
- Colocar encima cuadritos del aguacate restante.
- Espolvorear con sal y pimienta.
- Mezclar el aceite de oliva y el vinagre, y rociar con este aderezo la ensalada.
- Por último, espolvorear encima el orégano.

 Ensalada de albahaca y hierbabuena

Ingredientes

1 manojo de albahaca fresca
1 manojo de hierbabuena fresca
1 cucharadita de pimienta negra
1 manojito de orégano fresco
1 manojito de tomillo fresco
5 dientes de ajo
2 aguacates
100 g de queso fresco
Aceite de oliva
Limón al gusto
Sal al gusto

Procedimiento

- Deshojar y lavar la hierbabuena y la albahaca, que deberán estar en la misma proporción.

- Moler en el molcajete los ajos, el tomillo, el orégano, pimienta y sal.
- Una vez molidos, agregar el aceite de oliva y el jugo de limón.
- Dejar reposar 15 minutos y vaciar sobre las hojas de albahaca y hierbabuena.
- Mezclar con rebanadas de aguacate y queso fresco.

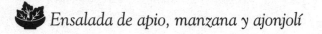

Ensalada de apio, manzana y ajonjolí

Ingredientes

1 tallo de apio en rebanadas
4 manzanas rojas en rebanadas
1 cucharada de ajonjolí tostado
4 cucharadas de salsa vinagreta (véase página 448)
Sal al gusto

Procedimiento

- Mezclar todos los ingredientes en una ensaladera.
- Espolvorear encima el ajonjolí.

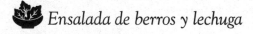

Ensalada de berros y lechuga

Ingredientes

500 g de berros
1 lechuga romanita picada
2 jitomates picados
½ taza de cilantro picado
1 cebolla mediana en rodajas
2 cucharadas de aceite de oliva

2 dientes de ajo machacados
2 aguacates cortados en cuadritos
1 limón, el jugo
Sal al gusto

Procedimiento

- Mezclar en una ensaladera todos los vegetales previamente desinfectados.
- Preparar el aderezo con el aceite de oliva, jugo de limón, los ajos machacados y sal.
- Agregar a los vegetales.

 Ensalada de berros y nuez

Ingredientes

1 manojito de berros frescos
50 g de nuez picada
4 cucharadas de aceite de oliva
1 limón, el jugo
Salsa de soya al gusto

Procedimiento

- Desinfectar previamente los berros y cortarlos en trocitos.
- Mezclarlos con las nueces.
- Aderezar con el aceite de oliva, limón y salsa de soya.

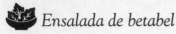 *Ensalada de betabel*

Ingredientes

3 betabeles
2 dientes de ajo machacados
2 cucharadas de perejil picado
2 cucharadas de aceite de oliva
1 limón, el jugo
Sal al gusto

Procedimiento

- Cocer, pelar y cortar en rodajas los betabeles y acomo-darlas en un platón.
- Mezclar los ajos con el jugo de limón, el aceite de oliva y la sal.
- Bañar con este aderezo las rodajas de betabel y adornar con el perejil picado.

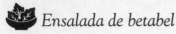 *Ensalada de calabacitas*

Ingredientes

6 calabacitas ralladas
½ cebolla finamente picada
1 manojito de cilantro picado
3 jitomates picados
1 aguacate macizo
Queso fresco al gusto
Orégano al gusto
Sal al gusto

Procedimiento

- Mezclar las calabacitas, la cebolla, el cilantro, los jitomates.
- Aderezar con el orégano y la sal.
- Adornar con rebanadas de aguacate y queso fresco.

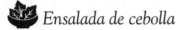 *Ensalada de cebolla*

Ingredientes

1 manojito de cebollitas de cambray
1 manojito de rabanitos
4 zanahorias ralladas
100 g de nuez picada
100 g de almendras sin piel o cacahuates, picados
1 lechuga romanita
Aceite de oliva al gusto
Jugo de limón al gusto
Sal al gusto

Procedimiento

- Picar muy finamente las cebollitas y los rabanitos y mezclar con las zanahorias ralladas.
- Añadir las nueces y las almendras o cacahuates picados.
- Aderezar con el aceite, el limón y la sal.
- Servir con las hojas de lechuga, previamente desinfectada.

Ensalada de col blanca

Ingredientes
> 1 col cruda
> 2 jitomates medianos
> 2 tallos de apio
> 1 cebolla mediana
> Jugo de limón al gusto
> Aceite de oliva al gusto
> Sal al gusto

Procedimiento
- Rebanar la col muy finamente y escaldarla (véase página 563).
- Una vez escurrida, agregar el jitomate, el apio y la cebolla finamente picados.
- Aderezar con jugo de limón, aceite de oliva y sal al gusto.

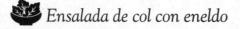 *Ensalada de col con eneldo*

Ingredientes
> ¼ de una col blanca
> 1 pepino
> 5 cebollitas de cambray
> 3 cucharadas de aceite de oliva
> 1 cucharada de vinagre de manzana
> 2 huevos duros en rodajas
> 2 cucharadas de eneldo picado
> Pimienta al gusto
> Sal al gusto

Procedimiento

- ◆ Lavar y escurrir la col y rebanarla finamente.
- ◆ Pelar el pepino y cortarlo en cuadritos.
- ◆ Cortar finamente las cebollas, con todo y rabo.
- ◆ Mezclar todo lo anterior y colocarlo en una ensaladera.
- ◆ Preparar un aderezo con el aceite, vinagre, sal y pimienta.
- ◆ Agregarlo a las verduras, incorporando todo muy bien.
- ◆ Adornar con el eneldo picado y el huevo duro.

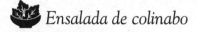 *Ensalada de colinabo*

Ingredientes

2 colinabos tiernos
250 ml de yogur
2 cucharadas de aceite de oliva
Sal y pimienta al gusto

Procedimiento

- ◆ Rallar finamente el colinabo y mezclarlo con el yogur.
- ◆ Se adereza con el aceite de oliva y la sal.

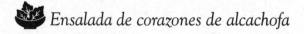 *Ensalada de corazones de alcachofa*

Ingredientes

2 corazones de alcachofa cocidos y cortados en cuadritos
1 manojo de rabanitos en rodajas
1 tallo de apio picado
50 g de aceitunas verdes, deshuesadas y en trocitos
2 hojas de lechuga en trozos
2 jitomates rebanados

50 g de queso Roquefort, en trocitos
Aceite de oliva al gusto
Pimienta al gusto
Sal al gusto

Procedimiento

- ♦ Mezclar todos los ingredientes, excepto el queso Roquefort y las aceitunas.
- ♦ Aderezar con el aceite de oliva, pimienta y sal.
- ♦ Adornar con las aceitunas y el queso.

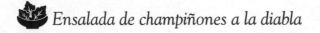 *Ensalada de champiñones a la diabla*

Ingredientes

1 kg de champiñones
15 dientes de ajo, finamente picados
1 taza de poro en rodajas finas
4 jitomates pelados
Pimienta al gusto
Aceite de oliva al gusto
Sal al gusto

Procedimiento

- ♦ Cortar en mitades los champiñones, desinfectarlos en agua con sal durante 15 minutos y escurrirlos.
- ♦ Rebanar el jitomate en medias lunas y mezclarlo con los champiñones, el ajo y el poro.
- ♦ Aderezar con el aceite de oliva, pimienta y sal al gusto.
- ♦ Dejarlo reposar, por lo menos una hora, para que se mezclen bien los sabores.
- ♦ Servir frío con galletas saladas.

Ensalada de champiñones con germinado de soya

Ingredientes

3 tazas de champiñones crudos en cuadritos

6 cucharadas de salsa vinagreta (véase receta en la página 448)

250 g de germinados de soya

1 pimiento morrón rojo en rajas

Sal al gusto

Procedimiento

♦ Poner en una ensaladera los champiñones previamente desinfectados y cortados.

♦ Agregar la salsa vinagreta, revolver bien y dejar que repose durante una hora.

♦ Después, añadir los germinados de soya, el pimiento morrón y sal al gusto.

Ensalada de champiñones con hierbas

Ingredientes

2 tazas de champiñones

2 cucharadas de cebolla picada

1 diente de ajo picado

2 cucharadas de perejil picado

2 cucharadas de hierbabuena picada

4 cucharadas de aceite de oliva

1 cucharada de vinagre de manzana

Jugo de limón al gusto

Pimienta al gusto

Sal al gusto

Procedimiento

- Cortar los champiñones y desinfectarlos en agua con sal durante 10 minutos, enjuagarlos en agua limpia y escurrirlos.
- Mezclar en una ensaladera los champiñones, cebolla, hierbabuena y perejil.
- Preparar el aderezo con el aceite de oliva, ajo, vinagre, jugo de limón, pimienta y sal al gusto.
- Incorporar los ingredientes, mezclando todo perfectamente.

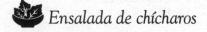 *Ensalada de chícharos*

Ingredientes

1 taza de chícharos tiernos, crudos
1 pepino cortado en rodajas
1 pimiento morrón finamente picado
100 g de queso fresco o requesón
1 limón, el jugo
Sal al gusto

Procedimiento

- Mezclar todos los ingredientes perfectamente.

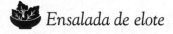 *Ensalada de elote*

Ingredientes

2 elotes tiernos desgranados
3 ramas de epazote picado
1 lechuga

100 g de queso fresco
Sal al gusto

Procedimiento

- Mezclar los granos de elote, el epazote, el queso fresco desmenuzado y la sal.
- Colocar en una ensaladera las hojas de lechuga previamente desinfectadas.
- Encima de las hojas de lechuga, acomodar la mezcla anterior.
- Si desea puede agregarle jugo de limón y chilitos verdes picados.

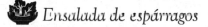 *Ensalada de espárragos*

Ingredientes

1 manojo de espárragos crudos y pelados de la fibra
½ cebolla picada
1 pimiento morrón picado
1 pizca de cominos molidos
1 limón, el jugo
Aceite de oliva
Sal al gusto

Procedimiento

- Lavar los espárragos y picarlos en rodajas finitas.
- Mezclar perfectamente todos los ingredientes.

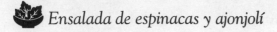 *Ensalada de espinacas y ajonjolí*

Ingredientes

1 manojo de espinacas
5 cucharadas de ajonjolí ligeramente tostado
3 cebollitas de cambray rebanadas finamente
Jugo de limón al gusto
Aceite de oliva
Salsa de soya al gusto

Procedimiento

- ♦ Cortar en trocitos las espinacas, previamente desinfectadas.
- ♦ Mezclarlas con las cebollitas.
- ♦ Aderezar con el limón, aceite de oliva y salsa de soya al gusto.
- ♦ Adornar con el ajonjolí tostado.

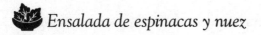 *Ensalada de espinacas y nuez*

Ingredientes

1 kg de espinacas
½ taza de nuez picada
200 g de champiñones
Salsa de soya
Jugo de limón al gusto
Aceite de oliva
Sal al gusto

Procedimiento

- Lavar y desinfectar las espinacas y los champiñones y dejarlos escurrir.
- Cortarlos en trozos pequeños.
- Formar un aderezo con jugo de limón, aceite de oliva y salsa de soya, al gusto.
- Mezclar el aderezo con los vegetales y adornar con los trocitos de nuez.

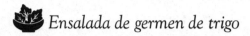 *Ensalada de germen de trigo*

Ingredientes

1 taza de hojuelas de germen de trigo crudo
1 taza de cilantro picado
1 taza de cebolla picada
1 taza de zanahoria rallada
1 aguacate picado
1 pepino picado
Pimienta molida al gusto
Jugo de limón al gusto
Sal al gusto

Procedimiento

- Remojar durante una hora el germen de trigo en un poco de agua.
- Mezclarlo en una ensaladera con el resto de los ingredientes.

Ensalada de germinados

Ingredientes

250 g de germinados de alfalfa
250 g de tomate verde
1 manojito de hierbabuena
4 cucharadas de aceite de oliva
1 limón, el jugo
Sal al gusto

Procedimiento

- Regularmente los germinados no necesitan lavarse.
- Lavar y cortar el tomate verde en cuadritos.
- Lavar y desinfectar la hierbabuena. Cortarla en trocitos.
- Mezclar todos los ingredientes y aderezarlos con el limón y la sal.

Ensalada de germinados y apio

Ingredientes

250 g de germinado de soya o el de su elección
4 tallos de apio picados
1 pimiento morrón grande cortado en rajas
2 jitomates cortados en rodajas
1 limón, el jugo
Aceite de oliva al gusto
Sal al gusto

Procedimiento

- Mezclar todos los ingredientes.

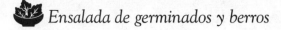 *Ensalada de germinados y berros*

Ingredientes

250 g de germinado de alfalfa
1 manojo de berros
½ cebolla en rodajas finas
4 cucharadas de aceite de oliva
1 pimiento morrón en rodajas
1 limón, el jugo
Sal al gusto

Procedimiento

♦ Desinfectar previamente los berros y cortarlos en trocitos.
♦ Mezclar todos los ingredientes y aderezar con el jugo de limón y la sal.

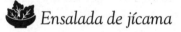 *Ensalada de jícama*

Ingredientes

1 taza de jícama rallada
1 pepino rallado
1 limón al gusto
Sal al gusto

Procedimiento

♦ Mezclar todos los ingredientes perfectamente.

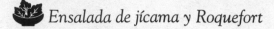 *Ensalada de jícama y Roquefort*

Ingredientes

2 jícamas en tiras delgadas
50 g de queso Roquefort desmoronado
1 pimiento morrón
2 cucharadas de perejil
2 cucharadas de nuez molida
1 limón, el jugo
Sal al gusto

Procedimiento

- A las tiras de jícama exprimirles encima el jugo de limón y sazonarlas con sal.
- Agregar el pimiento morrón cortado finamente en rajas, la nuez y el perejil.
- Revolver bien todos los ingredientes y decorarlo con el queso Roquefort.

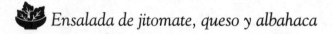 *Ensalada de jitomate, queso y albahaca*

Ingredientes

3 jitomates bola, pelados y cortados en ruedas
200 g de queso Oaxaca desmenuzado
Hojas de albahaca
Aceite de oliva al gusto
Sal y pimienta al gusto

Procedimiento

- Acomodar las rebanadas de jitomate en un platón.
- Colocar encima los trocitos de queso.

- ◆ Adornar con las hojas de albahaca.
- ◆ Aderezar encima con el aceite de oliva, sal y pimienta.

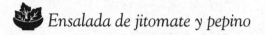 *Ensalada de jitomate y pepino*

Ingredientes

6 jitomates
3 pepinos
Aceite de oliva al gusto
Sal al gusto

Procedimiento

- ◆ Lavar y pelar los pepinos; cortarlos en cuadritos al igual que los jitomates.
- ◆ Mezclarlos y sazonar al gusto.

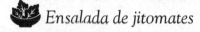 *Ensalada de jitomates*

Ingredientes

6 jitomates
2 pimientos morrones
3 pepinos
1 taza de jugo de tomate
Salsa de soya al gusto

Procedimiento

- ◆ Pelar y cortar los jitomates en cuadritos y colocarlos en un tazón.
- ◆ Cortar en tiras finas los pimientos y los pepinos en cuadritos.

- Mezclar todo lo anterior y agregar el jugo de tomate.
- Sazonar con la salsa de soya.
- Servir frío, en tazones.

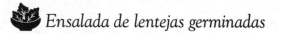

Ensalada de jitomates rellenos

Ingredientes
4 jitomates grandes
2 tallos de apio
50 g de nueces
1 taza de requesón o tofu desmenuzado
Pimienta y sal al gusto

Procedimiento
- Cortar la parte de arriba de los jitomates y extraer la pulpa, cuidando que no se rompan.
- Picar los tallos de apio y las nueces y mezclarlos con el requesón o el tofu.
- Salpimentar y rellenar los jitomates.
- También se pueden agregar pepino y pimiento dulce picaditos.

Ensalada de lentejas germinadas

Ingredientes
2 jitomates grandes picados
1 cebolla picada
2 dientes de ajo finamente picados
1 manojito de cilantro picado
2 aguacates maduros, pelados y picados

1 vaso de lentejas germinadas (véase la sección dedicada
   a los germinados en la página 151)
Aceite de oliva al gusto
Jugo de limón al gusto
Sal o salsa de soya al gusto

Procedimiento

♦ Preparar la ensalada revolviendo todos los ingredientes.

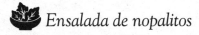 *Ensalada de nopalitos*

Ingredientes

10 nopalitos tiernos y limpios
2 jitomates rebanados
1 manojito de cilantro picado
1 cebolla mediana en rodajas
2 aguacates en cuadritos
250 g de queso fresco
Jugo de limón al gusto
Aceite de oliva al gusto
Sal al gusto

Procedimiento

♦ Los nopalitos pueden ir crudos o cocidos y cortados en
  tiras delgaditas.
♦ Si están crudos, hay que dejarlos reposar unos 30 minutos en un escurridor, para que se les salga un poco la
  viscosidad.
♦ Mezclar con el cilantro, la cebolla, el jitomate y el aguacate.
♦ Sazonar con el aceite de oliva, el jugo de limón y la sal.

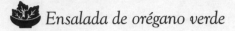 *Ensalada de orégano verde*

Ingredientes
>2 cucharadas de orégano verde
>1 cebolla picada
>1 aguacate en cuadritos
>Jugo de limón al gusto
>Aceite de oliva al gusto
>Sal al gusto

Procedimiento
- Lavar el orégano y mezclar con la cebolla, el aguacate, el aceite, el jugo de limón y la sal.

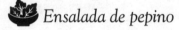 *Ensalada de pepino*

Ingredientes
>1 pepino grande
>50 g de almendras picadas
>1 puño de albahaca fresca
>2 cucharadas de aceite de oliva
>1 limón, el jugo
>Pimienta al gusto
>Sal al gusto

Procedimiento
- Pelar y cortar en rebanadas el pepino, espolvorear con sal y dejar reposar 20 minutos.
- Dorar ligeramente las almendras en aceite de oliva y dejar enfriar.
- Mezclar el pepino con la albahaca y las almendras.

- Al servir, rociar con el jugo de limón y aceite de oliva y espolvorear la pimienta negra.

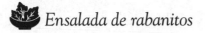

Ensalada de rabanitos

Ingredientes

1 manojo de rabanitos con sus hojas frescas
2 jitomates picados
1 manojito de cilantro picado
Jugo de limón al gusto
Aceite de oliva al gusto
Sal al gusto

Procedimiento

- Desinfectar los rábanos con todo y hojas y picarlos finamente.
- Mezclarlos con el jitomate y cilantro.
- Aderezar con el aceite de oliva, limón y sal al gusto.

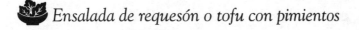

Ensalada de requesón o tofu con pimientos

Ingredientes

250 g de requesón o tofu
1 pimiento rojo en rajas
1 pimiento verde en rajas
2 tallos de apio picados
1 cebolla mediana picada
1 lechuga romanita
Aceite de oliva al gusto

Pimienta al gusto
Sal al gusto

Procedimiento

- ♦ Mezclar el requesón o tofu con 3 cucharadas de aceite de oliva y revolver muy bien.
- ♦ Agregar los pimientos, apio y cebolla.
- ♦ Sazonar todo esto con el limón y la sal.
- ♦ Acomodar una capa de hojas de lechuga, previamente desinfectada, en una ensaladera.
- ♦ Encima colocar la mezcla que ya preparamos.

 Ensalada de tomates verdes

Ingredientes

10 tomates verdes
2 pepinos picaditos
2 zanahorias ralladas
1 manojito de perejil picado
1 cebolla picada
¼ de cucharadita de cominos en polvo
Sal y aceite de oliva al gusto

Procedimiento

- ♦ Rebanar muy finamente el tomate y mezclar con el resto de los ingredientes.
- ♦ Acomodarlos en una ensaladera.
- ♦ Sazonar al gusto con la sal y el aceite de oliva y adornar espolvoreando los cominos.

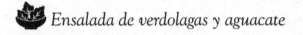 *Ensalada de troncos de lechuga*

Ingredientes

4 troncos de lechuga orejona
2 o 3 aguacates
Aceite al gusto
Jugo de limón al gusto
Sal al gusto

Procedimiento

♦ Lavar y pelar los troncos de lechuga; cortarlos en tiras delgadas.
♦ Machacar los aguacates, agregar el aceite, limón y sal.
♦ Mezclar hasta formar una crema suave.
♦ Mezclarla con las tiras de los troncos de lechuga.
♦ Servir inmediatamente, para que no se oxide el aguacate.

Ensalada de verdolagas y aguacate

Ingredientes

500 g de verdolagas tiernas
2 aguacates cortados en cuadritos
1 cebolla de rabo, picada
1 jitomate bola picado
Jugo de limón al gusto
Aceite de oliva al gusto
Sal al gusto

Procedimiento

♦ Lavar y desinfectar las verdolagas.

- Cortarlas en trocitos y mezclarlas con el resto de los ingredientes.
- Aderezar con el jugo de limón, el aceite de oliva y sal al gusto.

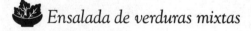
Ensalada de verdolagas y mostaza

Ingredientes
500 g de verdolagas crudas
½ cebolla picada
½ cucharadita de mostaza
1 limón, el jugo
Cominos molidos
Sal y aceite de oliva, al gusto

Procedimiento
- Desinfectar y limpiar previamente las verdolagas y picarlas en trocitos.
- Mezclar todos los ingredientes perfectamente.

Ensalada de verduras mixtas

Ingredientes
5 hojas de lechuga
1 manojito de berros
1 pepino
1 jitomate
1 zanahoria
1 betabel chico
3 hojas de col

1 tallo de apio
1 aguacate
½ cebolla
Salsa de soya al gusto
1 limón, el jugo
Nueces picadas y cacahuates crudos al gusto

Procedimiento
- ♦ Picar los vegetales, previamente lavados y desinfectados.
- ♦ Mezclar muy bien y servir.

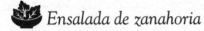 *Ensalada de zanahoria*

Ingredientes
1 de taza de zanahoria rallada
1 taza de apio picado
1 manojito de berros en trocitos
2 cucharadas de aceite de oliva
1 limón, el jugo
Sal o salsa de soya

Procedimiento
- ♦ Mezclar perfectamente los ingredientes y aderezar al gusto.

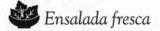 *Ensalada fresca*

Ingredientes
300 g de verdolagas tiernas y limpias
2 pepinos pelados

3 jitomates grandes
2 pimientos dulces
1 manojo de cebollitas de cambray
1 manojito de perejil
1 manojito de hierbabuena fresca
Aceite de oliva al gusto
Jugo de limón al gusto
Sal al gusto

Procedimiento

- Lavar y desinfectar todos los vegetales, escurrir y picar finamente.
- Mezclar todos los ingredientes.
- Aderezar con aceite de oliva, el jugo de limón y sal al gusto.
- Si desea puede adornar con tiras de aguacate y queso fresco.

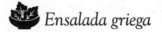 *Ensalada griega*

Ingredientes

3 jitomates pelados
1 pepino pelado
1 pimiento morrón verde
1 cebolla chica
3 cucharadas de aceite de oliva
1 cucharada de vinagre de manzana
100 g de queso fresco en cuadritos
1 cucharada de orégano seco
Sal y pimienta al gusto

Procedimiento

- ◆ Cortar en cuadritos el jitomate, el pepino, el pimiento morrón, la cebolla.
- ◆ Mezclar todos los ingredientes en un tazón.
- ◆ Aderezar con aceite de oliva, vinagre, sal y pimienta.
- ◆ Adornar con los cuadritos de queso y orégano espolvoreado.

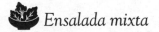 Ensalada mexicana

Ingredientes

300 g de col rallada
1 cebolla picada
1 manojito de cilantro picado
4 chiles picados (poblanos, morrones o serranos)
4 cucharadas de aceite de oliva
2 cucharadas de vinagre de manzana
1 cucharadita de orégano
1 aguacate en tiras
Salsa de soya o sal al gusto

Procedimiento

- ◆ En una ensaladera, mezclar todos los ingredientes y adornar con tiras de aguacate.

Ensalada mixta

Ingredientes

2 pimientos morrones rojos, grandes
1 manojo de rabanitos cortados en flor

½ cebolla morada cortada en rodajas
1 jícama mediana rallada
1 lechuga romanita
2 limones
Sal al gusto

Procedimiento

♦ Desinfectar las hojas de lechuga y colocarlas como base en una ensaladera.
♦ Acomodar en el centro la jícama en forma de volcán, encima un rabanito y alrededor las ruedas de cebolla.
♦ Alrededor de la jícama se colocan los pimientos, rebanados finamente, y el resto de los rabanitos.
♦ Rociar con el limón y la sal.

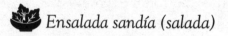 *Ensalada sandía (salada)*

Ingredientes

2 aguacates maduros, macizos
2 tazas de puré de papa
4 aceitunas negras cortadas en trocitos pequeños
½ taza de jugo de betabel
1 cebolla morada, desflemada
Hojas de lechuga para adornar
Sal al gusto

Procedimiento

♦ Cortar los aguacates en dos partes a lo largo, sacar el hueso y cortar cada mitad en tres partes.
♦ Quitar la cáscara sin romper la pulpa. Untarlos con jugo de limón para que no se oscurezcan.

- ◆ Teñir el puré de papa con el jugo de betabel hasta que tome el color de la sandía.
- ◆ Rellenar las rebanadas de aguacate dándoles la forma de las tajadas de sandía y poner los trocitos de aceituna en forma de semillas.
- ◆ Servir sobre las hojas de lechuga y la cebolla desflemada.

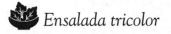 *Ensalada tricolor*

Ingredientes
250 g de betabeles
250 g de jícama
2 manojos de berros
Aceite de oliva
1 limón, el jugo
Pimienta y sal al gusto

Procedimiento
- ◆ Pelar y rallar por separado los betabeles y jícamas, teniendo cuidado de que no se manchen entre sí.
- ◆ Lavar y desinfectar las hojas de los berros y acomodar en un platón.
- ◆ Extender los tres tipos de verduras formando los tres colores.
- ◆ Con el resto de los ingredientes formar un aderezo y rociar sobre las verduras.

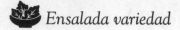 *Ensalada variedad*

Ingredientes

1 manojo de espinacas picaditas
150 g de champiñones limpios en cuadritos
2 pimientos morrones picados
3 cucharadas de ajonjolí
50 g de nuez picada
Aceite de oliva al gusto
Vinagre al gusto
Sal al gusto

Procedimiento

♦ Previamente, desinfectar las espinacas y los champiñones.
♦ Mezclar todos los ingredientes.
♦ Aderezar al gusto.

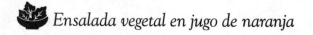 *Ensalada vegetal en jugo de naranja*

Ingredientes

2 zanahorias ralladas
1 chayote rallado en crudo
1 taza de col rebanada finamente
2 calabacitas ralladas en crudo
50 g de almendras peladas y picadas
50 g de pasitas
1 pimiento morrón rojo picado
El jugo de 2 naranjas
Sal al gusto

Procedimiento

♦ Mezclar todos los ingredientes.

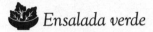 *Ensalada verde*

Ingredientes

1 manojo grande de berros
1 lechuga romanita
1 manojo de espinacas
1 manojo de cilantro
1 aguacate cortado en tiritas
50 g de queso rallado
Aceite de oliva
1 limón, el jugo
Pimienta al gusto
Sal al gusto

Procedimiento

♦ Cortar en trozos todas las hojas y mezclarlas.
♦ Hacer un aderezo con el aceite, limón, sal y pimienta.
♦ Mezclar todo perfectamente en una ensaladera.

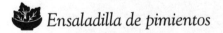 *Ensaladilla de pimientos*

Ingredientes

6 pimientos morrones
6 jitomates
Jugo de limón al gusto
Aceite de oliva al gusto

Orégano seco molido
Sal al gusto

Procedimiento

- ◆ Lavar y asar los jitomates y morrones.
- ◆ Pelar los jitomates y cortarlos en gajos.
- ◆ Envolver los pimientos asados en una servilleta y meterlos en una bolsa de plástico, cerrándola para que suden.
- ◆ Dejarlos sudar unos minutos y después pelarlos, desvenarlos y cortarlos en rajitas.
- ◆ Agregar el jugo de limón, aceite de oliva, orégano y sal al gusto.
- ◆ Se pueden comer de inmediato, aunque dejarlos macerar uno o dos días acentúa su sabor.

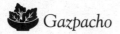 *Gazpacho*

Ingredientes

2 pepinos
750 g de jitomate
2 aguacates
2 cucharadas de salsa Tabasco
1 pizca de azúcar
Aceite de oliva al gusto
Vinagre de manzana al gusto
Pimienta y sal al gusto

Procedimiento

- ◆ Lavar y moler el jitomate en crudo, colar y mezclar con los pepinos y aguacates cortados en cuadritos.

- Revolver con el resto de los ingredientes, sazonar al gusto y refrigerar.
- Servir frío, en copas, acompañado de galletas saladas.

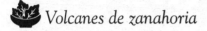 ## Volcanes de zanahoria

Ingredientes
4 piezas de zanahoria rallada
100 g de queso fresco o requesón
1 manojito de perejil
Sal y pimienta al gusto

Procedimiento
- Colocar en un molde pequeño la zanahoria ya mezclada con el queso y el perejil. Salpimentar.
- Presionar con los dedos esta mezcla, de manera que al vaciarla en un plato quede en forma de volcán sin que se desmorone.

ENSALADAS COCIDAS

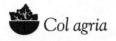 Col *agria*

Ingredientes

> 1½ kg de col en rebanadas finas
> ½ vaso de vinagre de manzana
> 50 g de chorizo vegetariano
> 6 pimientas gordas
> 2 cucharadas de aceite de oliva
> ½ cucharada de orégano molido
> 1 cucharada de azúcar morena
> Sal al gusto

Procedimiento

- ♦ Escaldar (véase instrucciones en página 563) y enjuagar la col.
- ♦ Sazonarla con el resto de los ingredientes.
- ♦ Dejarla reposar una hora antes de servir.

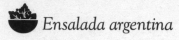 *Ensalada argentina*

Ingredientes

- 1 coliflor pequeña
- 500 g de ejotes cocidos
- 3 rebanadas de piña
- 2 naranjas sin cáscara
- 1 pizca de azúcar
- 1 limón, el jugo
- Crema o yogur al gusto
- Sal al gusto

Procedimiento

- ♦ Cocer la coliflor, escurrir y dejarla enfriar.
- ♦ Picar finamente la coliflor, los ejotes, la piña y la naranja.
- ♦ Mezclar todos los ingredientes y refrigerar antes de servir.

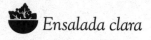 *Ensalada clara*

Ingredientes

- 1 taza de granos de elote cocidos
- 4 jitomates cortados en trozos
- ½ taza de yogur natural
- 1 cebolla rebanada
- 2 cucharadas de salsa de soya
- Sal al gusto

Procedimiento

- ♦ Mezclar todos los ingredientes.
- ♦ Sazonar con la salsa de soya y/o sal al gusto.

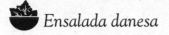 *Ensalada danesa*

Ingredientes

1 taza de zanahoria rallada

1 taza de apio picado

½ taza de chícharos cocidos

2 cucharadas de cebolla picada

½ taza de queso Chihuahua rallado

1 taza de leche evaporada o leche de soya

1 ½ cucharadas de gelatina sin sabor o

3 cucharadas soperas de agar-agar

½ taza de agua hirviendo

¼ de taza de jugo de limón

¾ de cucharadita de sal

½ cucharadita de paprika

Procedimiento

♦ Colocar los vegetales en una ensaladera honda y mezclarlos con las especias.

♦ Disolver el agar-agar o la gelatina en el agua hirviendo y después incorporar el jugo de limón, dejar reposar durante 5 minutos.

♦ Espolvorear el queso, añadir la leche y enseguida el agar-agar o la gelatina.

♦ Refrigerar hasta que cuaje. Servir frío.

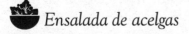 *Ensalada de acelgas*

Ingredientes

350 g de acelgas o espinacas

70 g de queso rallado de su elección

1 cucharada de aceite de oliva
½ cebolla picada
Pimienta y sal al gusto

Procedimiento

- ♦ Lavar las acelgas y cocerlas al vapor unos minutos en una cacerola tapada.
- ♦ Cuando estén tiernas, pero no recocidas, espolvorear la cebolla y el queso.
- ♦ Sazonar al gusto con el aceite de oliva, pimienta y sal.

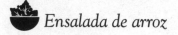 *Ensalada de arroz*

Ingredientes

2 tazas de arroz integral cocido y frío
300 g de chícharos cocidos
3 jitomates pelados y en cuadritos
2 pimientos morrones, crudos o asados, en tiras
Cebollín finamente picado
Aceite de oliva
Mostaza
Sal y pimienta al gusto

Procedimiento

- ♦ Mezclar el arroz con los chícharos y los jitomates.
- ♦ Preparar el aderezo con el cebollín, aceite de oliva, mostaza, pimienta y sal.
- ♦ Aderezar con esto la ensalada. Servirla adornada con las tiras del pimiento.

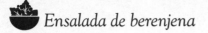 ## *Ensalada de berenjena*

Ingredientes

    2 berenjenas grandes
    ½ cebolla
    1 jitomate
    Aceitunas picadas al gusto
    8 ramitas de perejil
    Aceite de oliva
    1 limón, el jugo
    Sal al gusto

Procedimiento

- Asar las berenjenas al fuego directo, hasta que quede la cáscara bien asada y estén cocidas por dentro.
- Pelar bajo el chorro del agua y cortarlas en cuadritos.
- Picar las aceitunas, la cebolla, el jitomate y el perejil y mezclar con las berenjenas.
- Aderezar con el aceite, limón y sal al gusto.

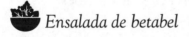 ## *Ensalada de betabel*

Ingredientes

    2 betabeles grandes cocidos y picados en cuadritos o rodajas
    1 cebolla mediana en rodajas y desflemada con limón y sal
    Aceite de oliva
    Comino molido
    Sal al gusto

Procedimiento

♦ Colocar los betabeles en un platón.

♦ Adornar con la cebolla desflemada.

♦ Bañar con el aceite de oliva y espolvorear el comino y la sal.

♦ Servir fría.

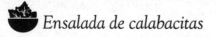 *Ensalada de betabel a la vinagreta*

Ingredientes

3 betabeles medianos

2 cucharadas de cebolla picada

2 cucharadas de aceite de oliva

¼ de taza de vinagre de manzana

2 cucharadas de salsa de soya

El jugo de una naranja

Sal al gusto

Procedimiento

♦ Rebanar o picar finamente los betabeles cocidos.

♦ Mezclar todos los ingredientes y añadírselos.

♦ Refrigerar. Servir frío.

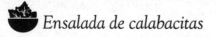 *Ensalada de calabacitas*

Ingredientes

¾ de taza de calabacitas crudas y ralladas

½ taza de apio picado

100 g de champiñones cocidos al vapor

¾ de taza de espinacas picadas

¼ de taza de garbanzos cocidos
1 pimiento morrón picado
Aceite de oliva
Sal al gusto

Procedimiento
- ♦ Mezclar perfectamente los ingredientes y aderezar al gusto.

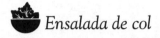 *Ensalada de col*

Ingredientes
1 kg de col
1 cucharada de azúcar
1 aguacate macizo para adornar
Pimienta negra molida
2 cucharadas de aceite de oliva
Orégano molido
1 cebolla mediana picada
1 limón, el jugo
Sal al gusto

Procedimiento
- ♦ Picar finamente la col y cocerla al vapor con sal y azúcar.
- ♦ Enjuagar la col en agua fría y colocarla en una ensaladera.
- ♦ Formar un aderezo con el resto de los ingredientes y agregar a la col.
- ♦ Adornar con tiras de aguacate.

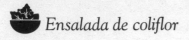 *Ensalada de coliflor*

Ingredientes
- 1 coliflor
- 2 jitomates
- 2 cucharadas de vinagre de manzana
- 3 cucharadas de aceite de oliva
- Pimienta al gusto
- Sal al gusto
- Pizca de anís

Procedimiento
- ◆ Cortar la coliflor en pequeños ramitos.
- ◆ Cocerlos *al dente* en agua con sal y una pizca de anís.
- ◆ Escurrir. Mezclar con el aceite de oliva, vinagre, pimienta y sal.
- ◆ Colocar en una ensaladera y adornar con el jitomate pelado y cortado en gajitos.

 *Ensalada de coliflor y aguacate*

Ingredientes
- 1 coliflor mediana
- 1 o 2 chiles verdes
- 3 aguacates
- 3 jitomates
- 75 g de queso fresco rallado
- 1 pizca de anís
- Pimienta al gusto
- Sal al gusto

Procedimiento

- ♦ Cortar la coliflor en ramitos.
- ♦ Cocerla en agua con sal y anís.
- ♦ Escurrirla y colocarla en una ensaladera.
- ♦ Condimentarla con sal y pimienta al gusto.
- ♦ Asar, moler y colar los jitomates y los chiles.
- ♦ Mezclarlos con los aguacates ya bien machacados.
- ♦ Adornar la coliflor con este guacamole.
- ♦ Espolvorear el queso encima.

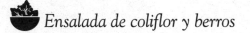 *Ensalada de coliflor y berros*

Ingredientes

1 coliflor cortada en ramitos pequeños

1 manojo de berros cortados en trozos

4 cebollitas de cambray finamente rebanadas con todo y rabo

5 cucharadas de aderezo francés sencillo (véase receta en la página 233)

1 cucharada de ajonjolí tostado

Sal al gusto

Procedimiento

- ♦ Cocer la coliflor al vapor durante 3 minutos y escurrir.
- ♦ Mezclar los ingredientes.
- ♦ Por último, espolvorear con ajonjolí.

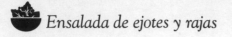 *Ensalada de ejotes y rajas*

Ingredientes

1 coliflor mediana
500 g de ejotes
6 chiles poblanos
3 cebollas
¼ de taza de aceite de oliva
½ pieza de pan duro
Jugo de limón al gusto
Orégano y sal al gusto

Procedimiento

- Desgajar la coliflor y ponerla a cocer con un trozo de pan duro.
- Cortar la cebolla en rodajas y acitronar en un poco de aceite de oliva.
- Cortar los ejotes en tiritas y cocerlos.
- Asar, pelar y desvenar los chiles poblanos, después cortarlos en rajitas.
- Mezclar la cebolla, las rajitas, los ejotes y orégano.
- Sazonar con el jugo de limón, el aceite de oliva y la sal al gusto.
- Acomodar todo esto en un platón.
- Aparte, mezclar jugo de limón, aceite de oliva y sal y ahí mojar los tronquitos de coliflor.
- Colocarlos encima de la ensalada anterior, como adorno del platón.

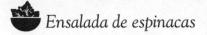 *Ensalada de espinacas*

Ingredientes

2 tazas de espinacas, en trozos y cocidas

4 papas cocidas cortadas en rodajas

400 g de queso rallado

2 cucharadas de crema o yogur natural

Sal al gusto

Procedimiento

♦ Colocar las espinacas sobre un platón, como base.

♦ Adornar con las rodajas de papa.

♦ Espolvorear encima el queso.

♦ Condimentarlas con yogur o crema y sal.

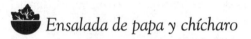 *Ensalada de papa y chícharo*

Ingredientes

500 g de papa cocida

1 taza de chícharos cocidos

1 cebolla picada

2 tallos de apio picado

Yogur natural o crema al gusto

Pimienta al gusto

Sal al gusto

Procedimiento

♦ Cortar en cuadritos la papa y mezclar con los chícharos, apio y cebolla.

♦ Sazonar el yogur natural o la crema con la pimienta y la sal.

♦ Aderezar las verduras con esta mezcla.

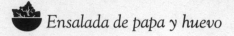 *Ensalada de papa y huevo*

Ingredientes
500 g de papa
3 huevos duros
2 cucharadas de aceite de oliva
½ cucharada de mostaza
5 ramitas de perejil
2 cucharadas de vinagre
Pimienta al gusto
Sal al gusto

Procedimiento
♦ Cocer las papas y cortarlas en cuadritos.
♦ Cocer los huevos y cortarlos también en cuadritos.
♦ Incorporar la mostaza con el aceite, el vinagre, el perejil picado y salpimentar.
♦ Bañar con esta mezcla las papas y los huevos.

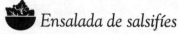 *Ensalada de salsifíes*

Ingredientes
2 manojos de salsifíes (500 g)
50 g de aceitunas deshuesadas y picadas
½ taza de apio picado
1 pieza de lechuga romanita
3 cucharadas de vinagre
¼ de taza de yogur natural
3 cucharadas de aceite de oliva
Pimienta al gusto
Sal al gusto

Procedimiento

- ♦ Poner a cocer los salsifíes hasta que estén tiernos, escurrir y raspar la cáscara con un cuchillo.
- ♦ Cortarlos finamente en rodajitas, revolver con el apio, vinagre, aceite de oliva, pimienta y sal.
- ♦ Colocar en un platón, como base, las hojas de lechuga previamente desinfectadas.
- ♦ Agregar encima la mezcla que hicimos con los salsifíes y demás ingredientes.
- ♦ Adornar con el yogur y las aceitunas.

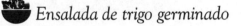 *Ensalada de trigo germinado*

Ingredientes

1 taza de trigo germinado
2 zanahorias grandes ralladas
2 pepinos grandes rallados
2 papas grandes cocidas y picadas
1 taza de cilantro picado
Aceite de oliva al gusto
Jugo de limón al gusto
Pimienta y sal al gusto

Procedimiento

- ♦ Mezclar todos los ingredientes en una ensaladera.

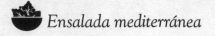 *Ensalada mediterránea*

Ingredientes

2 aguacates macizos picados

1 coliflor cocida y cortada en ramitos

20 aceitunas negras deshuesadas

20 papitas de cambray cocidas y peladas

1 apio en trocitos

500 g de ejotes cocidos y cortados en trozos

1 cucharada de mostaza

2 cucharadas de aceite de oliva

2 cucharadas de vinagre de manzana

Sal al gusto

Procedimiento

♦ Mezclar todos los ingredientes y colocarlos en una ensaladera.

♦ Preparar un aderezo con el aceite de oliva, mostaza, vinagre y sal, y bañar con esto la ensalada.

 Ensalada mixta

Ingredientes

500 g de papa

250 g de chícharos

3 zanahorias

500 g de ejotes

6 huevos cocidos

1 taza de aceitunas deshuesadas

2 tazas de crema o yogur

1 manzana

2 ramitas de perejil
1 limón, el jugo
Sal al gusto

Procedimiento

- ◆ Cortar en cuadritos las papas, chícharos, zanahorias y ejotes.
- ◆ Cocer al vapor con un poco de sal.
- ◆ Cortar la manzana en cuadritos y exprimirle encima el limón para que no se oscurezca.
- ◆ Cortar las aceitunas en rodajitas y mezclarlas con las verduras anteriores.
- ◆ Sazonar la crema con sal al gusto e incorporarla a todas las verduras.
- ◆ Adornar con rebanadas de huevo cortadas a lo largo y perejil picado encima.

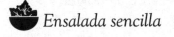 *Ensalada sencilla*

Ingredientes

1 manojo de espinacas
½ coliflor
3 zanahorias ralladas
1 taza de alfalfa germinada
2 jitomates rebanados

Procedimiento

- ◆ Cocer las espinacas al vapor.
- ◆ Cocer la coliflor al vapor, escurrir y dejar enfriar.
- ◆ Cortarla en ramitos y mezclarla con el resto de los ingredientes.

- Aderezar al gusto con aceite de oliva, limón, pimienta y sal, o elegir algún otro aderezo de la sección correspondiente (véase página 227).

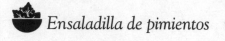

Ensaladilla de pimientos

Ingredientes

6 pimientos morrones
6 jitomates macizos
Aceite de oliva
Jugo de limón al gusto
Orégano molido
Sal al gusto

Procedimiento

- Lavar y asar los jitomates y morrones enteros.
- Envolver los morrones en una servilleta húmeda y dejarlos reposar un momento.
- Pelar, desvenar y cortar en rajitas los pimientos.
- Pelar y cortar en gajitos los jitomates.
- Mezclarlos y sazonarlos con el limón, aceite de oliva, orégano y sal al gusto.
- Dejarlos reposar varias horas antes de servirlos.

Puré de acelgas o espinacas con papas

Ingredientes

1 kg de acelgas o espinacas
500 g de papa cocida
400 ml de leche de coco

50 g de mantequilla
Pimienta al gusto
Sal al gusto
Agua, la necesaria

Procedimiento

- Limpiar, lavar y cocer al vapor las espinacas o acelgas.
- Escurrirlas y licuarlas con un poco de la leche de coco.
- Licuar igualmente las papas con otra parte de la leche de coco y mezclarlas con lo anterior.
- Freír todo en la mantequilla y añadir el resto de la leche.
- Salpimentar y dejar calentar a fuego lento sin que hierva.

ENSALADAS DULCES

~~~~~~~~~~

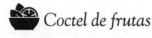 *Coctel de frutas*

Ingredientes

1 melón
1 kg de papaya
250 g de fresas
2 manzanas
2 rebanadas de piña
1 taza de agua de jamaica
Pasas al gusto
Azúcar mascabado al gusto

Procedimiento

- Con un sacabocados, sacarle la pulpa al melón y la papaya en forma de bolitas.
- Cortar la manzana en cuadritos, al igual que las fresas y la piña.
- Mezclar todos los ingredientes y refrigerar. Se sirve frío.

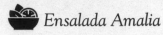

Ensalada Amalia

Ingredientes

1 kg de papas cocidas y en cuadritos
500 g de fresas o de piña, en cuadritos
500 g de manzanas picadas en cuadritos
1 taza de apio en trocitos
1 taza de yogur
100 g de nuez picada

Procedimiento

♦ En una ensaladera, mezclar todos los ingredientes perfectamente.

Ensalada de aguacate con cítricos

Ingredientes

2 toronjas en gajos
2 naranjas en gajos
1 lechuga romanita
1 aguacate macizo
250 g de queso cottage o requesón
Aderezo francés (véase página 233)

Procedimiento

♦ Marinar en el aderezo los gajos de naranja y toronja.
♦ En una ensaladera, acomodar las hojas de lechuga previamente desinfectadas.
♦ Pelar y deshuesar el aguacate cortándolo por lo largo.
♦ Rellenar una mitad del aguacate con el requesón o queso cottage y colocarlo en el centro de la ensaladera.

- Cortar la otra mitad del aguacate en cuadritos pequeños y colocarlos sobre las hojas de lechuga.
- Adornar con los gajos de toronja y naranja alrededor del aguacate.

 Ensalada de fruta y apio

Ingredientes
2 perones picados
2 manzanas picadas
6 tallos de apio picados
½ taza de yogur
50 g de pasitas sin semilla
2 cucharadas de miel de abeja

Procedimiento
- Revolver todos los ingredientes.
- Refrigerar durante 10 minutos.

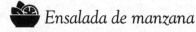 *Ensalada de manzana*

Ingredientes
4 manzanas picadas
100 g de nuez picada
250 g de crema o yogur
Azúcar mascabado al gusto

Procedimiento
- Pelar y rallar las manzanas.

- Mezclar la crema o yogur con el mascabado y agregarle la nuez.
- Añadir las manzanas.
- Si se desea, refrigerar y servir frío.
- Se le pueden agregar pasitas o arándanos.

 *Ensalada Mirabel*

Ingredientes

1 lechuga orejona rebanada
2 naranjas en gajos
3 manzanas ralladas
4 tallos de apio picaditos
1 taza de crema o yogur
Azúcar mascabado o miel al gusto

Procedimiento

- Mezclar todos los ingredientes.

Ensalada nochebuena

Ingredientes

1 kg de betabeles tiernos, pelados y rallados
5 naranjas peladas y cortadas en cuadritos
2 jícamas medianas peladas y cortadas en tiritas
2 plátanos machos o Tabasco rebanados
1 lechuga rebanada
250 g de cacahuate crudo pelado
Miel al gusto

NUTRICIÓN VEGETARIANA

Procedimiento

♦ Mezclar todos los ingredientes y servir fría.

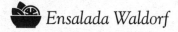 *Ensalada Waldorf*

Ingredientes

4 manzanas
75 g de nuez picada
2 tallos de apio
200 g de crema o yogur

Procedimiento

♦ Pelar y cortar en cuadritos las manzanas y el apio.
♦ Mezclar todo perfectamente.

ADEREZOS

~~~~~~~~~~~~~~~~~~~

ADEREZOS

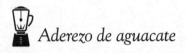

Aderezo de aguacate

Ingredientes
- 1 aguacate
- 1 taza de yogur natural
- 1 limón, el jugo
- 2 dientes de ajo
- ¼ de taza de aceite de oliva extra virgen
- Sal al gusto

Procedimiento
- ♦ Licuar todos los ingredientes.
- ♦ Servir frío sobre la ensalada.

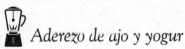

Aderezo de ajo y yogur

Ingredientes
- 2 dientes de ajo
- 2 cucharadas de perejil picado
- 1 cucharada de cebolla picada
- 1 cucharada de jugo de limón

½ cucharada de raspadura de limón
1 taza de yogur
Pimienta al gusto
Sal al gusto

Procedimiento

♦ Licuar todos los ingredientes y servir frío sobre la ensalada.

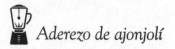

Aderezo de ajonjolí

Ingredientes

6 cucharadas de ajonjolí
1 taza de yogur
1 limón, el jugo
2 dientes de ajo
½ taza de aceite de oliva extra virgen
Sal al gusto

Procedimiento

♦ Licuar todos los ingredientes.
♦ Servir frío sobre la ensalada.

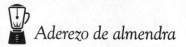

Aderezo de almendra

Ingredientes

6 cucharadas de almendras peladas
1 taza de yogur
1 limón, el jugo
2 dientes de ajo

½ taza de aceite de oliva extra virgen
Sal al gusto

Procedimiento
- ♦ Licuar todos los ingredientes.
- ♦ Servir frío sobre la ensalada.

* Este aderezo también se puede hacer supliendo las almendras con nueces, avellanas, cacahuates o cualquier oleaginosa.

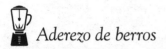 *Aderezo de berros*

Ingredientes
1 taza de yogur natural
1 taza de hojas de berros
1 cucharada de eneldo seco
1 limón, el jugo
½ cebolla picada
½ taza de aceite de oliva extra virgen
Pimienta al gusto
Sal al gusto

Procedimiento
- ♦ Licuar todos los ingredientes perfectamente y servir sobre la ensalada.

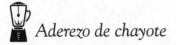 *Aderezo de chayote*

Ingredientes
½ chayote crudo en trocitos
1 pizca de orégano

1 taza de yogur natural
½ cebolla mediana picada
Sal al gusto

Procedimiento
+ Licuar todos los ingredientes y adornar con la cebolla picada.

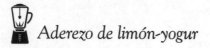

Aderezo de limón-yogur

Ingredientes
1 taza de yogur
½ pepino picado
¼ cebolla picada
1 limón, el jugo
Aceite de oliva al gusto
2 cucharadas de salsa de soya
Pimienta al gusto

Procedimiento
+ Licuar todos los ingredientes y servir sobre la ensalada.

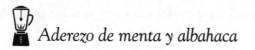

Aderezo de menta y albahaca

Ingredientes
3 cucharadas de aceite de oliva extra virgen
1 cucharada de jugo de limón
1 cucharada de menta fresca picada
1 cucharada de albahaca fresca picada

Pimienta negra molida al gusto
Sal al gusto

Procedimiento

- ♦ Colocar todos los ingredientes en un frasco, tapar y agitar.
- ♦ Refrigerar durante 30 minutos y servir sobre la ensalada.

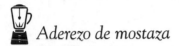 *Aderezo de mostaza*

Ingredientes

3 cucharadas de mostaza
1 taza de yogur natural
Aceite de oliva al gusto
Sal al gusto

Procedimiento

- ♦ Mezclar los ingredientes hasta formar una crema y servir sobre vegetales crudos.

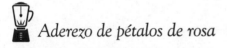 *Aderezo de pétalos de rosa*

Ingredientes

½ taza de pétalos de rosa
1 vaso de yogur natural
1 pizca de nuez moscada molida
50 g de avellanas o nueces
Piñones pelados, al gusto

Procedimiento

- ♦ Licuar todos los ingredientes y adornar con los piñones.

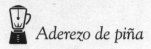 *Aderezo de piña*

Ingredientes
1 vaso de yogur natural
1 taza de piña en trocitos
75 g de avellanas o nueces
Sal al gusto

Procedimiento
♦ Licuar todos los ingredientes.

 Aderezo de queso

Ingredientes
250 g de queso doble crema
1 huevo duro
2 cucharadas de cebolla picada
1 diente de ajo
3 cucharadas de vinagre de manzana
1 pizca de pimienta
3 cucharadas de salsa de soya

Procedimiento
♦ Licuar todos los ingredientes hasta formar una crema.

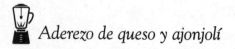 *Aderezo de queso y ajonjolí*

Ingredientes
250 g de requesón
½ taza de yogur natural

NUTRICIÓN VEGETARIANA

1 cucharada de cebolla picada
5 cucharadas de salsa de soya
½ taza de ajonjolí tostado

Procedimiento

♦ Mezclar todos los ingredientes perfectamente y refrigerar durante 15 minutos.

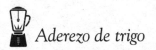 *Aderezo de trigo*

Ingredientes

½ taza de trigo remojado por 24 horas
3 ramas de hierbabuena
3 ramas de perejil
½ cebolla mediana
1 jitomate
Pimienta al gusto
Sal al gusto

Procedimiento

♦ Licuar todos los ingredientes y vaciar a un trasto hondo.
♦ Servir con la verdura cruda de su elección en tiras.

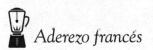 *Aderezo francés*

Ingredientes

½ taza de aceite de oliva extra virgen
¼ de taza de vinagre
¼ de cucharadita de pimienta blanca
2 cucharadas de perejil picado

1 diente de ajo
½ cucharada de cayena, pimentón o chile en polvo
Sal al gusto

Procedimiento
- ◆ Colocar todos los ingredientes en un frasco y mezclarlos bien.
- ◆ Refrigerar por varias horas y retirar el ajo antes de servir.

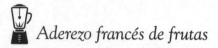 *Aderezo francés de frutas*

Ingredientes
½ taza de aceite de oliva extra virgen
¼ de taza de jugo de limón
¼ de taza de cerezas o ciruelas, deshuesadas y en trocitos
1 o 2 cucharadas de azúcar
½ cucharadita de pimentón
½ cucharadita de sal

Procedimiento
- ◆ Poner todos los ingredientes en un frasco, tapar y agitar bien.
- ◆ Refrigerar hasta el momento de servirlo.

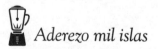 *Aderezo mil islas*

Ingredientes
½ taza de aceite de oliva extra virgen
½ taza de jugo de naranja
½ limón, el jugo

1 cucharada de jugo de cebolla
8 aceitunas picadas
Salsa de soya al gusto

Procedimiento
- ◆ Mezclar todos los ingredientes perfectamente.
- ◆ Refrigerar durante 15 minutos o más y servir sobre la ensalada.

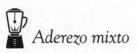 *Aderezo mixto*

Ingredientes
1 ½ tazas de yogur natural
1 pepino
1 ½ cucharadas de hierbabuena seca, pulverizada
2 cucharadas de aceite de oliva extra virgen
Pimienta al gusto
Sal al gusto

Procedimiento
- ◆ Colocar en un recipiente el pepino pelado y rallado.
- ◆ Aparte mezclar el yogur con la hierbabuena, sal y pimienta.
- ◆ Bañar el pepino con esta mezcla y agregar encima el aceite de oliva.
- ◆ Refrigerar durante 20 minutos y servir frío.

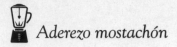 *Aderezo mostachón*

Ingredientes
¼ de taza de aceite de oliva extra virgen
3 cucharadas de mostaza
1 cucharada de perejil o albahaca
1 limón, el jugo
Pimienta al gusto
Sal al gusto

Procedimiento
♦ Mezclar perfectamente todos los ingredientes y servir sobre la ensalada.

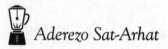 *Aderezo Sat-Arhat*

Ingredientes
2 jitomates grandes maduros
½ cebolla
3 dientes de ajo
1 limón, el jugo
½ taza de salsa de soya
¼ de taza de aceite de oliva extra virgen
1 pizca de orégano
Sal al gusto

Procedimiento
♦ Licuar perfectamente todos los ingredientes, colar y servir frío.

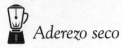 *Aderezo seco*

Ingredientes
1 taza de zanahoria rallada
4 cucharadas de cebolla picada
1 cucharada de perejil picado
1 taza de jitomate picado
2 tazas de crema de cacahuate
4 cucharadas de aceite de oliva extra virgen
1 cucharada de sal

Procedimiento
- Mezclar perfectamente todos los ingredientes.
- Dejar reposar unos minutos a que se mezclen los sabores.
- Vaciar sobre una ensaladera acompañado de rodajas de jitomate, rabanitos y trozos de lechuga.

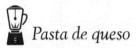 *Pasta de queso*

Ingredientes
1 taza de queso Roquefort
1 taza de crema o yogur natural
2 cucharadas de vinagre de manzana
5 dientes de ajo dorados y machacados
Perejil picado al gusto

Procedimiento
- En un tazón, desbaratar el queso con un tenedor.
- Incorporar poco a poco los demás ingredientes hasta formar una pasta suave.
- Servir frío.

SOPAS Y CREMAS

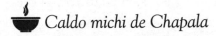 *Caldo michi de Chapala*

Ingredientes

6 filetes de pescado vegetariano (vea la receta en la página 407)
300 g de col rebanada finamente
300 g de zanahorias en tiritas
300 g de chayote en tiritas
300 g de calabacitas en tiritas
1 rama de apio picado
1 cebolla grande picada
6 dientes de ajo picados
500 g de jitomate picado
6 chiles güeros en vinagre
2 l de caldo de verduras o de agua
Cilantro picado al gusto
Orégano al gusto
Aceite de oliva, el necesario
Pimienta al gusto
Sal al gusto

Procedimiento

- En una olla, acitronar los ajos y la cebolla.
- Agregar enseguida todas las legumbres a que se sanco-chen.
- Añadir después el jitomate y dejar sazonar durante 10 minutos.
- Verter luego el caldo de verduras o el agua y tapar.
- Dejar a fuego lento hasta que se cuezan las verduras. Sal-pimentar.
- Casi al final, añadir los chiles güeros, el cilantro y el oré-gano.
- Se sirve caliente, incorporando previamente los filetes de pescado ya preparados.

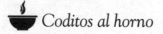 *Coditos al horno*

Ingredientes

250 g de pasta de coditos integrales
1 manojo de espinacas crudas (500 g)
2 dientes de ajo
½ cebolla
100 g de queso manchego rallado
2 cucharadas de mantequilla
250 g de crema o yogur
Pimienta al gusto
Sal al gusto

Procedimiento

- Poner a cocer los coditos en agua con sal, un chorrito de aceite de oliva y un trocito de cebolla.
- Ya cocidos *al dente*, enjuagarlos en agua fría y escurrirlos.

- Picar las espinacas y la cebolla y mezclarlas con los coditos y el resto de los ingredientes.
- Colocar en un molde y hornear durante 15 minutos.

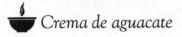 ## *Crema de aguacate*

Ingredientes

3 tazas de caldo de verduras
4 cucharadas de queso molido
3 aguacates medianos maduros
Sal al gusto

Procedimiento

- Licuar los aguacates con una taza de caldo de verduras.
- Verter esta mezcla en el resto del caldo de verduras previamente calentado.
- Sazonar con un poco de consomé vegetal, sal o salsa de soya.
- Servir inmediatamente espolvoreando encima el queso molido.

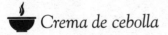 ## *Crema de cebolla*

Ingredientes

1 kg de cebolla
1 l de caldo de verduras o agua
2 cucharadas de mantequilla o aceite de oliva extra virgen
200 g de queso Oaxaca o Chihuahua rallado
Sal al gusto

Procedimiento

- Cortar la cebolla en medias lunas y acitronarla con la mantequilla o aceite.
- Cuando esté transparente, licuar dos terceras partes de ésta con agua o caldo; agregar al agua o caldo.
- Vaciar esto con la cebolla restante y agregar la sal.
- Dejar al fuego a que dé un hervor. Agregar más agua si es necesario, según se desee de espeso.
- Se sirve bien caliente sobre el queso, que deberá estar previamente espolvoreado en el fondo de los tazones.

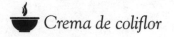 *Crema de coliflor*

Ingredientes

1 coliflor mediana
2 cebollas
1 pizca de anís
2 dientes de ajo
2 cucharadas de mantequilla o de aceite de oliva extra virgen
Orégano al gusto
Pimienta al gusto
Sal al gusto

Procedimiento

- Cocer la coliflor con una cebolla, los ajos y el anís.
- Enseguida, licuarla con todo y tronco en el agua en que se coció.
- Freír la otra cebolla en medias lunas con la mantequilla o aceite de oliva y añadir a lo ya licuado.
- Agregar un poco de agua, si está muy espesa.

- Condimentar con la pimienta, orégano y sal al gusto y dejar sazonar.

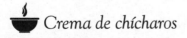

Crema de chayote

Ingredientes

2 tazas de chayote cocido y picado
400 ml de leche de soya o coco
1 cucharada de harina de maíz
2 cucharadas de mantequilla o aceite de oliva
1 cucharada de cebolla picada
El caldo donde se coció el chayote
Pimienta negra molida
Sal

Procedimiento

- Licuar el chayote en una taza de caldo.
- Preparar una salsa blanca con la mantequilla o el aceite de oliva en un sartén.
- Agregar la harina de maíz, la leche, sal y pimienta y por último la cebolla.
- Dejar que esto se espese y los sabores se mezclen.
- Incorporar aquí el chayote licuado y dejar sazonar.
- Añadir más caldo del chayote, si es necesario.

Crema de chícharos

Ingredientes

500 g de chícharos
1 papa grande

245

1 cucharada de mantequilla o de aceite de oliva
2 dientes de ajo
½ cebolla mediana
3 tazas de cubitos de pan tostado
Agua, la necesaria
Sal al gusto

Procedimiento

- ◆ Lavar los chícharos y ponerlos a cocer con todo y cáscara junto con la papa y la cebolla.
- ◆ Ya cocidos, licuarlos y colarlos.
- ◆ Calentar la mantequilla o el aceite y verter lo licuado.
- ◆ Añadir más agua si es necesaria y sazonar al gusto.
- ◆ Servir caliente, adornando con cuadritos de pan tostado.

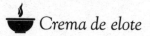 *Crema de elote*

Ingredientes

6 elotes tiernos desgranados
½ taza de crema o yogur natural
1 jitomate picado
1 cebolla
3 cucharadas de mantequilla o aceite de oliva
6 ramitas de perejil
Agua, la necesaria
Sal al gusto

Procedimiento

- ◆ Cocer los granos de elote junto con el jitomate, el perejil y la sal.

- Una vez cocidos, licuar y colar si desea, o dejarlos así para aprovechar la fibra del elote.
- Aparte, sofreír en la mantequilla o el aceite la cebolla picada y agregar a esto lo anterior y el agua necesaria.
- Dejar sazonar. Al servir en cada plato se acompaña con una cucharada de crema o yogur.

Crema de elote y calabacitas

Ingredientes
3 elotes tiernitos desgranados
4 calabacitas en rodajas cocidas al vapor
1 poro grande en rodajas delgadas
1 pimiento morrón rojo en cuadritos
1 l de leche de soya o de coco
4 cucharadas de mantequilla o de aceite de oliva
Sal al gusto

Procedimiento
- Licuar los elotes con la leche, colar y freír en la mitad de la mantequilla o aceite, a fuego lento y sin dejar de mover hasta que se cueza.
- Si esta crema llegara a cortarse, volver a licuar hasta que quede bien.
- Aparte, sancochar el morrón y el poro en el resto de la mantequilla o aceite de oliva, y al final las rodajas de calabacitas.
- Añadir estas verduras al licuado de elote y la sal y dejar todo al fuego un momento más para que termine de sazonarse.

247

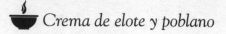 *Crema de elote y poblano*

Ingredientes

6 elotes tiernos desgranados

1 l de leche de soya o de coco

2 cucharadas de mantequilla

2 dientes de ajo picados

1 cebolla picada

1 chile poblano asado, desvenado y en rajas

Sal al gusto

Procedimiento

- Licuar la mitad de los elotes desgranados con la leche y la mantequilla o el aceite.
- Colar y poner al fuego suave, moviendo constantemente hasta que espese al gusto.
- Poner a cocer la otra mitad de los granos con la cebolla y el ajo.
- Una vez cocidos, añadirlos a la crema anterior.
- Al servir, adornar con las rajas de chile poblano.
- Si la crema llegara a cortarse, volverla a licuar antes de agregar los granos cocidos y ya no hervirla para que no se vuelva a cortar.

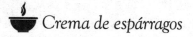 *Crema de espárragos*

Ingredientes

400 g de espárragos cocidos

400 ml de leche de coco o de soya

4 cucharadas de mantequilla o aceite de oliva

2 cucharadas de harina de maíz

2 cucharadas de harina integral
2 cucharadas de cebolla picada
1 pizca de pimienta
1 pizca de nuez moscada
½ taza de crema o yogur natural (opcional)
Cubitos de pan tostado (opcional)
Sal al gusto

Procedimiento

+ Preparar una salsa blanca acitronando la cebolla y las harinas con un poco de sal en la mantequilla o aceite de oliva.
+ Ir agregando poco a poco media taza de leche, dejar que espese.
+ Licuar los espárragos con el resto de la leche, colar y agregar a la salsa blanca.
+ Añadir sal, pimienta y nuez moscada y dejar 5 minutos a fuego lento, moviendo para que no se pegue.
+ Si se desea, adornar con una cucharada de crema o yogur.
+ También con cubitos de pan tostado.

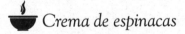 *Crema de espinacas*

Ingredientes

1 manojo de espinacas (500 g)
3 cucharadas de mantequilla o aceite de oliva extra virgen
½ cebolla mediana
2 dientes de ajo
6 cucharadas de crema o yogur natural
Agua, la necesaria
Sal al gusto

Procedimiento

- Limpiar y lavar las espinacas, cocerlas al vapor unos minutos con la humedad que queda en las hojas.
- Cuando estén suaves, licuarlas con medio litro de agua, cebolla, ajo y sal. Colar.
- Calentar en el sartén la mantequilla o el aceite de oliva, añadir las espinacas licuadas y el agua necesaria y dejar sazonar.
- Servir adornando cada plato con una cucharada de crema o yogur.

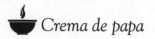 *Crema de papa*

Ingredientes

1 kg de papa cocida
2 cebollas medianas
2 cucharadas de mantequilla o de aceite de oliva extra
    virgen
200 g de chícharos cocidos
100 g de queso Chihuahua u Oaxaca rallado
Sal al gusto

Procedimiento

- Licuar las papas y las cebollas en suficiente agua.
- Calentar un poco la mantequilla o el aceite de oliva y agregar las papas licuadas y sal.
- Añadir un poco de agua si hace falta y dejar sazonar.
- Servir caliente adornando cada plato con chícharos cocidos encima y queso rallado.

Crema de pimientos rojos

Ingredientes

2 pimientos morrones rojos
4 papas cocidas
3 cucharadas de mantequilla o aceite de oliva
1 cebolla mediana
2 cucharadas de perejil picado
2 huevos orgánicos cocidos (opcional)
Agua, la necesaria
Pimienta al gusto
Sal al gusto

Procedimiento

+ En medio litro de agua licuar las papas con todo y cáscara, la cebolla y 1 ½ pimientos crudos. Colar.
+ Calentar la mantequilla o el aceite de oliva y agregar lo licuado.
+ Agregar más agua, el perejil, la sal y la pimienta.
+ Dejar sazonar y servir caliente adornándola con el huevo en rebanadas y el medio pimiento sobrante, finamente picado.

Crema de zanahoria

Ingredientes

250 g de zanahoria rallada
400 ml de leche de soya o coco
2 cucharadas de harina de maíz
2 cucharadas de mantequilla o aceite de oliva
2 cucharadas de cebolla picada

¼ de cucharadita de pimienta en polvo
50 g de champiñones cocidos y picados
Sal al gusto

Procedimiento

- ♦ Acitronar con la mantequilla o aceite de oliva la cebolla y la harina de maíz.
- ♦ Añadir la leche, la pimienta y la sal, moviendo para que no se pegue.
- ♦ Agregar las zanahorias ralladas y 3 tazas de agua hirviendo.
- ♦ Dejar sazonar y servir adornando con los champiñones.

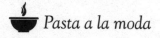 *Pasta a la moda*

Ingredientes

300 g de pasta integral cocida *al dente*
Mantequilla o aceite de coco
1 taza de crema o yogur
150 g del queso de su elección, rallado
2 huevos orgánicos
Pimienta al gusto
Sal de ajo al gusto

Procedimiento

- ♦ Batir las claras a punto de turrón, agregar las yemas y salpimentar.
- ♦ Mezclar con movimientos envolventes, agregando poco a poco la pasta.
- ♦ Colocar una capa de esta mezcla sobre un refractario engrasado con la mantequilla o aceite de coco.

- Encima colocar una porción de queso rallado, sal de ajo, pimienta y trocitos de mantequilla o aceite de coco.
- Continuar así hasta terminar. Hornear a calor mediano durante 20 minutos. Servir caliente.

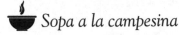 *Sopa a la campesina*

Ingredientes
500 g de frijoles cocidos
2 cucharadas de aceite de oliva o coco
6 dientes de ajo picados
400 g de papas cocidas en cuadritos
1 jitomate picado
1 cebolla picada
2 cucharadas de acelgas picadas
5 cucharadas de col picada
8 cucharadas de perejil picado
Sal al gusto

Procedimiento
- Acitronar en el aceite todos los ingredientes a excepción del frijol y el perejil.
- Moler el frijol en la misma agua en que se coció y añadirlo a las verduras.
- Dejar que acaben de ablandarse los vegetales y adicionar un poco de agua si está muy espesa.
- Servir caliente, adornando con el perejil picado.

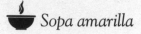 *Sopa amarilla*

Ingredientes

1 taza de granos de elote
1 cebolla picada finamente
1 pimiento morrón amarillo picado finamente
½ taza de queso parmesano o al gusto
50 g de aceitunas picadas
Leche de soya o de coco, la necesaria
1 l de caldo de verduras
1 cucharada de harina integral
2 cucharadas de aceite de oliva o de coco
Pimienta al gusto
Sal al gusto

Procedimiento

♦ En el aceite, acitronar la cebolla y la harina.
♦ Agregar enseguida el pimiento morrón, dejando dorar un poco.
♦ Añadir después los granos de elote y el caldo de verduras, sazonando con la sal y la pimienta.
♦ Dejar hervir por unos minutos.
♦ Agregar luego el queso, las aceitunas y la leche necesaria. Servir caliente.

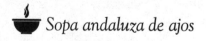 *Sopa andaluza de ajos*

Ingredientes

2 bolillos medianos
10 dientes de ajo picaditos
2 claras de huevo orgánico

1 l de agua
Aceite de oliva, el necesario
Sal al gusto

Procedimiento

- ◆ Cortar los bolillos en cuadritos y tostarlos.
- ◆ Hervir el agua y agregar los cuadritos de pan tostado. Dejar hervir a fuego lento.
- ◆ Freír aparte los ajos en un poco de aceite, y ya dorados vaciarlos al agua anterior.
- ◆ Agregar sal al gusto y dejar hervir hasta que el pan empiece a deshacerse.
- ◆ Incorporar entonces las claras ligeramente batidas y apagar unos minutos después.
- ◆ Servir bien caliente.

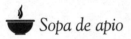 *Sopa de apio*

Ingredientes

1 cabeza de apio grande
2 cucharadas de cebolla picada
1 taza de papa cocida
100 g de queso fresco picado
2 cucharadas de harina de maíz
Mantequilla o aceite de oliva o de coco
Pimienta al gusto
Sal al gusto

Procedimiento

- ◆ Moler la mitad del apio con una taza de agua y colar.
- ◆ Picar finamente la otra mitad del apio.

- Freír en la mantequilla o aceite la harina de maíz y la cebolla hasta que acitronen.
- Agregar el apio molido y el resto de los ingredientes.
- Añadir el agua necesaria y salpimentar.
- Servir caliente, adornando con trocitos de queso fresco.

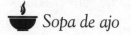 *Sopa de ajo*

Ingredientes
3 cabezas de ajos
1 cebolla mediana
1 papa mediana
7 ramas de perejil picadas
7 ramas de hierbabuena picadas
1½ l de agua
Aceite de oliva, el necesario
Pimienta al gusto
Sal al gusto

Procedimiento
- Cocer una cabeza de ajo entera con la cebolla y la papa en el litro y medio de agua.
- Desgranar las otras dos cabezas de ajo y acitronar los dientes con todo y cáscara en un poco de aceite hasta que estén bien doradas.
- Cuando el ajo, la cebolla y la papa estén ya cocidos, molerlos con la misma agua donde hirvieron junto con los ajos dorados.
- Colar e ir agregando varias veces el agua de la misma cocción hasta que sólo quede el bagazo limpio en la coladera.

- Salpimentar y poner a fuego lento, sólo hasta que suelte el hervor.
- Agregar al final el perejil y la hierbabuena.

⬤ Sopa de ajo y pan

Ingredientes

8 bolillos integrales rebanados
2 jitomates picados
½ cebolla picada
9 dientes de ajo picados
2 cucharadas de aceite de oliva
2 ramas de epazote picado
2 claras de huevo orgánico (opcional)
100 g de queso añejo en tiras
4 cucharadas de salsa de soya

Procedimiento

- Tostar ligeramente el pan en el horno o comal.
- Acitronar en el aceite el ajo y la cebolla; cuando empiecen a cristalizar, agregar el jitomate y dejar sazonar un momento.
- Enseguida añadir 1 litro de agua y el epazote, dejar sazonar.
- Incorporar las claras una a una y dejarlas cocer un minuto.
- Agregar la salsa de soya.
- Servir caliente, adornando con el pan y las tiras de queso.

257

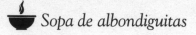 *Sopa de albondiguitas*

Ingredientes

1 taza de carne de soya hidratada
2 huevos orgánicos
2 dientes de ajo machacados
¼ de taza de salvado o germen de trigo en hojuelas
½ cebolla
3 dientes de ajo enteros
2 jitomates
6 hojas de hierbabuena
4 cucharadas de aceite de oliva
¼ de taza de perejil
Sal al gusto

Procedimiento

- Revolver la carne de soya con el huevo, la sal, el ajo machacado y el salvado o germen de trigo.
- Formar bolitas pequeñas del tamaño de una canica.
- Moler el jitomate, los 3 dientes de ajo, la cebolla y la hierbabuena en media taza de agua.
- Colar y sofreír con un poco de aceite. Añadir enseguida el agua suficiente para formar el caldo.
- Agregar la sal y el perejil. Cuando hierva, añadir las bolitas de carne; dejar que se cuezan.

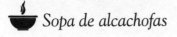 *Sopa de alcachofas*

Ingredientes

6 alcachofas
1 poro
2 jitomates picados
½ taza de arroz integral
1 cucharada de aceite de oliva
5 ramas de hierbabuena picada
5 ramas de cilantro picado
Agua, la necesaria
Sal al gusto

Procedimiento

♦ Acomodar en una olla las alcachofas, ya lavadas, con el agua necesaria para cubrirlas, cortándoles el tallo a 2 cm de la flor.
♦ Agregar allí mismo el poro en rodajas y el arroz integral y cocinar a fuego lento; las alcachofas están cocidas cuando al jalar una de sus hojitas ésta se suelte suavemente.
♦ Cuando ya estén cocidas las alcachofas, apagar el fuego y adicionar los jitomates, la hierbabuena, el cilantro, el aceite y la sal y dejar que todo junto se sazone por unos minutos. Mantener la olla tapada para conservar el aroma.

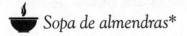 *Sopa de almendras**

Ingredientes

125 g de almendras molidas
2 jitomates picados
½ cebolla picada

4 dientes de ajo picados
1 tallo de apio picado
4 cucharadas de perejil picado
1 taza de leche de soya o de coco tibia
4 cucharadas de aceite de oliva
2 cucharadas de harina de maíz
Sal al gusto

Procedimiento

- ◆ Acitronar en el aceite la maicena o harina de maíz, el jitomate, la cebolla, el apio, el ajo y el perejil.
- ◆ Agregar 1 litro de agua, y cuando suelte el hervor añadir las almendras molidas.
- ◆ Cuando la almendra suelte su aceite, agregar la leche y la sal.

* Se puede preparar igualmente con cacahuate, nueces o cualquier oleaginosa.

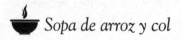 *Sopa de arroz y col*

Ingredientes

1 taza de arroz integral
½ col mediana en tiras finas
2 cucharadas de queso seco rallado
1 cucharada de mantequilla o aceite de oliva o de coco
Sal al gusto

Procedimiento

- ◆ Remojar el arroz en 2 ½ tazas de agua caliente durante 30 minutos.
- ◆ Escurrirlo, guardando el agua del remojo.

- Dorarlo con el aceite o mantequilla y luego verter el agua del remojo.
- Agregar la col y la sal; tapar y dejar cocer a fuego lento.
- Servir con el queso rallado.

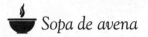 ## *Sopa de avena*

Ingredientes
6 cucharadas de avena integral
½ taza de jitomate molido con ajo y cebolla
2 cucharadas de aceite de oliva o de coco
3 cucharadas de salsa de soya
2 cucharadas de cebolla picada
1 rama de epazote picado
1 l de agua

Procedimiento
- Tostar la avena en un sartén, cuidando que no se queme.
- Por separado, acitronar la cebolla en el aceite. Cuando cristalice, agregar el jitomate molido.
- Dejar sazonar un poco y enseguida agregar el agua y la salsa de soya.
- Cuando suelte el hervor, agregar la avena ya tostada y el epazote. Dejar que hierva unos minutos.

Sopa de avena y zanahoria

Ingredientes
1 vaso de avena integral
2 zanahorias ralladas

2 jitomates picados
1 cebolla picada
2 chiles poblanos o pimientos morrones en rajas
1 l de agua
3 cucharadas de aceite de oliva o coco
Sal al gusto

Procedimiento

- ◆ Lavar, pelar y rallar las zanahorias y ponerlas a cocer con el agua.
- ◆ Acitronar la cebolla, los jitomates y los chiles en el aceite.
- ◆ Enseguida vaciarlos a la olla donde se está cociendo la zanahoria.
- ◆ En el mismo sartén donde se sofrió la verdura, tostar la avena y verter a la olla.
- ◆ Sazonar al gusto y dejar a fuego lento hasta que la avena esté cocida.

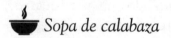 *Sopa de calabaza*

Ingredientes

1 kg de pulpa de calabaza de Castilla en trozos
1 taza de agua o caldo de verduras
1 cebolla mediana picada
1 diente de ajo
1 chile poblano en rajas
2 ramas de cilantro
2 cucharadas de aceite de oliva o coco
1 taza de crema o yogur
Pimienta al gusto
Sal al gusto

Procedimiento

- ◆ Acitronar la cebolla en el aceite y enseguida agregar la calabaza.
- ◆ Dejar cocer al vapor, tapada y a fuego lento.
- ◆ Cuando ya esté suave, licuar esto con el diente de ajo y el cilantro.
- ◆ Agregar una taza de crema o yogur, pimienta y sal al gusto.
- ◆ Si queda muy espesa, añadir una taza de caldo de verduras.

Sopa de cebada perla

Ingredientes

5 cucharadas soperas de cebada perla
1 poro
1 l de agua o caldo de verduras
2 tallos de apio picados
1 jitomate crudo y molido
2 cucharadas de aceite de oliva o coco
2 dientes de ajo picados
Pimienta al gusto
Sal al gusto

Procedimiento

- ◆ Cocer en una olla la cebada perla en el agua o caldo de verduras.
- ◆ Aparte, en un sartén acitronar en el aceite los ajos, luego añadir el jitomate molido y un poco después el apio y el poro. Salpimentar y dejar que todo esto se cueza.
- ◆ Cuando estén listas las verduras, verterlas en la olla con la cebada perla.

263

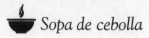 *Sopa de cebolla*

Ingredientes
 2 cebollas en rodajas finas
 3 cucharadas de aceite de oliva o coco
 50 g de queso Chihuahua rallado
 1 l de agua
 2 rebanadas de pan integral de caja, tostado
 Pimienta al gusto
 Sal al gusto

Procedimiento
 ♦ Acitronar en el aceite la cebolla y añadir el agua.
 ♦ Salpimentar y dejar hervir durante unos minutos.
 ♦ Desmoronar el pan en la sopa y espolvorear con queso rallado.
 ♦ Servir bien caliente.

 *Sopa de cebolla y champiñones*

Ingredientes
 2 cebollas grandes
 8 dientes de ajo
 1 taza de champiñones
 1 papa
 1½ l de agua
 5 ramitas de hierbabuena
 Aceite de oliva
 Sal al gusto

Procedimiento

- Cortar la cebolla en trozos y ponerla a cocer en el agua junto con la papa previamente lavada.
- Dorar en el aceite de oliva los ajos con todo y cáscara.
- Cuando la papa y las cebollas estén cocidas, licuarlas junto con los ajos dorados en la mitad del agua de cocción.
- Colar y agregar el agua restante.
- Lavar y cortar los champiñones a lo largo y ponerlos a cocer en ese caldo con la sal y las ramitas de hierbabuena.
- Mantenga la olla tapada, para que conserve aroma y sabor. Puede servirse con trocitos de pan tostado.

Sopa de cereales y verduras

Ingredientes

½ taza de cebada perla, previamente cocida
3 cucharadas de hojuelas de germen de trigo
1 poro en rodajas
2 papas grandes en cuadritos
Aceite de oliva
Pimienta al gusto
Sal al gusto

Procedimiento

- Acitronar el poro y la papa en un poco de aceite de oliva.
- Agregar 1 litro de agua, utilizando el agua de cocción de la cebada.
- Agregar la cebada perla y el germen de trigo. Salpimentar.
- Dejar cocer a fuego lento, hasta que la papa esté cocida.

- También se le puede agregar apio picado finamente y/o chícharos cocidos.

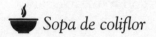 *Sopa de coliflor*

Ingredientes
- 1 coliflor mediana
- 1 tallo de apio picado
- 50 g de queso rallado
- 3 cucharadas de aceite de oliva
- 1 l de agua
- Pizca de anís o un trozo de pan
- Pimienta al gusto
- Sal al gusto

Procedimiento
- Cortar la coliflor en ramitos y cocerla al vapor con una pizca de anís o un trozo de pan.
- Cuando esté tierna, retirarla del fuego.
- En una olla, sofreír el apio con el aceite de oliva y enseguida agregar el agua.
- Cuando suelte el hervor, agregar la coliflor y salpimentar.
- Servir caliente, espolvoreando encima el queso rallado.

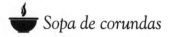 *Sopa de corundas*

Ingredientes
- 12 corundas (véase receta en la página 462)
- 100 g de queso añejo rallado
- 250 g de crema o yogur

4 chiles poblanos tostados, pelados y en rajitas
500 g de jitomate
1 trozo de cebolla
2 dientes de ajo
1 l de caldo de verduras o de agua
Aceite de oliva
Sal al gusto

Procedimiento

♦ Asar y pelar los jitomates, licuarlos con la crema o el yogur, los ajos y la cebolla.
♦ Sofreír esta mezcla con aceite de oliva, incorporando las rajas de chile poblano al igual que el caldo y la sal.
♦ Dejar sazonar unos minutos y servir sobre las corundas cortadas en cuadritos.
♦ Espolvorear encima el queso rallado.

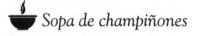 *Sopa de champiñones*

Ingredientes

500 g de champiñones
1 cebolla picada
3 dientes de ajo picados
3 ramas de perejil
Aceite de oliva
Pimienta negra al gusto
Sal al gusto

Procedimiento

♦ Lavar los champiñones y cortarlos en tiritas.
♦ Acitronar en el aceite la cebolla y el ajo.

- Cuando cristalicen, agregar una taza de champiñones picados y dejar cocinar unos minutos más.
- Licuar el resto de champiñones en el agua necesaria y mezclar con lo sofrito.
- Agregar las ramas de perejil, salpimentar y dejar que se sazone.

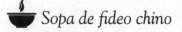 *Sopa de fideo chino*

Ingredientes

1 paquete chico de fideo chino
2 zanahorias picadas
2 varas de apio picadas
1 cebolla rebanada
3 cucharadas de ajonjolí
Sal de ajo
Salsa de soya
Aceite de oliva

Procedimiento

- Sofreír la cebolla y el ajonjolí en el aceite de oliva.
- Agregar 1 litro de agua, las zanahorias. el apio y el fideo chino.
- Dejarlo cocer a fuego lento.
- Adicionar la sal de ajo y la soya. Servir caliente.

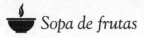 *Sopa de frutas*

Ingredientes

6 ciruelas deshuesadas

2 manzanas

2 duraznos

1 taza de requesón

½ taza de crema o yogur

Canela en polvo

2 cucharadas de harina de maíz

3 cucharadas de miel o mascabado

1 l de agua

Procedimiento

- ♦ Disolver la harina de maíz en una taza de agua fría y ponerla a calentar.
- ♦ Al soltar el hervor, añadir en el resto del agua las frutas previamente molidas.
- ♦ Agregar la miel y la canela.
- ♦ Tapar y dejar hervir a fuego lento durante unos minutos.
- ♦ Al final, agregar la crema y el requesón. Puede servirse fría o caliente.

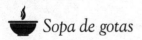 *Sopa de gotas*

Ingredientes

½ taza de queso rallado

1 huevo orgánico

Aceite de oliva o de coco

1 cucharada de polvo para hornear

½ taza de perejil picado

1 pizca de pimienta
Harina integral, la necesaria
Sal al gusto

Para el caldillo
2 jitomates
3 dientes de ajo
½ cebolla
1 l de agua
Una taza de apio picado
Salsa de soya al gusto

Procedimiento
- ◆ Incorporar el polvo para hornear, la sal, la pimienta, el queso rallado y después el huevo y el perejil.
- ◆ Agregar harina y el agua necesaria para formar un atole muy espeso.
- ◆ Calentar el aceite e ir dejando caer gotas del atole a que doren.
- ◆ Para el caldillo, moler el jitomate con el ajo y la cebolla; colar y sofreír en un poco de aceite.
- ◆ Moler el apio y agregar a lo anterior, dejar sazonar.
- ◆ Agregar el agua restante y la salsa de soya. Dejar hervir unos minutos.
- ◆ Servir acompañada de las gotas doradas.

Sopa de huevo orgánico

Ingredientes

    3 huevos orgánicos
    1 taza de champiñones
    6 cebollas de rabo chicas
    250 g de jitomate
    3 dientes de ajo
    ½ cebolla
    2 cucharadas de perejil picado
    ½ taza de apio picado
    Aceite de oliva o de coco
    1½ l de agua
    Pimienta al gusto
    Salsa de soya al gusto

Procedimiento

- Moler el jitomate con el ajo y la cebolla, colar y sofreír en un poco de aceite.
- Enseguida añadir el agua y la salsa de soya, la pimienta, y dejar hervir 2 minutos.
- Aparte, batir ligeramente los huevos y mezclar con los champiñones picados y las cebollas picadas con todo y rabo.
- Verter lo anterior a un sartén con aceite y formar una tortilla delgada.
- Voltearla, retirar del fuego y cortarla en cuadritos.
- Agregarlos al caldillo de jitomate junto con el apio y el perejil.
- Dejar sazonar por unos minutos.

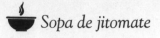 *Sopa de jitomate*

Ingredientes

1 kg de jitomate
2 cucharadas de mascabado
2 cebollas medianas
2 hojas de laurel
2 clavos de olor
1 raja de canela
1 pizca de bicarbonato
2 cucharadas de harina integral
1 l de caldo de verduras o agua
Aceite de oliva o mantequilla
100 g de crema o yogur
100 g de galletitas para sopa o pan tostado en cuadritos
Pimienta al gusto
Sal al gusto

Procedimiento

◆ Picar la cebolla y el jitomate y cocinar a fuego lento junto con el azúcar, el laurel, el clavo, la canela y el bicarbonato.

◆ Cuando la piel del jitomate se enrolle, pasar todo por un colador.

◆ Dorar aparte la harina en el aceite o la mantequilla, y cuando empiece a dorar, agregar el jitomate.

◆ Mezclar bien y añadir enseguida el caldo, la sal y la pimienta al gusto. Dejar a fuego lento hasta que espese.

◆ Al servir, poner en cada plato una cucharada de crema o yogur y las galletitas o el pan.

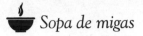 *Sopa de migas*

Ingredientes

- 3 bolillos duros en cuadritos
- 5 dientes de ajo picados
- 1 o 2 chiles chipotles en trocitos
- 3 huevos orgánicos
- 1 l de caldo de verduras
- Aceite de oliva o de coco
- 1 rama de epazote
- Sal al gusto

Procedimiento

- ◆ Remojar los bolillos en medio litro de caldo de verduras.
- ◆ En una cacerola, sofreír en un poco de aceite los dientes de ajo y los chiles chipotles.
- ◆ Verter enseguida el caldo de verduras y ya que empiece a hervir, añadir el pan y el epazote.
- ◆ Mezclar aparte los huevos y agregarlos en la cacerola, se mueve para que el huevo se integre.
- ◆ Agregar la sal y dejar 10 minutos más a fuego suave. Servir caliente.

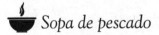 *Sopa de pescado*

Ingredientes

- 2 jitomates grandes
- ¼ de cebolla grande
- 2 chiles anchos o guajillos desvenados
- 7 dientes de ajo
- 1 rama de apio finamente picada

½ cucharadita de comino molido
Sal al gusto
Aceite de oliva
Agua, la necesaria

Procedimiento

- Licuar el jitomate, la cebolla, el chile ancho desvenado, el apio y el ajo, colar y sofreír en un poco de aceite de oliva.
- Enseguida verter el agua necesaria, el comino, sal al gusto y dejar que hierva unos minutos.
- Para dar sabor a pescado, se puede agregar alga espirulina en polvo o trozos de algas marinas al gusto.
- Se acompaña con filetes de pescado vegetariano (véase la página 407).

Sopa de plátano verde

Ingredientes

4 plátanos muy verdes
1 cebolla mediana picada
2 jitomates grandes picados
4 dientes de ajo picados
½ taza de aceitunas deshuesadas y picadas
¼ de taza de alcaparras (opcional)
1½ l de agua
Sal al gusto

Procedimiento

- Poner a hervir el agua con la cebolla, los jitomates y los ajos.

- ◆ Cuando suelte el hervor, añadir los plátanos pelados y cortados en rebanadas finas.
- ◆ Agregar la sal y dejar a fuego lento hasta que se cuezan.
- ◆ Por último, añadir las aceitunas y las alcaparras.

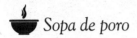 *Sopa de poro*

Ingredientes
2 poros
3 zanahorias
2 papas
½ taza de arroz integral
3 jitomates
1 cebolla mediana
Aceite de oliva
1½ l de caldo de verduras o de agua
Sal al gusto

Procedimiento
- ◆ Rebanar los poros y sofreírlos en un poco de aceite de oliva.
- ◆ Agregar las papas y las zanahorias crudas cortadas en tiritas y el arroz.
- ◆ Unos minutos después, agregar el jitomate previamente asado, molido con la cebolla y colado.
- ◆ Dejar sazonar unos 3 minutos y agregar el caldo y la sal.
- ◆ Dejar a fuego lento hasta que se cueza la verdura.

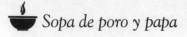 *Sopa de poro y papa*

Ingredientes

    1 poro grande en ruedas delgadas
    1 taza de champiñones picados
    1¼ l de agua
    1 taza de perejil picado
    1 pizca de pimienta molida
    2 jitomates
    3 dientes de ajo
    ½ cebolla
    2 papas medianas
    2 cucharadas de aceite de oliva
    Sal al gusto

Procedimiento

- Acitronar el perejil y los champiñones en el aceite, después añadir el poro.
- Moler el jitomate, el ajo, la cebolla y un poco de sal en una taza de agua, colar y agregar a lo anterior.
- Adicionar las papas en cuadritos, la pimienta y el resto de agua y dejar a fuego lento unos minutos más.

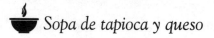 *Sopa de tapioca y queso*

Ingredientes

    4 cucharadas soperas de tapioca
    ½ taza de queso rallado
    1½ l de leche de soya o de coco
    2 bolillos en rebanadas
    1 cucharada de perejil picado

1 cucharada de cebolla picada
Aceite de oliva
Pimienta al gusto
Sal al gusto

Procedimiento

- ◆ En un poco de aceite de oliva, acitronar la cebolla.
- ◆ Agregarle la sal y la pimienta. Añadir la leche, moviendo suavemente.
- ◆ Cuando empiece a hervir, verter la tapioca en forma de lluvia y dejar a fuego suave hasta que se cueza.
- ◆ Agregar el queso, el perejil y dejar sazonar.
- ◆ Retirar del fuego y servir con rebanadas de pan previamente tostadas.

Sopa fría de manzana

Ingredientes

1 kg de manzanas
1 vaso de sémola de trigo
1½ l de agua
1 raja de canela
Azúcar al gusto

Procedimiento

- ◆ Lavar las manzanas, cortarlas en trozos, quitándoles el corazón, y cocerlas al vapor.
- ◆ Aparte, poner en una olla el agua, la sémola, la canela y el azúcar y cocer a fuego lento.
- ◆ Cuando suelte el hervor, incorporar las manzanas ya cocidas, licuadas y coladas.

- Dejar al fuego suave a que espese al gusto. Servir fría.
- También se puede preparar con cualquier fruta, sustituyendo la manzana por la fruta deseada.

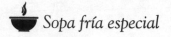 *Sopa fría especial*

Ingredientes
1 kg de jitomate
2 pimientos morrones rojos
1 cebolla chica
3 pepinos
2 dientes de ajo
Jugo de limón al gusto
Sal o salsa de soya al gusto

Procedimiento
- Pelar y licuar los pepinos, y vaciar a un recipiente hondo.
- Lavar, desvenar y licuar los pimientos morrones, y añadir a lo anterior.
- Lavar los jitomates y licuarlos junto con la cebolla y el ajo. Colarlos.
- Ya licuados, se mezclan muy bien todos los ingredientes.
- Sazonar con la sal o salsa de soya y el jugo de limón al gusto.

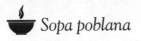 *Sopa poblana*

Ingredientes

2 elotes desgranados
250 g de calabacitas picadas
500 g de flor de calabaza
½ cebolla picada
5 dientes de ajo picados
1 rama de epazote picado
Agua, la necesaria
Sal al gusto

Procedimiento

- ♦ Poner a cocer los granos de elote con las calabacitas, la cebolla y los ajos.
- ♦ Cuando esté suave la verdura, añadir la flor de calabaza en tiritas, el epazote y la sal.

 *Sopa Ricarda*

Ingredientes

250 g de hongos picados
1 coliflor chica en ramitos
2 calabacitas tiernas picadas
1 taza de fideo en trozos
1½ tazas de avena seca y licuada
½ cebolla picada
Aceite de oliva
Salsa de soya al gusto
Pimienta al gusto
Sal al gusto

Procedimiento

- ♦ Cocer al vapor las calabacitas, la coliflor y los hongos.
- ♦ Dorar aparte la avena en el aceite de oliva, y cuando dore un poco, agregar la cebolla a que acitrone.
- ♦ Añadir los fideos y la cantidad de agua que se desee, según quiera que esté seca o caldosa.
- ♦ Al soltar el hervor, agregar los hongos, las calabacitas y la coliflor ya cocidos.
- ♦ Sazonar con la salsa de soya y/o sal y pimienta al gusto.

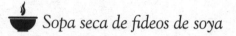 *Sopa seca de fideos de soya*

Ingredientes

150 g de fideo integral o de sémola
Aceite de oliva
½ cebolla
2 dientes de ajo
3 ramas de perejil picado
2 jitomates
Caldo de verduras o de agua
150 g de queso rallado

Procedimiento

- ♦ En una cacerola, dorar los fideos en un poco de aceite.
- ♦ Incorporar enseguida el jitomate molido con la cebolla y el ajo.
- ♦ Dejar sazonar unos minutos y añadir el caldo, el perejil, sal y pimienta al gusto.
- ♦ Dejar tapado cocinando a fuego suave hasta que reseque.
- ♦ Añadir entonces el queso, tapar la cacerola, retirar del fuego y esperar a que el queso se derrita.

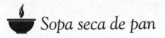 *Sopa seca de pan*

Ingredientes

8 bolillos integrales fríos
50 g de mantequilla
150 g de queso añejo rallado
1 cebolla picada
750 g de jitomate asado, molido y colado
3 cucharadas de perejil picado
Pimienta al gusto
Sal al gusto

Procedimiento

- ♦ Rebanar el pan, untarlo de mantequilla y dorarlo al horno.
- ♦ En un poco de la mantequilla, acitronar la cebolla.
- ♦ Enseguida agregar el jitomate molido y el perejil, salpimentar y dejar al fuego a que se sazone.
- ♦ En un refractario engrasado con mantequilla, colocar una capa de pan, otra de salsa.
- ♦ Espolvorear encima queso rallado.
- ♦ Continuar así hasta terminar, procurando que la última capa sea de queso.
- ♦ Meter al horno a que dore.

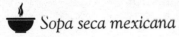 *Sopa seca mexicana*

Ingredientes

½ kilo de tortillas
1 chile pasilla entero
½ kilo de jitomate asado, molido y colado
1 cebolla picada

1 taza de agua caliente
30 g de mantequilla
50 g de queso añejo
Pimienta al gusto
Sal al gusto
Aceite de oliva

Para decorar

250 g de crema o yogur natural
2 chiles poblanos asados y desvenados
Sal al gusto

Procedimiento

- ♦ Rebanar las tortillas en tiras, y tostarlas en el horno.
- ♦ Aparte, acitronar la cebolla en el aceite de oliva, agregar el jitomate molido y dejar sazonar 5 minutos.
- ♦ Agregar la tortilla, el chile pasilla, la sal, la pimienta y el agua.
- ♦ Dejar hervir a que espese. Retirar el chile y agregar el queso rallado.
- ♦ Vaciar en un molde de corona engrasado con mantequilla. Hornear 30 minutos.
- ♦ Pasado este tiempo, vaciar en un platón y cubrir con la crema o yogur, que se habrá mezclado con sal.
- ♦ Adornar con tiritas de chile poblano.

Sopas frías deliciosas

Ingredientes

Base

Por cada jitomate, un diente de ajo, según la cantidad
que se desee preparar

Agregar

Pepino

Acelgas

Germinados

Hierbabuena

Lechuga

Espinacas

Perejil

Berro

Procedimiento

♦ Licuar la base, o sea el jitomate y el ajo, y colar.

♦ Licuar esto con una o dos verduras de la lista, a su elección.

♦ Sazonar con sal o salsa de soya al gusto.

GUISADOS

GUISADOS

 Acelgas con arroz

Ingredientes

4 tazas de acelgas picadas
1 taza de arroz integral
2 cucharadas de cebolla picada
5 cucharadas de perejil picado
2 cucharadas de aceite de oliva
1 cucharada de ajo picado
2 tazas de agua
Sal al gusto

Procedimiento

♦ Remojar el arroz integral en agua caliente durante media hora y escurrir.

♦ Dorarlo en el aceite de oliva junto con el ajo y la cebolla, añadir las acelgas y el agua y cocer a fuego lento.

♦ Una vez que la mitad de la cantidad de agua se haya consumido, agregar el perejil.

♦ Sazonar al gusto y dejar a fuego lento hasta que el arroz esté bien cocido.

Albóndigas de avena en chipotle

Ingredientes

2 tazas de avena cruda
1 cebolla picada
8 ramas de perejil picado
75 g de nuez picada
1 cucharada de mostaza
3 huevos orgánicos
Sal al gusto
Aceite de oliva, el necesario

Procedimiento

- Remojar la avena en agua suficiente para que la cubra, durante 30 minutos.
- Escurrirla y mezclarla con la cebolla, perejil, nuez, mostaza, huevos y sal al gusto.
- Formar las albóndigas y dorarlas en un poco de aceite de oliva.
- Servirlas bañadas con la salsa de chipotle.

Salsa de chipotle

3 o 4 chiles chipotles
500 g de tomate verde
5 dientes de ajo
½ cebolla
Sal al gusto

Procedimiento

- Remojar los chiles en agua caliente y desvenarlos.
- Hervirlos con los tomates.

- ♦ Licuarlos con el ajo, la cebolla y sal al gusto.
- ♦ Servir caliente esta salsa sobre las albóndigas.

 Albóndigas de trigo en salsa boloñesa

Ingredientes

500 g de trigo
2 cebollas medianas picadas
6 dientes de ajo picados
1 manojo de perejil picado
3 huevos orgánicos
Pimienta al gusto
Sal al gusto
Aceite de oliva o de coco, el necesario

Procedimiento

- ♦ Remojar previamente el trigo durante 12 horas.
- ♦ Ponerlo a cocer hasta que reviente, y después licuarlo con el mínimo de agua.
- ♦ Mezclarlo con la cebolla, ajos, perejil y huevos.
- ♦ Salpimentar al gusto. Si es necesario, agregar pan molido para mejor consistencia.
- ♦ Formar las albóndigas y dorar en un sartén con un poco de aceite.
- ♦ Para preparar la salsa boloñesa, vea la receta en la página 440.

Albóndigas de zanahoria con salsa china

Ingredientes

2 tazas de zanahorias ralladas
½ taza de cebolla picada
½ taza de perejil picado
2 huevos orgánicos
1 taza de queso fresco o requesón o tofu desmenuzado
Sal de ajo al gusto
Aceite de oliva, el necesario

Procedimiento

◆ Mezclar todos los ingredientes sazonándolos con la sal de ajo.
◆ Dar forma a las albóndigas y dorarlas en un poco de aceite de oliva.
◆ Servirlas bañadas con la salsa china.
◆ También se podrían bañar en salsa de jitomate o a su gusto.
◆ Para la salsa china, vea la receta en la página 492.

Albóndigas en chipotle

Ingredientes

2 tazas de carne de soya
6 dientes de ajo
750 g de jitomate
2 huevos orgánicos crudos
2 huevos orgánicos cocidos
4 tomates verdes
1 cebolla mediana

1 taza de germen de trigo crudo

2 chiles chipotles en escabeche

1 rama de hierbabuena

Clavo molido al gusto

Pimienta molida al gusto

Canela molida al gusto

Sal al gusto

Aceite de oliva, el necesario

Procedimiento

+ Hidratar la carne de soya. Vea cómo hidratar la carne de soya en la página 564.
+ Moler en la licuadora un chipotle con 3 dientes de ajo, media cebolla, los tomates verdes y la hierbabuena.
+ Mezclar lo licuado con la carne de soya e incorporar el germen de trigo y los huevos crudos.
+ Sazonar con el clavo, pimienta, canela y sal al gusto.
+ Formar las albóndigas, colocando en el centro un trozo de huevo cocido.
+ Moler el jitomate con 3 dientes de ajo, media cebolla y un chipotle.
+ Colar y sofreír la salsa en un poco de aceite de oliva, agregando un poco de agua al gusto.
+ Poner al fuego con sal al gusto y cuando suelte el hervor agregar las albóndigas.
+ Dejar un rato a que se sazonen y servir caliente.

Albóndigas esponjosas de papa

Ingredientes

1 ½ kg de papa
3 huevos orgánicos
2 cucharadas de harina integral
2 cucharadas de sémola
1 cucharada de pan molido
1 pizca de nuez moscada molida
100 g de mantequilla o aceite de coco
Cuadritos de pan dorado
Sal al gusto

Procedimiento

- ◆ Cocer las papas con un poco de sal, machacarlas con un triturador para formar un puré.
- ◆ Agregar los huevos uno a uno, la harina, la sémola, el pan molido, la nuez moscada y la sal.
- ◆ Amasar perfectamente para formar una mezcla homogénea.
- ◆ Formar las albóndigas colocándoles en el centro un cuadrito de pan dorado; revolcarlas en harina.
- ◆ Si desea puede rellenarlas también con nuez picada, ciruela pasa deshuesada o un cuadrito de queso añejo o de tofu.
- ◆ Ponerlas a cocer, dejándolas caer en una olla con agua hirviendo a fuego lento durante 10 minutos aproximadamente.
- ◆ Estarán listas cuando se esponjen y floten; sacarlas y escurrirlas.
- ◆ Derretir la mantequilla o el aceite de coco y bañar con esto las albóndigas.
- ◆ Si desea puede acompañarlas con puré de manzana.

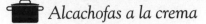 *Alcachofas a la crema*

Ingredientes
    6 alcachofas
    4 huevos orgánicos duros
    100 g de queso añejo rallado
    1 cucharada de mostaza

Salsa
    4 jitomates
    ½ cebolla
    125 g de crema o yogur natural
    Aceite de oliva, el necesario
    Pimienta al gusto
    Sal al gusto

Procedimiento
- Cocer las alcachofas, quitarles los corazones y acomodarlos en un refractario.
- Quitar de la base de las hojas la parte carnosa y picarla finamente.
- Mezclar esto con los huevos también finamente picados, la mitad del queso rallado, la mostaza y la sal.
- Rellenar con esta pasta los corazones de las alcachofas, formando un domo en cada una de ellas.
- Aparte, asar los jitomates y licuarlos con la cebolla, pimienta y sal al gusto. Colar y agregar la crema o yogur.
- Bañar las alcachofas con esta salsa. Cubrir con el queso restante y hornear a que doren.

Arroz a la mexicana

Ingredientes

2 tazas de arroz integral

100 g de chorizo vegetariano

1 taza de zanahorias en cuadritos

1 taza de papas en cuadritos

1 taza de chícharos pelados

2 cucharadas de aceite de oliva

3 chiles cuaresmeños

1 taza de perejil picado

2 jitomates grandes

3 dientes de ajo

½ cebolla

3 huevos duros

Sal al gusto

Procedimiento

♦ Remojar el arroz en agua caliente durante una hora y escurrir.

♦ Dorarlo con un poco de aceite de oliva y agregar el jitomate ya molido con ajo y cebolla y colado.

♦ Después, añadir los chícharos, las zanahorias y las papas.

♦ Agregar 4 tazas de agua, y por último adicionar el chorizo, tapar y dejar cocer.

♦ Cuando el arroz esté casi seco y suave, añadir el perejil, los chiles en rajas, las rebanadas de huevo y dejar sazonar 3 minutos más.

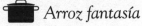 *Arroz fantasía*

Ingredientes

300 g de arroz integral cocido

3 tazas de frijoles cocidos y refritos

100 g de crema o yogur

6 chiles poblanos asados, limpios y en rajitas

150 g de queso rallado o tofu desmenuzado

50 g de mantequilla o aceite de coco

Sal al gusto

Procedimiento

- ♦ Colocar una capa de arroz sobre un refractario previamente engrasado con mantequilla.
- ♦ Poner enseguida una capa de frijoles, otra de rajitas, después queso, crema, sal y trocitos de mantequilla; continuar así hasta terminar.
- ♦ Hornear a calor mediano hasta que gratine y dore al gusto; servir caliente.

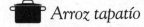 *Arroz tapatío*

Ingredientes

2 tazas de arroz integral

1 cebolla picada

2 tazas de leche de soya o de coco

100 g de queso crema o tofu

100 g de queso Chihuahua rallado

6 chiles poblanos

Aceite de oliva, el necesario

2 tazas de agua
Sal al gusto

Procedimiento

- Remojar el arroz en agua caliente durante una hora y escurrirlo.
- Acitronar la cebolla en un poco de aceite, agregar el arroz y dejarlo que seque sin que se dore.
- Enseguida agregar el agua; cuando se reseque, agregar la leche y sal al gusto.
- Cuando ya casi está cocido se le incorporan los chiles poblanos que previamente se habrán asado, desvenado y rellenado con el queso crema o tofu.
- Se dejan 10 minutos más y enseguida se agrega el queso rallado. Se tapa y se deja gratinar. Se sirve caliente.

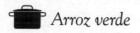 *Arroz verde*

Ingredientes

2 tazas de arroz integral
6 chiles poblanos
4 elotes desgranados
1 rama de epazote
¼ de taza de cebolla picada
3 dientes de ajo
125 g de queso Oaxaca deshebrado
100 g de crema o yogur
Aceite de oliva
Sal al gusto

Procedimiento

♦ Remojar el arroz en agua caliente durante una hora y escurrirlo.

♦ Acitronar los granos de elote junto con el arroz.

♦ Asar tres de los chiles, desvenarlos y cortarlos en rajas y agregarlos al elote y al arroz.

♦ Aparte, licuar el resto de los chiles ya desvenados con el ajo, sal y un poco de agua.

♦ Adicionar al arroz este chile molido y 4 tazas de agua. Añadir el epazote y sazonar al gusto.

♦ Tapar y dejar cocer a fuego suave. Servir con queso y crema.

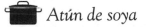 *Atún de soya*

Ingredientes

300 g de carne de soya*
Mayonesa
1 huevo orgánico
1 diente de ajo
½ limón, el jugo
Sal al gusto
1 pizca de azúcar
75 g de queso añejo, o de cabra
1 chile jalapeño en vinagre
Aceite de oliva, el necesario

Procedimiento

♦ Licuar todos los ingredientes de la mayonesa con excepción del aceite.

- Cuando ya están molidos todos los ingredientes, sin apagar la licuadora ir agregando el aceite de oliva lentamente, en un chorrito delgado y continuo hasta que tenga la consistencia de mayonesa.
- Mezclar la mayonesa con la carne de soya hidratada.
- Se puede enriquecer con aceitunas, cebolla y jitomate picado.
- Dejar que esta preparación repose un mínimo de una hora.
- Servir frío en galletas de soda integrales o como guarnición.

* Vea cómo hidratar la carne de soya en la página 564.

 Bacalao vegetariano

Ingredientes

    1 col mediana
    500 g de papitas de cambray
    8 ramas de perejil
    1 cebolla mediana picada
    4 dientes de ajo picados
    2 cucharadas de aceite de oliva
    3 jitomates
    100 g de alcaparras
    250 g de aceitunas deshuesadas
    Chiles güeros en vinagre
    Sal al gusto

Procedimiento

- Acitronar en el aceite de oliva la cebolla y el ajo picados.
- Agregar la col finamente rebanada, la papa ya cocida y el jitomate picado y dejar sazonar a fuego lento.

- Cuando esté casi listo, adicionar el perejil finamente picado, las alcaparras, las aceitunas y los chiles güeros.
- Añadir sal al gusto y dejar sazonar 10 minutos a fuego lento.

Berenjena a la mexicana

Ingredientes

2 berenjenas grandes
1 cebolla
2 jitomates
8 ramitas de perejil
1 taza de puré de tomate
250 g de queso Chihuahua rallado
Sal al gusto
Aceite de oliva

Procedimiento

- Rebanar las berenjenas con cáscara, a lo largo, en filetes de 1 cm de ancho.
- Dorarlas en un poco de aceite de oliva hasta que tomen un color cafecito.
- Sancochar aparte, en un poco de aceite de oliva, la cebolla picada, agregar el jitomate y el perejil también picados.
- Agregar el puré de tomate y la sal y dejar unos minutos a fuego lento a que se sazone.
- Cubrir la base de un molde refractario con este puré y luego colocar una capa de los filetes de berenjena, encima otra capa del puré y espolvorear parte del queso;

continuar con otra capa de berenjena, puré, queso y así hasta terminar.

♦ Cubrir el refractario con papel aluminio y hornear a temperatura media durante 20 minutos.

Berenjena a la parmesana

Ingredientes

4 berenjenas grandes
100 g de queso parmesano
200 g de queso manchego
12 hojas de albahaca picadas
Aceite de oliva

Salsa

1 kg de jitomates maduros y asados
½ cebolla mediana finamente picada
3 dientes de ajo
4 hojas de albahaca
Pimienta al gusto
Sal al gusto
Aceite de oliva

Procedimiento

♦ Rebanar las berenjenas con cáscara, a lo largo, en filetes de 1 cm de ancho.
♦ Dorarlas en un poco de aceite de oliva hasta que tomen un color cafecito.
♦ Cubrir la base de un molde refractario con una capa de la salsa preparada.

- Colocar encima una capa de los filetes de berenjena y luego más salsa.
- Espolvorear con una parte de los quesos y trocitos de albahaca.
- Continuar colocando otra capa de berenjena, salsa, quesos y albahaca.
- Cubrir con papel aluminio.
- Introducir al horno precalentado y dejar por 20 minutos a temperatura media.

Salsa
- Acitronar en un poco de aceite de oliva la cebolla y el ajo picado.
- Licuar el jitomate con la albahaca y agregarlo a lo anterior.
- Salpimentar y dejar unos minutos a fuego lento a que se sazone.

Berenjena gratinada

Ingredientes

3 berenjenas
1 kg de jitomate
2 pimientos morrones
½ cebolla
200 g de queso manchego o Chihuahua rallado
1 cucharadita de orégano
Aceite de oliva
Sal al gusto

Procedimiento

- ♦ Cortar las berenjenas en ruedas de un centímetro de ancho.
- ♦ Dorarlas en un poco de aceite de oliva hasta que tomen un color cafecito.
- ♦ Hacer una salsa, licuando el jitomate con el pimiento morrón y la cebolla.
- ♦ Sofreírla en un poco de aceite, sazonando con el orégano y la sal.
- ♦ En un refractario se coloca una base con la salsa y encima una capa de ruedas de berenjena.
- ♦ Se espolvorea el queso; continuar con otra capa de berenjenas, salsa y queso, y así hasta terminar con salsa y queso rallado.
- ♦ Hornear para que gratine durante 15 o 20 minutos. Servir caliente.

Berenjena griega

Ingredientes

3 berenjenas medianas
½ cabeza de ajos picados finamente
1 cebolla mediana picada
2 jitomates picados
2 cucharadas de orégano
Salsa de soya al gusto
Limón al gusto
Aceite de oliva

Procedimiento

♦ Partir las berenjenas crudas en cuadritos.

♦ Dorarlas en un poco de aceite de oliva a que tomen un color cafecito.

♦ Sofreír la cebolla y los ajos, y cuando cristalicen agregar el jitomate y dejar sazonar unos minutos.

♦ Mezclar esta salsa con los cuadritos de berenjena y sazonar con el orégano, el limón y la salsa de soya.

♦ Dejar reposar unas horas para que los sabores se acentúen. Servir frío.

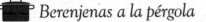 *Berenjenas a la pérgola*

Ingredientes

4 berenjenas medianas
2 pimientos morrones
1 cebolla mediana
3 dientes de ajo
250 g de queso Chihuahua rallado
½ taza de pan molido
Pimienta al gusto
Sal al gusto
Aceite de oliva

Salsa

500 g de jitomate
3 dientes de ajo
½ cebolla mediana
Orégano al gusto
Sal al gusto

Procedimiento

- Abrir las berenjenas a lo largo por la mitad; quitarles el centro, donde están las semillitas.
- Dorarlas por ambos lados en un poco de aceite de oliva.
- Aparte, sofreír picadito el centro de las berenjenas junto con los pimientos morrones, la cebolla y los ajos picados.
- Dejar sazonar unos minutos. Rellenar con esto las berenjenas y encima espolvorear el pan molido.
- Acomodar las berenjenas en un refractario previamente engrasado con aceite de oliva o mantequilla.
- Bañarlas con la salsa y espolvorear encima el queso rallado.
- Hornear durante 15 o 20 minutos para que gratine. Servir caliente.

Salsa

- Licuar los jitomates con el ajo, la cebolla y una cantidad mínima de agua.
- Colar y sazonar con el orégano y la sal.
- La salsa se puede dejar así cruda o sofreírla con un poco de aceite de oliva.
- Bañar las berenjenas con esta salsa.

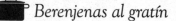 *Berenjenas al gratín*

Ingredientes

4 berenjenas grandes
1 taza de pan molido
250 g de queso manchego rebanado
6 pepinillos en vinagre en rodajas
1 cebolla mediana en rodajas

Aceite de oliva, el necesario
Sal al gusto

Procedimiento

- ♦ Cortar las berenjenas en rodajas gruesas y dorarlas en aceite de oliva, a que tomen un color cafecito.
- ♦ En un refractario engrasado con aceite de oliva o mantequilla, poner una cama de pan molido; encima una capa de las ruedas de berenjenas, después otra de pepinillos y cebolla y por último rebanadas de queso.
- ♦ Ir colocando las capas así sucesivamente, terminar con queso.
- ♦ Hornear a 200 °C hasta que gratinen.
- ♦ Servir con ruedas de jitomate y aguacate.

Birria en hojas de maguey

Ingredientes

2 tazas de carne de soya o gluten en trozos*
5 chiles anchos
2 chiles guajillos
8 chiles cascabel
6 dientes de ajo
½ cebolla
¼ de taza de vinagre de manzana
½ cucharadita de comino molido
Sal al gusto
Hojas de maguey y de elote, las necesarias
Aceite de oliva

1 cebolla morada en rodajas, desflemada
Orégano al gusto

Procedimiento

- ◆ Asar, desvenar y remojar los chiles; molerlos con el ajo, la cebolla, el vinagre, el comino y la sal.
- ◆ Adobar con esta salsa el gluten o la carne de soya previamente hidratada según las instrucciones que aquí se proporcionan.
- ◆ Colocar sobre las hojas de maguey añadiendo una cucharada de aceite de oliva, envolver y dejar macerar durante 24 horas.
- ◆ Cubrir el fondo de una olla con una cama de hojas de elote, para que sirvan como base; colocar sobre ésta los envoltorios de las hojas de maguey.
- ◆ Añadir el agua necesaria para que se cubran sólo las hojas de elote, tapar y dejar cocer al vapor media hora, a fuego lento.
- ◆ Servir caliente sobre la misma hoja de maguey; adornar con la cebolla desflemada y orégano.

* Para este platillo recomiendo que la carne de soya sea en trozos: una vez hidratados, se doran en un poco de aceite de oliva. Vea cómo hidratar la carne de soya en la página 654; si lo prefiere, consulte la sección dedicada al gluten en la página 147. También lo puede comprar ya preparado.

Birria estilo Jalisco

Ingredientes

500 g de carne de soya*
10 dientes de ajo
¼ de pieza de achiote
7 pimientas gordas
1 pizca de cominos
125 g de chile guajillo
125 g de chile morita
100 g de tomate verde
1 jitomate
Sal al gusto
Aceite de oliva

Salsa picante

100 g de chile piquín
½ taza de vinagre de manzana
1 pizca de orégano
7 dientes de ajo
Pimienta al gusto
Sal al gusto

Procedimiento

♦ Asar los chiles guajillo y morita, desvenarlos y hervirlos junto con los tomates y el jitomate.
♦ Licuar todo esto con los ajos, el achiote, las pimientas y el comino, agregando una taza de agua.
♦ Sofreír esta salsa en un poco de aceite de oliva, sazonarla y agregar el agua necesaria, dejando la salsa espesita.
♦ Agregar la carne de soya previamente hidratada. Dejar sazonar otros 15 minutos y servir caliente, con tortillas.

♦ Acompañar con cebolla picada, limón al gusto y la salsa picante que se obtiene licuando los últimos ingredientes.

* Para este platillo recomiendo que la carne de soya sea en trozos: una vez hidratados, se doran en un poco de aceite de oliva. Vea cómo hidratar la carne de soya en la página 564.

 Birria vegetariana

Ingredientes
2 kg de jitomates maduros
500 g de carne de soya*
2 cebollas medianas
7 dientes de ajo
6 chiles pasilla
Hierbas de olor al gusto
Pimienta al gusto
Sal al gusto
Aceite de oliva
1 cebolla morada

Procedimiento
♦ Asar los jitomates y licuarlos con una cebolla, los ajos y los chiles pasilla previamente remojados en agua caliente y desvenados. Colar.
♦ Aparte, sofreír con un poco de aceite de oliva la otra cebolla picada, agregar la salsa anterior y las hierbas de olor.
♦ Añadir 2 o 3 tazas de agua, salpimentar al gusto y dejar a fuego lento a que sazone.
♦ Cuando suelte el hervor, agregar la carne de soya previamente hidratada y dorada.

- ◆ Dejar a fuego lento por espacio de 15 minutos. Servir caliente con tortillas de maíz.
- ◆ Adornar con la cebolla morada en gajos y desflemada con sal y limón.

* Para este platillo recomiendo que la carne de soya sea en trozos: una vez hidratados, se doran en un poco de aceite de oliva. Vea cómo hidratar la carne de soya en la página 564.

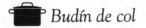 Bisteces de gluten al carbón

Ingredientes
12 bisteces de gluten*
1 taza de aceite de oliva
2 cabezas de ajos pelados
Sal al gusto

Procedimiento
- ◆ Licuar el aceite de oliva con los ajos y la sal.
- ◆ Vaciar a un recipiente y macerar en esta mezcla los bisteces durante un mínimo de 24 horas.
- ◆ Transcurrido el tiempo de maceración, sacarlos del aceite y asarlos al carbón, a la parrilla o en el comal.

* Para preparar los bisteces, consulte la sección dedicada al gluten en la página 147; también se pueden comprar ya preparados.

Budín de col

Ingredientes
1 col mediana (1 kg)
100 g de champiñones rebanados

100 g de arroz integral cocido
100 g de queso Chihuahua rallado
1 cebolla picada
100 g de mantequilla o aceite de oliva
2 huevos orgánicos
Sal y pimienta al gusto

Procedimiento

- ◆ Lavar y rebanar finamente la col.
- ◆ Acitronar la cebolla con un poco de mantequilla o aceite de oliva.
- ◆ Añadir la col, tapar y dejar a fuego lento hasta que se ablande.
- ◆ Sofreír los champiñones en un poco de mantequilla o aceite de oliva.
- ◆ Enseguida agregar el arroz, el queso, los huevos ligeramente batidos, sal y pimienta al gusto.
- ◆ En un refractario, acomodar una capa de col y encima otra capa de la mezcla de champiñones; continuar así sucesivamente hasta terminar con una capa de col.
- ◆ Hornear a 200 °C durante 20 minutos y servir caliente.

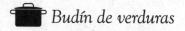 *Budín de verduras*

Ingredientes

2 zanahorias
2 nabos
100 g de chícharos
2 calabacitas
1 coliflor chica
5 huevos orgánicos

50 g de queso Chihuahua
50 g de crema o yogur
3 cucharadas de pan molido

Salsa
4 jitomates maduros
½ cebolla
2 dientes de ajo
Pimienta al gusto
Sal al gusto

Procedimiento
+ Cortar en cuadritos las zanahorias, nabos, calabacitas y coliflor.
+ Cocerlas al vapor junto con los chícharos.
+ Mezclar las verduras cocidas con la crema o yogur, el queso rallado, sal y pimienta al gusto.
+ Batir los huevos a punto de cordón o la chía remojada como se indica y mezclar con lo anterior.
+ Vaciar a un refractario engrasado con un poco de aceite de oliva y espolvoreado con el pan molido.
+ Hornear a fuego mediano durante 20 minutos. Vaciar a un platón y cubrir con la salsa de jitomate.

Salsa
+ Asar los jitomates y licuarlos con los demás ingredientes.

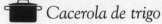 *Cacerola de trigo*

Ingredientes

1 taza de trigo entero

1½ tazas de arroz integral

2 tazas de champiñones picados

1 taza de queso Chihuahua rallado

2 dientes de ajo

1 cebolla mediana

5 tazas de agua

Aceite de oliva

Sal al gusto

Procedimiento

♦ Remojar el trigo durante 24 horas y escurrirlo.

♦ Remojar el arroz en agua caliente durante una hora y escurrirlo.

♦ Acitronar en un poco de aceite de oliva la cebolla y los ajos picados.

♦ Cuando cristalicen, agregar el trigo y el arroz, moviendo suavemente hasta que se doren un poco.

♦ Agregar el agua y los champiñones. Sazonar al gusto, tapar y dejar que se cuezan.

♦ Cuando ya casi esté cocido el trigo, espolvorear encima el queso y dejar que gratine.

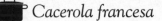 *Cacerola francesa*

Ingredientes

2 berenjenas finamente rebanadas
4 pimientos morrones en rebanadas
4 jitomates medianos en rebanadas
10 cebollitas de cambray con rabo, picadas
250 g de champiñones picados
100 g de queso manchego rallado
Aceite de oliva
Pimienta al gusto
Sal al gusto

Procedimiento

- Sofreír todas las verduras en el aceite de oliva, tapar y dejar a fuego lento.
- Mover de vez en cuando con cuidado para que no se desbaraten las verduras.
- Salpimentar. Cuando estén *al dente*, servir caliente, adornando con el queso.
- Si se desea se puede gratinar.

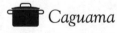 *Caguama*

Ingredientes

500 g de gluten dorado, en trocitos*
1 taza de ejotes picados
1 taza de chícharos
1 cebolla picada
2 jitomates picados
1 taza de aceitunas picadas

315

1 ½ l de caldo de verduras
Algas marinas al gusto
Hierbas de olor
Sal y pimienta al gusto
Aceite de oliva

Procedimiento

♦ Sofreír los ejotes y los chícharos en un poco de aceite de oliva.

♦ Agregar la cebolla y los jitomates, después el caldo de verduras y el gluten.

♦ Sazonar con las algas marinas, las hierbas de olor, sal y pimienta.

♦ Las aceitunas se añaden cuando ya esté todo cocido.

* Vea la información dedicada al gluten. También se puede preparar con carne de soya en trozos, previamente hidratada y dorada; en este caso, vea cómo hidratar la carne de soya en la página 564.

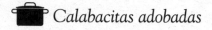 *Calabacitas adobadas*

Ingredientes

10 calabacitas
6 chiles anchos
3 dientes de ajo
½ taza de vinagre de manzana
½ taza de aceite de oliva
½ cucharadita de orégano
1 clavo de olor
½ cucharadita de canela
½ cucharadita de pimienta
Sal al gusto

1 cebolla desflemada
1 aguacate
50 g de aceitunas picadas
50 g de ajonjolí tostado

Procedimiento

- ♦ Asar y desvenar los chiles y remojarlos durante 2 horas en el vinagre.
- ♦ Enseguida, moler los chiles con el vinagre, los ajos, el clavo, la canela, la pimienta y el orégano.
- ♦ Agregar poco a poco el aceite hasta que todo se incorpore bien.
- ♦ Vaciar esta salsa sobre las calabazas previamente cortadas en ruedas, cocidas al vapor y colocadas sobre un platón.
- ♦ Espolvorear sobre la salsa el ajonjolí tostado y adornar con las cebollas desflemadas, rebanadas de aguacate y aceitunas.

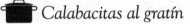 *Calabacitas al gratín*

Ingredientes

1 kg de calabacitas redondas
100 g de queso Chihuahua o manchego rallado
6 jitomates
½ cebolla
4 dientes de ajo
Sal al gusto

Procedimiento

- ◆ Cocer las calabacitas al vapor durante unos minutos, hasta que estén semicocidas.
- ◆ Cortar la parte superior y ahuecarlas. Rellenarlas con el queso rallado.
- ◆ Acomodarlas en un refractario. Verter ahí la salsa y hornear 20 minutos.
- ◆ También se pueden acomodar en una olla, bañarlas con la salsa y cocinar, tapadas, a fuego lento.
- ◆ La salsa se prepara licuando los jitomates con el ajo, la cebolla y sal al gusto.

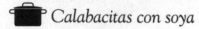 *Calabacitas con soya*

Ingredientes

500 g de calabacitas en cuadritos
3 elotes desgranados
2 chiles poblanos en rajas
4 jitomates picados
1 cebolla picada
6 dientes de ajo picados
Aceite de oliva
2 tazas de carne de soya hidratada*
Sal al gusto

Procedimiento

- ◆ Poner a sancochar la carne de soya con ajo y cebolla en un poco de aceite de oliva, dejar dorar.
- ◆ Añadir el resto de los ingredientes, tapar y cocer a fuego lento. Sazonar al gusto.

* Vea cómo hidratar la carne de soya en la página 564.

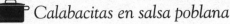 *Calabacitas en salsa poblana*

Ingredientes

7 calabacitas redondas

50 g de queso fresco

2 huevos orgánicos duros

7 aceitunas

1 manojo de rabanitos

1 lechuga chica

2 chiles poblanos asados y desvenados

200 g de crema o yogur natural

2 cucharadas de vinagre de manzana

Aceite de oliva

Pimienta al gusto

Sal al gusto

Procedimiento

♦ Cocer las calabacitas al vapor, que queden *al dente*.

♦ Ahuecarlas cuidando que no se rompan y picar finamente el relleno.

♦ Mezclarlo con el queso desmenuzado, un poquito de vinagre, sal y pimienta.

♦ Rellenar con esto las calabazas y cubrirlas con la salsa de crema.

♦ La salsa se prepara licuando la crema o yogur con los chiles poblanos.

♦ Adornar cada calabaza con una rueda de huevo duro y sobre ésta una aceituna.

♦ Acompañar con la lechuga aderezada con el aceite de oliva, sal y pimienta y los rabanitos en flor.

Calabacitas rellenas a la española

Ingredientes

1 kg de calabacitas
1 cebolla mediana
5 ramitas de perejil
1 taza de salsa blanca*
Sal al gusto
Aceite de oliva

Procedimiento

♦ Cocer las calabacitas, dejándolas *al dente*.
♦ Enseguida partirlas por la mitad a lo largo y ahuecarlas.
♦ Sofreír el relleno de la calabacita con la cebolla finamente picada.
♦ Luego agregar el perejil picado. Dejar a fuego suave hasta que se reseque.
♦ Añadir entonces la salsa blanca.
♦ Rellenar con este preparado las calabacitas y hornear a calor mediano 10 minutos.

* Vea la receta en la página 439.

Calabacitas rellenas con elote

Ingredientes

8 calabacitas
1 taza de elote desgranado
½ taza de cebolla picada
½ cebolla
3 dientes de ajo
3 jitomates

1 chile poblano en rajas
1 rama de epazote picado
50 g de queso Oaxaca deshebrado
Aceite de oliva
Sal al gusto

Procedimiento

- ◆ Con un sacabocados o cucharita vaciar el centro de las calabacitas.
- ◆ Moler los jitomates con el ajo y la media cebolla en un poco de agua.
- ◆ Colar y sofreír en un poco de aceite de oliva. Agregar una taza de agua y dejar sazonar este caldillo.
- ◆ Aparte, acitronar en un poco de aceite de oliva la cebolla picada, el elote, las rajas de poblano y el epazote.
- ◆ Después agregar el queso. Mezclar bien. Con esto se rellenan las calabacitas.
- ◆ Acomodar las calabacitas en una olla, paraditas para que no se salga el relleno.
- ◆ Agregar el caldillo de jitomate y dejar unos minutos a fuego lento, a que se sazone.

Calabacitas rellenas con queso

Ingredientes

10 calabacitas
250 g de queso fresco
2 jitomates picados
½ cebolla picada
Mantequilla o aceite de oliva
5 cucharadas de pan molido
Sal al gusto

Procedimiento

- ◆ Lavar las calabazas y cocerlas al vapor, dejándolas *al dente*.
- ◆ Dejarlas enfriar y ahuecarlas con cuidado para que no se rompan.
- ◆ La pulpa se sofríe en un poco de mantequilla o aceite de oliva.
- ◆ Se agregan la cebolla, el jitomate y sal al gusto. Dejar sazonar y servir como guarnición.
- ◆ Las calabacitas se rellenan con tiras de queso, espolvoreadas con pan molido.
- ◆ Hornear un poco a que doren y servir adornando con rebanadas de jitomate y la guarnición antes preparada.

Calabacitas rellenas de huitlacoche

Ingredientes

6 calabacitas redondas
7 huitlacoches grandes
½ taza de epazote picado
½ taza de cebolla picada
4 dientes de ajo picados
½ taza de queso Oaxaca deshebrado
Aceite de oliva
Sal al gusto

Procedimiento

- ◆ Lavar y quitar la tapita a las calabacitas y ahuecar con una cucharita.
- ◆ Sofreír el relleno con el huitlacoche, ajo, cebolla, epazote y sal, dejar un momento a que se sazone.

NUTRICIÓN VEGETARIANA

- Retirar del fuego, mezclar con el queso deshebrado y rellenar las calabacitas.
- Aparte preparar una salsa blanca o de jitomate o cualquier salsa a su gusto (véase la sección de salsas en la página 437).
- Colocar en un refractario las calabacitas y bañarlas con la salsa.
- Hornear durante 15 minutos.

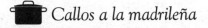 ## Callos a la madrileña

Ingredientes
2 tazas de garbanzos
500 g de jitomate
½ cebolla
3 dientes de ajo
1 cebolla mediana
2 pimientos morrones
2 tazas de gluten en trocitos
Aceitunas al gusto
Chiles güeros en vinagre al gusto
Hierbas de olor
Aceite de oliva al gusto
Sal al gusto

Procedimiento
- Dejar remojar toda la noche los garbanzos, cocerlos y escurrirlos.
- Licuar el jitomate con la media cebolla y el ajo y colar.
- Rebanar la cebolla y el pimiento morrón, acitronarlos en un poco de aceite de oliva.

- Agregar el caldillo de jitomate y la sal y luego añadir los garbanzos bien cocidos y el gluten.
- Dejar sazonar unos minutos a fuego lento y al final agregar las aceitunas deshuesadas y los chiles güeros.

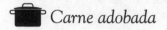 *Carne adobada*

Ingredientes

6 bisteces de gluten o tartaletas de carne de soya*
200 g de chile guajillo
1 pizca de pimienta
1 pizca de orégano
½ taza de vinagre de manzana
6 dientes de ajo
Salsa de soya al gusto
Sal al gusto
Aceite de oliva

Procedimiento

- Remojar los chiles en agua caliente, desvenarlos y licuarlos con el vinagre, los ajos, pimienta, orégano, sal y pimienta.
- Agregar salsa de soya al gusto y una mínima cantidad de agua si es necesario.
- Colocar esta salsa en un recipiente hondo y dejar macerar las tartaletas de carne de soya previamente hidratadas o los bisteces de gluten durante un mínimo de 2 horas; dorarlos después en aceite de oliva.

* Para preparar los bisteces, consulte la sección dedicada al gluten (página 147); también se pueden comprar ya preparados. Para las tartaletas de soya, vea cómo hidratar la carne de soya en la página 564.

Carne china con verduras

Ingredientes

250 g de gluten picado y dorado*
250 g de hongos picados
1 pimiento morrón picado
1 cebolla picada
2 calabacitas picadas
1 ajo picado
¼ de taza de avena seca molida
250 ml de leche de soya o de coco
Salsa de soya al gusto

Procedimiento

◆ Sofreír los hongos, el pimiento morrón, la cebolla, las calabacitas y el ajo.
◆ Aparte, tostar la avena en seco y añadir la leche mezclando bien hasta que espese.
◆ Agregar a lo anterior el gluten, luego el sofrito de verduras y la salsa de soya.
◆ Dejar sazonar y retirar del fuego.

* Para prepararlo, consulte la sección dedicada al gluten (página 147); también se puede comprar ya preparado.

Carne con plátano estilo veracruzano

Ingredientes

1 taza de carne de soya en trocitos o picadillo*
500 g de jitomate asado
2 cucharadas de cebolla picada
3 chiles guajillos o pasillas

3 dientes de ajo
1 plátano macho verde
Aceite de oliva
½ taza de aceitunas
Sal al gusto

Procedimiento
- ♦ Dorar la carne de soya, previamente hidratada.
- ♦ Aparte, remojar los chiles en agua caliente y desvenarlos.
- ♦ Licuar el jitomate con los chiles, ajo y cebolla. Colar.
- ♦ Sofreír esta salsa con un poco de aceite de oliva.
- ♦ Añadir la carne de soya, el plátano pelado y rebanado, las aceitunas y la sal.
- ♦ Dejar unos minutos, a fuego lento, a que sazone todo junto. Servir caliente.

* Vea cómo hidratar la carne de soya en la página 564.

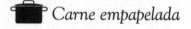 *Carne empapelada*

Ingredientes
500 g de gluten o carne de soya*
150 g de chorizo vegetariano
1 cebolla picada
3 huevos orgánicos
1 taza de chícharos cocidos
4 zanahorias en vinagre, picadas
20 aceitunas picadas
50 g de alcaparras
Aceite de oliva
Pimienta al gusto
Sal al gusto

Salsa

4 aguacates

125 g de crema o yogur

Pimienta al gusto

Sal al gusto

Procedimiento

- ◆ Para esta receta se requiere que la carne de soya o el gluten estén en forma de picadillo.
- ◆ Si se elige carne de soya, deberá estar previamente hidratada.
- ◆ Mezclar la carne con el chorizo, los huevos y la cebolla.
- ◆ Agregar los chícharos cocidos, las zanahorias picadas, las aceitunas, las alcaparras, sal y pimienta al gusto.
- ◆ Colocar esta mezcla sobre papel aluminio engrasado con un poco de aceite de oliva.
- ◆ Forme un rollo apretado y luego envuélvalo con el papel aluminio.
- ◆ Hornear durante una hora a fuego medio, volteando el rollo cada 15 minutos para que dore parejo.
- ◆ Cortar en ruedas. Servir caliente, bañándolo con la salsa que se prepara licuando los ingredientes.
- ◆ También se puede servir con cualquier otra salsa a su gusto.

* Si elige gluten, consulte cómo prepararlo en la sección correspondiente (página 147); también se puede comprar ya preparado. Si elige soya, vea cómo hidratar la carne de soya en la página 564.

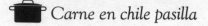 *Carne en chile pasilla*

Ingredientes

2 tazas de carne de soya*
8 chiles pasilla
500 g de jitomates, asados
½ cebolla
3 dientes de ajo
Aceite de oliva
Sal al gusto

Procedimiento

+ Dorar la carne de soya, previamente hidratada en un poco de aceite de oliva.
+ Tostar, desvenar los chiles y remojarlos en agua caliente durante media hora.
+ Molerlos con el jitomate asado, la cebolla, ajo y sal.
+ Colar y acitronar la salsa en un poco de aceite de oliva.
+ Agregar la carne y dejar a fuego lento a que sazone.

* Vea cómo hidratar la carne de soya en la página 564.

Carne en escabeche

Ingredientes

2 tazas de carne de soya*
50 g de chorizo vegetariano
2 cebollas en ruedas delgadas
6 dientes de ajo picados
75 g de champiñones picados
½ taza de aceitunas picadas
6 chiles güeros en vinagre

½ taza de vinagre de manzana

2 pimientas gordas

4 clavos de olor

Pimienta al gusto

Sal al gusto

Aceite de oliva

Procedimiento

- ♦ Acitronar las cebollas y los ajos en un poco de aceite de oliva.
- ♦ Agregar la carne de soya previamente hidratada y el chorizo, mezclando suavemente.
- ♦ Un poco después agregar los champiñones, las aceitunas y los chiles güeros.
- ♦ Enseguida el vinagre de manzana, las pimientas gordas y los clavos de olor.
- ♦ Salpimentar al gusto. Tapar y dejar sazonar durante 15 minutos a fuego lento.
- ♦ Se puede servir caliente o frío.

* Vea cómo hidratar la carne de soya en la página 564.

Carne en salsa de crema

Ingredientes

300 g de carne de soya o gluten*

3 huevos orgánicos

½ bolillo remojado en leche de soya o coco

1 cebolla

½ taza de almendras peladas

½ taza de salsa de soya

½ taza de vinagre de manzana

329

Hierbas de olor

250 g de crema o yogur natural

2 cucharadas de mostaza

Pimienta al gusto

Sal al gusto

2 naranjas

1 lechuga

Procedimiento

- ♦ Pasar por un molino el gluten o la carne de soya previamente hidratada junto con los huevos, el bolillo, la cebolla y la sal.
- ♦ Extender esta pasta, colocar encima las almendras.
- ♦ Formar un rollo y colocarlo sobre una servilleta de tela.
- ♦ Envolverlo y amarrarlo, enredando con un hilo por todo lo largo.
- ♦ Hervir el agua suficiente para que cubra este rollo, añadiendo en ella el vinagre, las hierbas de olor y la salsa de soya.
- ♦ Cuando suelte el hervor, colocar allí el rollo de carne envuelto y dejar hervir durante una hora.
- ♦ Ya frío, rebanar el rollo en ruedas y acomodarlas sobre un platón.
- ♦ Cubrir con la crema o yogur, mezclándolo con la mostaza, sal y pimienta.
- ♦ Adornar con hojas de lechuga y rodajas de naranja.

* Vea cómo hidratar la carne de soya en la página 564, o cómo preparar gluten (página 148).

Cazuela a la crema

Ingredientes

6 chiles poblanos desvenados y en rajas
6 papas medianas en cuadritos
6 zanahorias medianas en cuadritos
2 cebollas medianas en cuadritos
6 calabacitas medianas en cuadritos
250 ml de crema o yogur
Aceite de oliva
Sal al gusto

Procedimiento

- Colocar todas las verduras en una cazuela.
- Agregar un chorrito de aceite de oliva y media taza de agua.
- Cocer al vapor a fuego suave.
- Ya cocida la verdura, agregar la crema o yogur y sal al gusto.
- Servir caliente.

Cazuela de verduras

Ingredientes

4 chiles poblanos o morrones en rajas
1 taza de ejotes picados
1 taza de brócoli picado
1 taza de calabacitas en cuadritos
1 taza de camote en cuadritos
1 taza de papas cortadas en cuadritos
1 cebolla mediana picada

Aceite de oliva
Sal al gusto

Procedimiento
- ♦ Cocer al vapor todas las verduras, agregando un chorrito de aceite de oliva, media taza de agua y sal al gusto.

 *Cebollas en escabeche*

Ingredientes
500 g de cebolla morada en rodajas
250 ml de vinagre de manzana
½ cucharada de orégano molido
Pimienta al gusto
Sal al gusto
Aceite de oliva

Procedimiento
- ♦ Acitronar la cebolla en aceite de oliva.
- ♦ Agregar el vinagre, el orégano, pimienta y sal al gusto.
- ♦ Dejar 5 minutos a fuego suave.
- ♦ Dejar reposar 30 minutos o más y servir.

 *Cebollas rellenas*

Ingredientes
6 cebollas blancas grandes
1 taza de arroz integral cocido y sazonado con sal y pimienta

500 g de champiñones picados y rociados con jugo de
limón
½ taza de perejil picado
2 tazas de caldo de verduras
Pan molido
Sal al gusto

Procedimiento

- ♦ Cortar las cebollas por la parte del tallo y ahuecarlas hasta dejarlas lo suficientemente delgadas para rellenarlas.
- ♦ Los champiñones se escurren y se sofríen con un poco de aceite de oliva hasta que se sequen.
- ♦ Añadirles el arroz cocido, el perejil y sal al gusto.
- ♦ Rellenar con esto las cebollas y colocarlas en un refractario.
- ♦ Verter el caldo de verduras hasta cubrir la mitad de las cebollas.
- ♦ Espolvorear las cebollas con pan molido. Hornear durante 30 minutos.

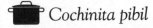 *Cochinita pibil*

Ingredientes

300 g de carne de soya en trozos*
1½ kg de jitomate
¼ de pieza de achiote
1 cebolla
5 dientes de ajo
5 naranjas
Aceite de oliva

2 cebollas moradas en ruedas, desflemadas
Sal al gusto

Procedimiento

- ◆ Dorar la carne de soya en un poco de aceite de oliva.
- ◆ Asar y licuar los jitomates junto con el achiote, cebolla y ajos. Colar.
- ◆ Agregar a esto el jugo de las naranjas y sal al gusto.
- ◆ Poner esta salsa al fuego y agregar la carne de soya previamente hidratada.
- ◆ Dejar sazonar durante 15 o 20 minutos.
- ◆ Servir caliente, adornando con la cebolla desflemada. Acompañar con tortillas calientes.

* Vea cómo hidratar la carne de soya en la página 564.

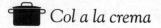 *Col a la crema*

Ingredientes

1 col mediana
½ cebolla picada
2 jitomates picados
3 dientes de ajo picados
200 g de queso Chihuahua rallado
½ taza de crema o yogur natural
Aceite de oliva
Sal al gusto

Procedimiento

- ◆ Sofreír en un poco de aceite de oliva la cebolla, los ajos y el jitomate.
- ◆ Agregar la col cortada en rebanadas finas.

- Tapar y dejar que se cueza al vapor a fuego lento.
- Cuando ya la col esté suave, añadir la crema o yogur, el queso rallado y la sal.
- Dejar sazonar a fuego lento un poco más.

Col rellena

Ingredientes

1 col grande
1 taza de cebolla picada
250 g de jitomate picado
½ taza de perejil picado
1 taza de carne de soya hidratada
50 g de nuez picada
100 g de pasas
1 taza de crema o yogur natural
1 cucharada de azúcar morena
Hojas de laurel
1 trozo de pan duro
1 pizca de pimienta
Sal al gusto

Procedimiento

- Cocer la col en un poco de agua con sal, azúcar, laurel y pan.
- Escurrir y quitar el centro con un sacabocados o una cuchara.
- Sofreír en un poco de aceite de oliva la cebolla, el jitomate y el perejil.
- Agregar la carne de soya, las nueces y las pasas. Salpimentar.

- Rellenar la col con este preparado y untar la col externamente con un poco de aceite de oliva.
- Envolver en papel aluminio y hornear 20 minutos.
- Acomodar en un platón y bañar con la crema o yogur previamente salpimentado.

Coliflor a la española

Ingredientes

1 coliflor grande
1 cucharada de azúcar
1 limón, el jugo
1 trozo de pan duro
500 g de jitomate
½ cebolla
2 dientes de ajo
1 taza de garbanzos cocidos
500 g de chorizo vegetariano
500 g de papitas de cambray cocidas
5 chiles güeros en vinagre
¼ de taza de vinagre de manzana
Hierbas de olor
250 g de queso fresco
Aceite de oliva
Sal al gusto

Procedimiento

- Cocer la coliflor en suficiente agua con sal, azúcar, limón y el trozo de pan para quitarle el mal olor.
- Licuar el jitomate con la cebolla y el ajo. Colar y sofreír con un poco de aceite de oliva.

- Agregar enseguida los garbanzos, el chorizo desmenuzado y las papitas.
- Después los chiles güeros, el vinagre de manzana y las hierbas de olor. Dejar sazonar.
- Colocar la coliflor en gajos sobre un platón y bañarla con el preparado anterior. Adornar con el queso.

Coliflor almendrada

Ingredientes

1 coliflor
½ taza de almendras peladas y picadas
¼ de taza de piñones o nueces picadas
¼ de taza de pan molido
¼ de taza de queso parmesano rallado
Aceite de oliva
1 cebolla picada
1 pimiento verde picado
1 tomate verde rebanado
Sal al gusto

Procedimiento

- En una cacerola sofreír en un poco de aceite de oliva la cebolla, la coliflor en ramitos, el tomate y el pimiento durante 15 minutos.
- Enseguida añadir las almendras, los piñones o nueces, el queso y el pan molido. Tapar y dejar cocer al vapor, a fuego lento.

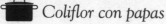 *Coliflor con papas*

Ingredientes

  1 coliflor mediana
  2 papas
  2 cebollas
  ½ cucharada de sal de ajo
  ½ cucharadita de paprika
  2 cucharadas de aceite de oliva
  ½ taza de agua

Procedimiento

- ◆ Cortar la coliflor en ramitos y la papa en rodajas delgadas, al igual que la cebolla.
- ◆ Espolvorear la sal de ajo, la paprika y el aceite de oliva.
- ◆ Revolver bien estos ingredientes y colocarlos en una cacerola, a fuego lento.
- ◆ Agregar el agua y tapar. Dejar que se cuezan *al dente*.

 Coliflor horneada

Ingredientes

  1 coliflor mediana
  1 taza de crema o yogur
  1 taza de queso Chihuahua rallado
  1 taza de pan molido
  1 trozo de pan duro
  Pimienta negra al gusto
  Salsa de soya al gusto
  Mantequilla o aceite de coco

Procedimiento

- Cocer la coliflor con un trozo de pan duro para que no huela mal; escurrir y retirar el trozo de pan.
- Engrasar un refractario con mantequilla o aceite de coco y espolvorear una capa gruesa de pan molido.
- Colocar en el centro del refractario la coliflor entera ya cocida y bañar con la salsa de soya y la pimienta.
- Enseguida, bañar con la crema o yogur y espolvorear el pan molido restante y el queso rallado.
- Hornear a calor mediano hasta que gratine el queso.

Corona de arroz integral

Ingredientes

250 g de arroz integral
100 g de almendras peladas
50 g de pasas
4 huevos orgánicos
1 vaso de carne de soya, para picadillo*
1 cebolla mediana picada
2 jitomates picados
½ taza de pan molido
Mantequilla o aceite de coco
Aceite de oliva
Pimienta al gusto
Sal al gusto

Procedimiento

- Poner a remojar el arroz en agua caliente durante una hora.

- Enseguida cocerlo en agua con un poco de sal, tapado y a fuego lento: dos tazas de agua por una de arroz.
- Cuando el arroz esté ya cocido, dejarlo enfriar y añadirle dos huevos, mezclando muy bien.
- Vaciar el arroz a un molde que tenga forma de rosca, previamente engrasado con la mantequilla o aceite de coco y espolvoreado con pan molido.
- El arroz se acomoda cubriendo tanto el fondo como las paredes del molde y dejando un espacio vacío en el centro, donde se colocará el relleno.
- Hay que separar un poco del arroz para cubrir después de haber colocado el relleno.

Relleno

- Sofreír en un poco de aceite de oliva la cebolla y el jitomate.
- Añadir la carne de soya previamente hidratada y salpimentar.
- Dejar sazonar a fuego lento unos minutos. Retirar del fuego y mezclar los dos huevos restantes.
- Añadir las pasas y las almendras, separando unas pocas para adornar la rosca por encima.
- Colocar este relleno en el hueco de la rosca, cubrirlo con el resto del arroz y adornar encima con las pasas y almendras.
- Hornear a calor mediano durante 20 minutos.

* Vea cómo hidratar la carne de soya en la página 564.

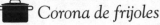 *Corona de frijoles*

Ingredientes
4 tazas de frijoles cocidos
250 g de chorizo vegetariano
1 cebolla picada
6 dientes de ajo picados
Aceite de oliva
3 tortillas
100 g de queso añejo rallado
1 lechuga orejona desinfectada
1 aguacate macizo
Sal al gusto

Procedimiento
- Cortar las tortillas en triángulos y tostarlas en el horno.
- Sofreír en un poco de aceite de oliva el chorizo con la cebolla y el ajo.
- Agregar los frijoles ya molidos, sal al gusto y mover hasta que sequen perfectamente.
- Formar una corona con esta masa, colocándola sobre un platón donde previamente se habrá puesto una cama de hojas de lechuga.
- Decorar la corona de frijoles con las tortillas en forma de totopos, el queso y tiras de aguacate.

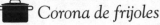 *Crepas de champiñones*

Ingredientes
1 huevo orgánico
1 taza de harina integral

1 pizca de azúcar
½ taza de agua
½ taza de leche de soya o de coco
½ cucharadita de sal
Queso rallado al gusto
Crema o yogur natural

Relleno
1 kg de champiñones
1 cebolla picada
Pimienta al gusto
Sal al gusto
Aceite de oliva o de coco, el necesario

Procedimiento

+ Mezclar la harina con el azúcar y la sal, incorporando muy bien.
+ Batir el huevo e ir incorporando la harina poco a poco, alternando con la leche de soya y el agua hasta que quede una mezcla sin grumos.
+ Calentar un sartén ligeramente engrasado y verter tres cucharadas de la mezcla anterior.
+ Voltear cuando la parte posterior esté ligeramente dorada.
+ Continuar haciendo las crepas hasta terminar la pasta.

Relleno
+ Lavar muy bien los champiñones y picarlos finamente.
+ Sofreírlos en un poco de aceite junto con la cebolla y sazonar con sal y pimienta.
+ Engrasar un refractario y acomodar una capa de crepas, otra del relleno y crepas nuevamente.

♦ Cubrir con el queso y la crema. Hornear a fuego medio hasta que el queso gratine.

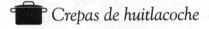 *Crepas de huitlacoche*

Ingredientes
- 1 huevo orgánico
- 1 taza de harina integral
- 1 pizca de azúcar
- ½ taza de agua
- ½ taza de leche de soya o de coco
- ½ cucharadita de sal
- 100 g de crema o yogur
- 100 g de queso manchego rallado

Relleno
- 1 kg de huitlacoche
- 1 elote desgranado y cocido
- 8 ramas de epazote picado
- 1 cebolla finamente picada
- 2 dientes de ajo finamente picados
- Chile serrano al gusto
- Sal al gusto

Salsa
- 8 chiles poblanos asados, pelados y desvenados
- ½ taza de leche de coco o de soya
- 1 trozo de cebolla
- 2 cucharadas de aceite de oliva
- Sal al gusto

Procedimiento

- Mezclar la harina con el azúcar y la sal, incorporando muy bien.
- Batir el huevo e ir incorporando la harina poco a poco, alternando con la leche de soya y el agua hasta que quede una mezcla sin grumos.
- Calentar un sartén ligeramente engrasado y verter tres cucharadas de la mezcla anterior.
- Voltear cuando la parte posterior esté ligeramente dorada.
- Continuar haciendo las crepas hasta terminar la pasta.

Relleno

- Acitronar la cebolla y el ajo en un poco de aceite de oliva.
- Cuando ya están transparentes, agregar el chile serrano y el epazote.
- Enseguida agregar el huitlacoche en trocitos, los granos de elote y la sal.
- Tapar y dejar a fuego lento hasta que se consuma el líquido.

Salsa

- Licuar los chiles poblanos con la leche y la cebolla.
- Sofreírlos en el aceite, agregar la sal y dejar al fuego hasta que se cuezan.
- Rellenar las crepas con el preparado de huitlacoche, enrollarlas y acomodarlas en un refractario previamente engrasado con un poco de mantequilla o aceite de coco.
- Bañar con la salsa preparada, colocar encima la crema y el queso rallado; hornear hasta que gratine.

Croquetas de arroz

Ingredientes
250 g de arroz integral
150 g de queso o tofu
3 huevos orgánicos
100 g de pan molido o amaranto
Aceite de oliva

Salsa
400 g de jitomate
1 cebolla picada
25 g de alcaparras
50 g de aceitunas
Vinagre de manzana al gusto
Mejorana y tomillo al gusto
Aceite de oliva

Procedimiento
- Remojar el arroz durante una hora en agua caliente y cocer: una taza de arroz por dos de agua.
- Ya frío, prensar como puré, agregar los huevos y el pan molido.
- Formar croquetas alargaditas colocándoles en el centro una tira de queso o tofu.
- Hornear durante 15 minutos a fuego medio.

Salsa
- Acitronar la cebolla en un poco de aceite de oliva, agregar enseguida el jitomate asado, molido y colado.
- Añadir después las aceitunas picadas y las alcaparras.

- Sazonar con sal, pimienta, mejorana, tomillo y un poco de vinagre.
- Servir caliente sobre las croquetas también calientes.

Croquetas de carne de soya

Ingredientes

1 taza de carne de soya*
2 cucharadas de cebolla picada
½ taza de leche de soya o de coco
1 pizca de nuez moscada
3 cucharadas de perejil picado
2 huevos orgánicos
Aceite de oliva
½ taza de harina integral
Sal al gusto

Procedimiento

- Acitronar en un poco de aceite de oliva la cebolla y la harina, agregar la leche, la nuez moscada y la sal, moviendo hasta que espese y quede una pasta tersa, agregando más leche si es necesario.
- Añadir a esta crema la carne de soya previamente hidratada y el perejil.
- Agregar el huevo y el pan molido y formar las croquetas.
- Dorarlas en un sartén con un poco de aceite de oliva.
- Servirlas acompañadas con verdura al vapor o con ensalada al gusto.

* Vea cómo hidratar la carne de soya en la página 564.

Cuete mechado a la vinagreta

Ingredientes

1½ kg de gluten cocido en un trozo grueso y redondo*

5 salchichas vegetarianas

4 zanahorias en tiritas

Salsa de soya

Vinagreta

Mostaza

Aceite de oliva

Vinagre de manzana

Perejil finamente picado

Cebolla finamente picada

Procedimiento

♦ Incrustar en el trozo de gluten tiritas de zanahorias y trocitos de salchicha, que se compran ya preparadas.

♦ Enseguida se cubre con agua agregándole salsa de soya suficiente para que le dé sabor. Cocer durante 30 minutos.

♦ Cortar en rebanadas de un centímetro de grueso y colocarlas en la vinagreta, dejándolas reposar ahí durante un día. Servir frías. Acompañar con ensalada al gusto.

♦ La vinagreta se prepara mezclando bien todos los ingredientes.

* Consulte en la sección dedicada al gluten (página 147) cómo prepararlo.

Chayotes al gratín

Ingredientes

4 chayotes cocidos
1 taza de jitomate asado, molido y colado
1 cebolla picada
2 cucharadas de perejil picado
2 huevos orgánicos
100 g de queso Chihuahua rallado
1 taza de pan molido o amaranto
Aceite de oliva
Sal al gusto

Procedimiento

- Pelar y picar los chayotes.
- Acitronar la cebolla en un poco de aceite de oliva.
- Agregar el jitomate, el perejil y sazonar al gusto.
- Incorporar los chayotes ya en trocitos, los huevos y el queso.
- Vaciar a un refractario previamente engrasado y espolvorear encima el pan molido.
- Hornear a calor mediano durante 20 minutos.

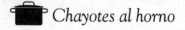 *Chayotes al horno*

Ingredientes

4 chayotes
2 cucharadas de crema o yogur
2 jitomates picados
1 cebolla mediana picada
Aceite de oliva

Sal al gusto
200 g de queso Chihuahua en rebanadas finas

Procedimiento
- ♦ Cocer los chayotes enteros y con cáscara.
- ♦ Cuando estén bien cocidos, retirar del fuego y dejar enfriar.
- ♦ Partirlos por la mitad a lo largo y ahuecarlos.
- ♦ Machacar su pulpa y mezclarla con la crema o yogur y sal al gusto.
- ♦ Acitronar la cebolla y el jitomate con un poco de aceite de oliva.
- ♦ Incorporar este sofrito a la mezcla anterior.
- ♦ Rellenar con este preparado el hueco de los chayotes y acomodar encima una rebanada del queso.
- ♦ Acomodar en un refractario o charola y hornear a calor mediano a que gratinen.

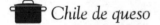 *Chile de queso*

Ingredientes
10 chiles morrones o poblanos
250 g de queso fresco o tofu
250 g de crema o yogur natural
1 cebolla picada
3 jitomates picados
5 dientes de ajo picados
Agua, la necesaria
Cilantro picado al gusto
Sal al gusto

Aceite de oliva
6 tortillas en tiras y tostadas en el horno

Procedimiento
- Asar, sudar, pelar y desvenar los chiles.
- Molerlos en la licuadora con la crema y el queso.
- Sofreír en un poco de aceite de oliva la cebolla, jitoma-tes, ajos, cilantro y sal.
- Mezclar todo lo anterior y agregar agua según lo espeso que lo desee.
- Servir bien caliente, adornando con las tiritas de tortilla.

 *Chiles pobres*

Ingredientes
12 chiles poblanos
500 g de cebolla en rodajas
2 tazas de leche de soya o de coco
1 taza de crema o yogur natural
250 g de queso fresco o tofu
1 rama de epazote
Sal al gusto

Procedimiento
- Asar, sudar, pelar y desvenar los chiles. Cortarlos en ra-jitas.
- Aparte, acitronar la cebolla, agregar enseguida las rajas.
- Añadir la leche, la crema, el queso desmenuzado, el epa-zote y la sal.
- Dejar sazonar durante 10 minutos y servir acompañado de tortillas calientes.

Chiles rellenos de verduras

Ingredientes

6 chiles poblanos
3 zanahorias picadas
100 g de chícharos pelados
3 calabacitas picadas
1 chayote picado
10 ramitas de perejil picado
½ cebolla picada
250 g de crema o yogur natural
100 g de queso rallado
Sal al gusto
Pimienta al gusto

Procedimiento

♦ Asar, sudar, pelar y desvenar los chiles.
♦ Si no quiere que estén picosos, desvénelos y póngalos en agua con sal durante media hora antes de asarlos.
♦ Cocer al vapor todas las verduras y mezclar con el perejil y la cebolla.
♦ Rellenar con esta mezcla los chiles y colocarlos en un refractario.
♦ Verter encima la crema o yogur y espolvorear el queso rallado.
♦ Hornear a 250 °C y retirar cuando estén bien calientes.

Chiles rellenos en nogada

Ingredientes

6 chiles poblanos

100 g de nuez de Castilla picada

250 g de papas cocidas y picadas

100 g de pasas

2 piezas de acitrón picadas

250 g de crema o yogur

1 cebolla en ruedas, desflemada

Granitos de granada

Hojas de lechuga desinfectadas

Sal al gusto

Procedimiento

♦ Desvenar y asar los chiles, frotar con sal para quitarles lo picoso.

♦ Hacer una mezcla con las nueces, papas, pasas y acitrón.

♦ Rellenar con esta mezcla los chiles y servir acompañados de hojas de lechuga y rebanadas de cebolla desflemada.

♦ Bañarlos con la crema y adornarlos con los granitos de granada.

Chop mane

Ingredientes

500 g de champiñones

2 pimientos morrones

6 ramas de apio

7 cebollitas de cambray

1 taza de germinados de soya

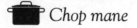

¼ de vaso de salsa de soya
2 cucharadas de harina de maíz
½ vaso de caldo de verduras o agua
Sal al gusto
Aceite de oliva

Procedimiento
- Lavar y picar las verduras en trozos, con excepción de los germinados.
- Sancocharlas en un poco de aceite de oliva durante 5 minutos.
- Agregar los germinados, tapar y dejar al vapor 5 minutos más a fuego suave.
- Mezclar aparte la salsa de soya, la harina de maíz el caldo de verduras.
- Incorporar con las verduras, cocinar 3 minutos más. Servir de inmediato.

Chop suey con arroz

Ingredientes
250 g de arroz integral
2 pimientos morrones
500 g de champiñones
6 ramas de apio
7 cebollitas de cambray
2 cucharadas de tocino vegetariano
Salsa de soya al gusto
Sal al gusto
Aceite de oliva

Procedimiento

- Remojar el arroz en agua caliente durante una hora y enseguida cocerlo sin sal.
- Ya cocido, sazonarlo con salsa de soya.
- Ya lavadas, cortar finamente las verduras; sancocharlas durante 8 minutos en un poco de aceite a fuego suave.
- Incorporarlas al arroz cocido. Sazonar con la salsa de soya y la sal. Servir inmediatamente.

Chop suey con germinados

Ingredientes

1 taza de zanahoria rallada
1 taza de apio finamente picado
1 taza de jícama en cuadritos
1 taza de chayotes picados
1 cebolla picada
1 taza de champiñones picados
2 tazas de germinado de soya
½ taza de perejil picado
4 dientes de ajo picaditos
Aceite de oliva
Salsa de soya al gusto
Pimienta al gusto
Sal al gusto

Procedimiento

- Poner a sancochar en aceite de oliva la cebolla, zanahorias, apio y chayotes, ya picados o rallados.
- Añadir después los champiñones y los germinados.

- Salpimentar al gusto y dejar hasta que se cuezan *al dente* los vegetales a fuego lento.
- Unos minutos antes de retirar del fuego, añadir el perejil previamente licuado con el ajo y la salsa de soya.
- Dejar sazonar unos minutos más a fuego lento. Servir de inmediato.

Chop suey con trigo

Ingredientes

1 taza de germinados de soya
2 berenjenas en cuadritos
5 tallos de apio picado
4 zanahorias picadas
1 taza de ejotes picados
1 taza de champiñones crudos picados
1 taza de carne de soya*
1 taza de trigo remojado por 24 horas
Hierbas de olor
1 cucharada de azúcar
1 cebolla picada
4 dientes de ajo picados
Aceite de oliva
Pimienta al gusto
Sal al gusto
Salsa de soya al gusto

Procedimiento

- Sancochar las berenjenas a fuego suave con el ajo y la cebolla a que doren un poco.

- Agregar la carne de soya previamente hidratada y exprimida y dejar también dorar un poco.
- Añadir el apio y las hierbas de olor y seguir moviendo.
- Ir añadiendo el resto de las verduras, el trigo escurrido y agua suficiente.
- Cuando suelte el hervor, adicionar la salsa de soya y el azúcar.
- Salpimentar y dejar a fuego lento hasta que esté cocido.

* Vea cómo hidratar la carne de soya en la página 564.

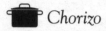 *Chorizo*

Ingredientes

250 ml de vinagre de manzana
2 tazas de carne de soya*
3 chiles anchos
3 dientes de ajo
70 pimientas blancas
1 cucharada de mejorana picada
1 cucharada de cominos
2 clavos de olor
Aceite de oliva
Sal al gusto

Procedimiento

- Hervir los chiles, desvenarlos y licuarlos con todos los ingredientes, a excepción de la carne de soya.
- La carne de soya se mezcla con la salsa. Dejar macerar durante algunas horas.
- Freír después con el aceite necesario a que dore al gusto.
  Nota: Puede utilizarse trigo en lugar de carne de soya.

- Cocer una taza de trigo previamente remojado 24 horas, moler y usar igualmente que la carne de soya.
- También se puede preparar con la okara (véase receta en la página 147) o con gluten molido (véase receta en la página 148).

* Vea cómo hidratar la carne de soya en la página 564.

 *Chorizo con almendras*

Ingredientes

200 g de carne de soya*
5 dientes de ajo
½ taza de vinagre de manzana
50 g de almendras
150 g de chile pasilla o guajillo
50 g de pasas
1 pizca de cominos
1 raja de canela
2 cucharadas de semilla de cilantro
10 cucharadas de aceite de oliva
Hierbas de olor al gusto
Pimienta al gusto
Sal al gusto

Procedimiento

- Desvenar los chiles y remojarlos en agua caliente durante 20 minutos y luego licuarlos con el vinagre.
- Moler en el molcajete los dientes de ajo junto con las hierbas de olor y las especias y vaciar esto al chile.
- Agregar enseguida la carne de soya, las almendras peladas y picadas y las pasas.

- Mezclar todo perfectamente bien. Dejar una hora o más en reposo para que se concentre su sabor.
- Si no se va a utilizar de inmediato, refrigerar e ir friendo poco a poco, según se vaya necesitando.

* Vea cómo hidratar la carne de soya en la página 564.

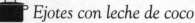 *Ejotes con leche de coco*

Ingredientes

1 kg de ejotes lavados y cortados a lo largo
1 cebolla grande en gajitos
6 chiles poblanos desvenados en tiritas
2 jitomates
2 dientes de ajo
1 vaso de leche de coco
3 ramitas de perejil
Pimienta al gusto
Sal al gusto
Aceite de oliva

Procedimiento

- Sofreír la cebolla, después los chiles poblanos y enseguida los ejotes.
- Agregar la pimienta, la sal, la leche de coco y el perejil picado.
- Al final el jitomate molido con el ajo y colado.
- Dejar sazonar unos minutos y servir caliente.

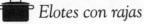

Elotes con rajas

Ingredientes

6 elotes tiernos y grandes, desgranados
25 g de mantequilla o aceite de coco
½ cebolla
1 jitomate
4 chiles poblanos
100 g de queso crema
1 l de leche de soya o de coco
Pimienta al gusto
Sal al gusto

Procedimiento

- Freír en la mantequilla los chiles asados, desvenados y cortados en rajas.
- Agregar el jitomate asado y molido con la cebolla, enseguida los granos de elote crudos.
- Dejar tapado a fuego suave a que reseque un poco.
- Agregar entonces la leche, la sal y la pimienta.
- Dejar al fuego hasta que se cueza el elote.
- Servir espolvoreando encima el queso.

Empanadas de carne de soya

Ingredientes
Masa

2 tazas de harina integral
½ taza de aceite de oliva
2 yemas para barnizar
1 cucharada de polvo para hornear
Sal al gusto

Relleno

    100 g de carne de soya*

    1 cebolla picada

    4 dientes de ajo picados

    50 g de pasas

    100 g de aceitunas picadas

    4 huevos duros picados

    Pimienta al gusto

    Cominos al gusto

    Pimentón al gusto

    Sal al gusto

Procedimiento

- Sofreír en poco aceite la carne de soya con el resto de los ingredientes del relleno y dejar sazonar.
- Preparar la masa mezclando bien la harina con la sal y el polvo para hornear, enseguida agregar el aceite y continuar amasando.
- Adicionar agua caliente poco a poco hasta obtener la consistencia deseada.
- Ya lista la masa, continuar con el mismo procedimiento de las empanadas de queso y morrón; véase la siguiente receta.

* Vea cómo hidratar la carne de soya en la página 564.

 *Empanadas de queso y pimiento morrón*

Ingredientes

Masa

    2 tazas de harina integral

    ½ taza de aceite de oliva

1 cucharada de polvo para hornear

2 yemas para barnizar

Agua, la necesaria

Sal al gusto

Relleno

1 cebolla picada

200 g de queso Oaxaca o Chihuahua en tiras

3 pimientos morrones picados

Orégano al gusto

Sal al gusto

Procedimiento

- ♦ Relleno: Acitronar la cebolla y los pimientos morrones en un poco de aceite, sazonando con el orégano y la sal.
- ♦ Masa: Prepararla mezclando bien la harina con la sal y el polvo para hornear.
- ♦ Enseguida agregar el aceite y continuar amasando. Ir adicionando agua caliente poco a poco hasta obtener la consistencia deseada.
- ♦ Ya lista la masa, untarla con un poco de aceite y cubrirla con una servilleta húmeda, dejar reposar 20 minutos en un lugar tibio.
- ♦ Después, formar bolitas y extenderlas con el rodillo para que queden muy delgaditas.
- ♦ Colocar el relleno en el centro añadiendo una tirita de queso, doblar los bordes y barnizar las empanadas con la yema de huevo.
- ♦ Meter al horno precalentado durante 15 minutos a 200 °C.

Espagueti a la italiana

Ingredientes

1 paquete mediano de espagueti integral
½ cucharadita de canela molida
½ cucharada de azúcar
3 jitomates maduros
2 dientes de ajo
250 g de queso Chihuahua o parmesano rallado
3 hojas de albahaca
1 cebolla mediana
Aceite de oliva
Hierbas de olor
Sal al gusto

Procedimiento

♦ Cocer el espagueti con sal y hierbas de olor en suficiente agua con un chorrito de aceite.
♦ Dejar *al dente*. Escurrir y dejar enfriar.

Salsa

♦ Acitronar la cebolla y el ajo picados; licuar el jitomate en crudo, colar y vaciar a lo anterior.
♦ Añadir el azúcar, la sal, la canela y la albahaca.
♦ Verter esta salsa bien caliente sobre el espagueti previamente colocado en un platón.
♦ Espolvorear el queso rallado y hornear si lo desea.

NUTRICIÓN VEGETARIANA

 *Espinacas con crema*

Ingredientes

1 manojo de espinacas
1 cebolla mediana picada
250 g de crema o yogur natural
200 g de queso Chihuahua rallado
4 cucharadas de aceite de oliva
Pimienta al gusto
Sal al gusto

Procedimiento

+ Lavar las espinacas muy bien bajo el chorro del agua; cortarlas en trozos pequeños y sofreír en un poco de aceite con la cebolla picada.
+ Vaciar a un molde engrasado con mantequilla o aceite de coco, mezclar la crema o yogur con las espinacas.
+ Espolvorear encima el queso rallado y hornear a 200 °C hasta que el queso gratine.

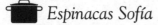 *Espinacas Sofía*

Ingredientes

500 g de espinacas
1 cebolla finamente picada
2 jitomates finamente picados
3 dientes de ajo picados
Aceite de oliva
Sal al gusto

Procedimiento

♦ Sofreír en un poco de aceite el ajo y la cebolla.

♦ Cuando estén transparentes, agregar el jitomate y dejar cocinar durante 3 minutos.

♦ Enseguida añadir las espinacas perfectamente lavadas y cortadas en trozos y agregar la sal.

♦ Tapar y dejar a fuego lento durante 5 minutos más. Servir caliente.

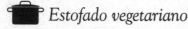 *Estofado vegetariano*

Ingredientes

2 tazas de carne de soya*

4 dientes de ajo picados

200 g de jitomates, asados

2 cebollas en trocitos

2 papas en cuadritos

3 zanahorias en cuadritos

1 nabo en cuadritos

2 pimientos morrones en cuadritos

½ taza de ejotes picados

½ taza de chícharos

Hierbas de olor al gusto

Pimienta al gusto

Sal al gusto

Aceite de oliva

Procedimiento

♦ Sofreír en aceite de oliva la carne de soya junto con los ajos, las cebollas, el jitomate licuado y colado y las verduras.

- Salpimentar, agregar las hierbas de olor y dejar sazonar a fuego lento hasta que las verduras estén cocidas.

* Vea cómo hidratar la carne de soya en la página 564.

 Gluten en mole rojo

Ingredientes
1 kg de gluten
250 g de chile mulato
250 g de chile ancho
250 g de chile pasilla
75 g de ajonjolí tostado
1 tablilla de chocolate amargo
2 dientes de ajo
1 cebolla mediana
1 kg de jitomate
¼ de taza de aceite de oliva
Sal al gusto

Procedimiento
- Lavar y hervir los chiles. Desvenarlos y molerlos con el ajo, la cebolla y la mitad del ajonjolí.
- Sofreír esta salsa en aceite de oliva y enseguida añadir el jitomate previamente cocido, molido y colado.
- Cuando suelte el hervor, adicionar el chocolate y el ajonjolí restante, dejándolo a fuego lento hasta que espese.
- Entonces agregar el gluten previamente cocido, cortado en tiritas y sofrito con cebolla picada.

Nota: Este guiso puede prepararse igualmente con carne de soya previamente hidratada.

Guisado a la jardinera

Ingredientes

4 chiles poblanos desvenados
250 g de ejotes en trocitos
250 g de brócoli
250 g de calabacitas
250 g de papas
1 cebolla mediana
1 chayote mediano o 1 camote mediano o 1 poro mediano
Aceite de oliva

Procedimiento

♦ Colocar los ingredientes ya lavados y picados en una cacerola con un chorrito de aceite, media taza de agua y sal al gusto.
♦ Tapar y dejar a fuego lento hasta que se cuezan, moviendo de vez en cuando para que no se peguen.

Guisado de cáscaras

Ingredientes

Chiles poblanos
Cáscaras de manzana
Cáscaras de papa

Procedimiento

♦ Los chiles se lavan, se desvenan y se cortan en rajas.
♦ En un sartén, con un poco de aceite de oliva, se ponen las rajas, las cáscaras de papa y manzana y un poco de sal.

NUTRICIÓN VEGETARIANA

- Tapar y dejar a fuego suave a cocer en su jugo. Si se requiere, se les agrega un poquito de agua.

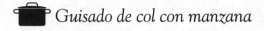 *Guisado de col con manzana*

Ingredientes
1 col mediana
1 cebolla mediana
2 manzanas
2 jitomates
8 ramitas de perejil
1 chile jalapeño o 2 chiles serranos
2 limones, el jugo
Pimienta al gusto
Sal al gusto
Aceite de oliva

Procedimiento
- Acitronar la cebolla cortada en medias lunas; agregar la col en trozos previamente lavada y escurrida.
- Tapar y dejar acitronar. Agregar el jitomate picado, las manzanas peladas, descorazonadas y cortadas en medias lunas.
- Por último, el perejil y el chile picadito, el jugo de limón, sal y pimienta al gusto.
- Dejar un momento más al fuego a que sazone.
- Este guisado, además de ser sabroso, ayuda a combatir la gastritis y la acidez.

Nota: Las cáscaras de manzana sobrantes sirven para preparar el guisado anterior.

Guisado de frijol tierno graneado

Ingredientes

1 kg de frijol tierno
500 g de calabaza de Castilla
3 elotes tiernos desgranados
1 cebolla picada
2 dientes de ajo picaditos
3 hojas de albahaca picadas
1 chile guajillo picado y sofrito
Sal al gusto

Procedimiento

+ Cocer los frijoles tiernos con la sal.
+ Cuando ya casi estén cocidos, agregar el elote y la cala-
  baza de Castilla en trozos pequeños.
+ Dejar a fuego lento hasta que se cueza todo.
+ Acitronar en poco aceite la cebolla y el ajo y vaciar a los
  frijoles ya cocidos junto con la albahaca y el chile sofrito.

Hamburguesas de espinacas

Ingredientes

1 kilo de espinacas frescas
2 tazas de pan molido
1 cebolla picada
1 cucharada de mostaza
2 huevos orgánicos
1 cucharadita de orégano
Sal al gusto
Aceite de oliva

Procedimiento

- Limpiar y quitar el tallo a las espinacas, cortarlas en trozos, cocerlas al vapor y escurrirlas.
- Mezclar todos los ingredientes perfectamente, formar las hamburguesas y dorar en un poco de aceite de oliva.
- Servirlas acompañadas de una ensalada fresca, en pan, etcétera.

 Hamburguesas de lenteja

Ingredientes

500 g de lentejas cocidas
1 cebolla picada
10 ramitas de perejil picadas
4 dientes de ajo picados
1 taza de pan molido
2 huevos orgánicos
Sal y pimienta al gusto
Aceite de oliva

Procedimiento

- Machacar perfectamente las lentejas e incorporar el resto de los ingredientes.
- Formar las hamburguesas y dorarlas en un poco de aceite de oliva.
- Servir acompañadas de ensalada fresca.

🥘 *Hamburguesas de nuez y almendra*

Ingredientes

250 g de nuez molida
250 g de almendra molida
2 huevos orgánicos
10 cucharadas de perejil picado
1 cebolla picada
3 dientes de ajo picados
Aceite de oliva
Sal al gusto

Procedimiento

♦ Mezclar la nuez y la almendra molidas, agregar el resto de los ingredientes e incorporar perfectamente hasta formar una pasta homogénea.
♦ Dar forma a las hamburguesas y dorarlas en un poco de aceite de oliva.
♦ Servir si se desea con puré de acelgas o espinacas y papa (véase receta en la página 214).

🥘 *"Hígados" encebollados*

Ingredientes

1 kg de champiñones picados
4 cebollas en ruedas
6 dientes de ajo picados
Pimienta al gusto
Aceite de oliva
Sal al gusto

Procedimiento

- ◆ Sofreír el ajo y la cebolla, cuando estén transparentes agregar los champiñones ya lavados y picados.
- ◆ Salpimentar, tapar la cazuela y dejarlos cocinar a fuego lento.

Hongos en asado

Ingredientes

1 kg de hongos en trocitos
4 cucharadas de cebolla picada
2 dientes de ajo picados
Aceite de oliva
1 rama de tomillo
1 rama de mejorana
2 hojas de laurel
2 cucharadas de perejil
500 g de papas chicas y cocidas
Sal al gusto

Procedimiento

- ◆ Acitronar en el aceite de oliva el ajo, la cebolla, los hongos, las hierbas de olor y el perejil.
- ◆ Agregar las papas y la sal, dejar sazonar por unos minutos.
- ◆ Se puede hacer también con champiñones.

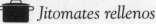 *Jitomates rellenos*

Ingredientes

6 jitomates maduros y grandes
1 taza de carne de soya*
½ taza de chícharos cocidos
500 g de papa cocida y picada
1 taza de crema o yogur natural
50 g de nueces picadas
½ taza de perejil picado
2 zanahorias cocidas y picadas
Sal al gusto
1 lechuga orejona

Procedimiento

♦ Con un cuchillo, hacer un círculo en el centro de cada jitomate y sacar la pulpa, con cuidado, con un sacabocados o cucharita.

♦ Mezclar todos los ingredientes con la mitad de la cantidad de perejil y con esta mezcla rellenar los jitomates.

♦ Acomodarlos en un platón sobre las hojas de lechuga previamente desinfectadas y adornar con el resto del perejil.

* Vea cómo hidratar la carne de soya en la página 564.

Jitomates rellenos asados

Ingredientes

8 jitomates grandes
2 cebollas picadas
6 dientes de ajo picados

100 g de carne de soya para picadillo*
Aceite de oliva
Pimienta al gusto
Sal al gusto

Procedimiento

♦ Lavar y descorazonar los jitomates.
♦ Acitronar en un poco de aceite de oliva la mitad de la cebolla y de los ajos.
♦ Licuar los corazones de los jitomates, colar y agregar a lo anterior; dejar sazonar.

Relleno

♦ Sofreír la carne de soya con el resto de las cebollas y de los ajos. Salpimentar y dejar sazonar.
♦ Acomodar este relleno en el centro de los jitomates.
♦ En un refractario, vaciar el guisado preparado con el corazón de los jitomates y sobre éste asentar los jitomates ya rellenos.
♦ Hornear el tiempo necesario para que los jitomates se cuezan.

* Vea cómo hidratar la carne de soya en la página 564.

Lentejas guisadas

Ingredientes

250 g de lentejas cocidas
1 taza de gluten en trocitos o carne de soya*
250 g de zanahorias en cuadritos
250 g de papas en cuadritos
250 g de jitomate

½ cebolla

3 dientes de ajo

Pimienta al gusto

Sal al gusto

Aceite de oliva

Procedimiento

♦ Moler el jitomate con la cebolla y el ajo, colar y sofreír en un poco de aceite de oliva.

♦ Añadir las zanahorias, las papas y las lentejas.

♦ Salpimentar al gusto y adicionar el gluten o la soya.

♦ Dejar sazonar todo esto durante 5 minutos y después añadir 2 tazas de agua.

♦ Dejar a fuego suave hasta que las verduras estén cocidas.

♦ Si gusta, puede acompañarlas con arroz integral.

* Vea cómo hidratar la carne de soya en la página 564, o cómo preparar gluten en la página 148.

Macedonia de verduras

Ingredientes

200 g de chícharos pelados

2 zanahorias

2 papas

3 tallos de apio

½ cebolla

1 chayote

2 calabacitas

250 g de ejotes

1 taza de arroz integral cocido

1 cucharada de agar-agar

500 ml de agua caliente
Sal al gusto

Procedimiento

- ◆ Picar muy finamente todas las verduras y cocinarlas a fuego lento.
- ◆ Cuando estén cocidas *al dente*, agregar el arroz integral cocido y sal al gusto.
- ◆ Mezclar lo anterior perfectamente y vaciar a pequeños moldecitos.
- ◆ Encima de esta mezcla, vaciar la gelatina de agar-agar y refrigerar.
- ◆ Servir con rebanadas de aguacate y un poco de aceite de oliva, y jugo de limón si desea.
- ◆ Para preparar la gelatina sólo se necesita disolver el agar-agar en agua caliente.

Manchamantel (mole)

Ingredientes

500 g de gluten en trozos o carne de soya*
1 cebolla picada
3 dientes de ajo picados
2 plátanos machos
250 g de mole
100 g de nueces
100 g de cacahuate
100 g de piñones
100 g de pasas
1 piña chica
6 naranjas

1 tablilla de chocolate amargo
1 raja de canela
3 cucharadas de azúcar morena
Agua, la necesaria
Sal al gusto
Aceite de oliva

Procedimiento

♦ Sofreír el gluten o carne de soya en un poco de aceite de oliva con la cebolla, el ajo y el plátano en rodajas.

♦ Aparte, licuar el mole con las nueces, el cacahuate, los piñones, el jugo de naranja, la piña, la canela, el chocolate y las pasas.

♦ Agregar esto al gluten junto con una poca de agua, el azúcar y la sal. Dejar hervir a fuego suave hasta que espese.

* Vea cómo hidratar la carne de soya en la página 564, o cómo preparar gluten en la página 148.

 *Manicotti (canelones italianos)*

Ingredientes

500 g de pasta de canelones o macarrones gruesos
1 taza de aceitunas

Relleno

1 kg de requesón
250 g de queso manchego rallado
100 g de queso parmesano rallado
250 g de queso Chihuahua rallado
3 huevos orgánicos

Perejil picado al gusto
Orégano al gusto
Sal al gusto

Salsa

2 kg de jitomates maduros asados y pelados
250 g de champiñones en trocitos
1 pimiento morrón picado
1 ½ cebollas picadas
6 dientes de ajo picaditos
10 ramitas de perejil picadas
1 cucharada de orégano molido
Sal al gusto
Aceite de oliva

Procedimiento

Salsa

- ♦ Sofreír los ajos, la cebolla, el pimiento morrón, los champiñones y el perejil.
- ♦ Licuar los jitomates, colar y agregar a lo anterior. Añadir el orégano y sal al gusto y dejar unos minutos al fuego a que sazone.
- ♦ Aparte, hervir 2 litros de agua con un poco de aceite y sal.
- ♦ Cuando suelte el hervor, agregar los canelones y dejar 10 o 15 minutos al fuego, cuidando que queden *al dente*. Escurrir.
- ♦ Mezclar los ingredientes del relleno (apartando media taza de queso manchego y media de queso chihuahua) y rellenar los canelones.
- ♦ En un refractario, poner una capa de salsa y encima colocar los canelones rellenos.

- Cubrir con más salsa y continuar acomodando así las capas, intercalando algunas aceitunas, hasta terminar con una capa de salsa.
- Al final, espolvorear encima el resto de los quesos manchego y Chihuahua.
- Hornear a 200 °C durante 30 minutos.

Milanesas de berenjena

Ingredientes
1 berenjena grande
2 huevos orgánicos
1 taza de pan molido o germen de trigo
Pimienta al gusto
Sal al gusto
Aceite de oliva

Procedimiento
- Rebanar las berenjenas a lo largo, como en forma de filetes, con todo y cáscara.
- Tomándolas con un tenedor, mojarlas en el huevo ligeramente batido y sazonado con la sal y la pimienta.
- Empanizarlas y freírlas.
- Si desea, puede servirlas con salsa de jitomate.

Milanesas de cacahuate

Ingredientes
1 taza de cacahuate
2 cucharadas de avena

2 cucharadas de cebolla picada
1 cucharadita de orégano
1 cucharadita de pimentón
Pan molido
Sal al gusto
1 huevo orgánico

Procedimiento

- ♦ Remojar 8 horas y cocer los cacahuates; escurrirlos y hacerlos puré en caliente.
- ♦ Mezclar con todos los demás ingredientes.
- ♦ Agregar el pan molido necesario para obtener una pasta que se pueda manejar.
- ♦ Tomar porciones grandes con una cuchara y envolverlas en pan molido.
- ♦ Aplastar dando forma a las milanesas con menos de 2 cm de espesor.
- ♦ Dorar al horno o en un poco de aceite de oliva.
- ♦ Servir con salsa de tomate o al gusto.

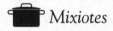 *Mixiotes*

Ingredientes

500 g de carne de soya o gluten en trocitos*
250 g de mantequilla o aceite de coco
Hojas de maguey

Salsa

7 chiles anchos
7 chiles guajillos
1 o 2 chiles chipotles en vinagre

3 cucharadas de orégano

1 cucharadita de cominos

6 pimientas gordas

6 clavos de olor

1 raja de canela

20 dientes de ajo

1 cebolla

250 ml de vinagre de manzana

¼ de vaso de salsa de soya

Procedimiento

♦ Tostar y remojar los chiles en agua caliente; desvenarlos y licuarlos con todas las especias, la salsa de soya y el vinagre (sin agua).

♦ Mezclar esta salsa con la carne de soya previamente hidratada y exprimida, o con el gluten ya cocido.

♦ Agregar la mantequilla derretida o el aceite de coco, mezclar perfectamente y dejar reposar durante 24 horas.

♦ Una hora antes de transcurrir este tiempo, remojar las hojas de maguey en agua caliente durante una hora.

♦ Escurrirlas y rellenarlas formando los mixiotes.

♦ Amarrarlos y cocer en una vaporera durante 20 minutos.

* Vea cómo hidratar la carne de soya en la página 564, o cómo preparar gluten en la página 148.

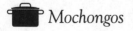 *Mochongos*

Ingredientes

1 kg de plátano macho verde

150 g de queso chihuahua rallado

6 dientes de ajo

3 chiles guajillos tostados y remojados
Pimienta al gusto
Sal al gusto
Aceite de oliva

Procedimiento

♦ Cocer los plátanos con cáscara en agua con sal.
♦ Escurrirlos, pelarlos y hacer con ellos un puré, agregando también el queso rallado.
♦ Aparte, licuar los dientes de ajo y los chiles.
♦ Mezclarlos con el puré y sazonar con sal y pimienta.
♦ Formar bolitas con esta mezcla y dorarlas en un poco de aceite de oliva.
♦ Servir acompañadas de ensalada fresca.

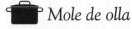 *Mole de olla*

Ingredientes

400 g de carne de soya*
1 taza de masa de maíz
125 g de queso añejo rallado
4 dientes de ajo picados
1 cebolla grande picada
250 g de ejotes tiernos picados
250 g de calabacitas picadas
3 piezas de elotes tiernos
250 g de flor de calabaza
50 g de chile ancho
50 g de chile pasilla
1 rama de epazote picado
3 xoconostles picados (opcional)

Sal al gusto

Limón en rebanadas

Procedimiento

- ◆ Poner a cocer con sal el elote en trozos y la mitad de la cebolla y los ajos.
- ◆ Cuando estén suaves, agregar las flores de calabaza en tiritas, los ejotes, las calabacitas y el epazote.
- ◆ Enseguida agregar los xoconostles y la carne de soya previamente hidratada.
- ◆ Moler los chiles ancho y pasilla previamente asados y remojados en agua caliente y agregarlos a lo anterior.
- ◆ Aparte, mezclar la masa con el queso añejo y formar bolitas, que se echan a cocer en el caldo preparado.
- ◆ Ya cocido, servir con cebolla picada y rebanadas de limón.

* Vea cómo hidratar la carne de soya en la página 564.

Mole de pepita de calabaza

Ingredientes

500 g de tomate verde

2 cucharadas de pepita de calabaza

1 rama de mejorana

1 rama de tomillo

½ cebolla

5 hojas de hierbabuena

2 dientes de ajo

1 raja de canela

Aceite de oliva

Sal al gusto

Procedimiento

- ♦ Tostar a fuego lento la pepita de calabaza y la canela, licuar con el resto de los ingredientes y sofreír en aceite de oliva.
- ♦ Agregar un poco de agua y sal, dejar sazonar.

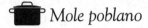 *Mole poblano*

Ingredientes

(1)
125 g de chile pasilla
100 g de chile mulato
100 g de chile negro

(2)
2 jitomates medianos
1 cebolla mediana
6 tomates verdes
12 dientes de ajo
½ plátano macho

(3)
4 pimientas
2 clavos de olor
1 cucharadita de semilla de cilantro
1 cucharadita de ajonjolí
125 g de pepita verde
1 rajita de canela
½ cucharadita de orégano

½ cucharadita de cominos
125 g de cacahuate

(4)
1 bolillo en cuadritos
3 tortillas rebanadas

(5)
1½ l de agua
1 poro
1 tablilla de chocolate
Sal al gusto

Procedimiento

- ♦ El mole se debe empezar a preparar desde la víspera.
- ♦ Dorar, desvenar y remojar los chiles del inciso 1.
- ♦ Picar y sofreír en un poco de aceite de oliva los ingredientes del inciso 2 y refrigerar.
- ♦ Tostar los condimentos del inciso 3 y guardar tapados en lugar fresco.
- ♦ Dorar en un poco de aceite de oliva los ingredientes del inciso 4 y ponerlos a remojar.
- ♦ Recuerde que todo lo anterior se prepara desde la víspera.

- ♦ Al día siguiente, escurrir y licuar los chiles con la mitad del caldo de poro del inciso 5, que se prepara cortando el poro en rodajas e hirviéndolo con el agua.
- ♦ Una vez licuados los chiles, colarlos y hervirlos durante media hora a fuego suave.

- ♦ Moler aparte los ingredientes de los incisos 2 y 3 con el caldo de poro sobrante.

- Agregarlos al chile y dejar hervir 15 minutos.
- Agregar enseguida la sal y el chocolate ya desbaratado en un poco de agua.
- Dejar 15 minutos más al fuego, hasta dar la espesura deseada. Servir caliente.

- Se le pueden poner trocitos de gluten previamente fritos, carne de soya en trozos que se hayan previamente hidratado y frito, o en su lugar se puede usar también queso panela en cuadritos, o setas o champiñones rebanados y cocidos.

* Vea cómo hidratar la carne de soya en la página 564, o cómo preparar gluten en la página 148.

Mole *verde oaxaqueño*

Ingredientes
2 ramas de epazote fresco
5 piezas de hoja santa fresca
10 ramitas de perejil
2 cucharadas de orégano
½ cabeza de ajos pelados
1 pizca de comino
2 cucharadas de masa
Aceite de oliva
Sal al gusto

Procedimiento
- Licuar y sofreír todo en un poco de aceite de oliva.
- Agregar la sal y la masa disuelta en agua para que espese.

- Se le pueden poner trocitos de gluten previamente fritos, carne de soya en trozos previamente hidratada y frita, en su lugar se puede usar también queso panela en cuadritos, o setas o champiñones rebanados y cocidos.

* Vea cómo hidratar la carne de soya en la página 564, o cómo preparar gluten, en la página 148.

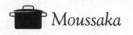 ## Moussaka

Ingredientes

100 g de carne de soya para picadillo*
1 cebolla mediana picada
100 g de champiñones en trozos
1 kg de jitomates, picados
200 g de queso tipo Chihuahua rallado
1 kg de berenjenas
2 dientes de ajo
2 huevos orgánicos
1 taza de pan molido
Pimienta negra al gusto
Sal al gusto
Aceite de oliva

Procedimiento

- Acitronar la cebolla en un poco de aceite, agregar la carne de soya previamente hidratada.
- Añadir los champiñones limpios y cortados en trozos, dejar que doren.
- Aparte, licuar los jitomates con el ajo, colar y agregar a lo anterior.

- Sazonar con sal y pimienta al gusto y dejar a fuego suave durante 15 minutos.
- Por otra parte, cortar las berenjenas a lo largo en forma de filetes de un centímetro de espesor.
- Mojar en el huevo ligeramente batido. Empanizar y dorar en un poco de aceite de oliva.
- Untar el fondo de un refractario con la salsa que preparamos y colocar una capa de berenjenas, otra capa de queso y así sucesivamente hasta terminar con una capa de queso.
- Hornear a fuego moderado hasta que se derrita el queso. Servir caliente.

* Vea cómo hidratar la carne de soya en la página 564.

Musselin de verduras

Ingredientes
8 hojas de col cocidas
1 ½ tazas de zanahorias en rodajas y cocidas
1 ½ tazas de espinacas picadas y cocidas
1 ½ tazas de ejotes picados y cocidos
1 ½ tazas de nabo rallado y cocido
1 ½ tazas de champiñones picados y cocidos
30 g de mantequilla o aceite de coco
100 g de nuez picada
250 g de crema o yogur natural
100 g de queso Chihuahua rallado
Pimienta al gusto
Sal al gusto

Procedimiento

- Mezclar las zanahorias, espinacas, ejotes, nabo y champiñones. Salpimentar.
- Engrasar un refractario con la mantequilla o aceite de coco.
- Acomodar como base las hojas de col en el refractario.
- Encima se colocará una capa de las verduras, alternando con la crema batida y el queso rallado.
- Para formar la crema batida sólo hay que mezclarla e ir incorporando poco a poco la nuez, sal y pimienta.
- Meter al horno por espacio de 20 minutos a 200 °C.

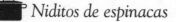 *Niditos de espinacas*

Ingredientes

1 kg de espinacas
1 taza de salsa blanca espesa (página 439)*
6 elotes
1 pizca de azúcar
1 cucharada de aceite de oliva
Sal al gusto

Procedimiento

- Lavar perfectamente las espinacas, escurrirlas y cocerlas al vapor con un poco de sal con el agua que les queda.
- Ya cocidas, escurrirlas, agregarles la salsa blanca mezclando bien y formar bolitas de unos 5 cm de diámetro.
- Ahuecar las bolitas oprimiendo el centro con una cuchara, dándoles la forma de niditos.
- Colocar sobre molde engrasado y hornear unos minutos hasta que se resequen y doren un poco.

Colocar el relleno, que se prepara de la siguiente forma:

- ◆ Desgranar los elotes y cocinarlos en un poco de agua con la sal y el azúcar.
- ◆ Dejar cocer a fuego lento hasta que se resequen. Añadir el aceite de oliva.

 *Nopalitos con ajonjolí*

Ingredientes

500 g de tomate verde
2 jitomates grandes
1 cebolla mediana
3 dientes de ajo
1 taza de ajonjolí
500 g de nopalitos cortados en tiras y cocidos
3 ramitas de cilantro
1 chile pasilla
Aceite de oliva
Sal al gusto

Procedimiento

- ◆ Cocer los tomates y jitomates.
- ◆ Remojar 5 minutos el chile pasilla en la misma agua donde se coció lo anterior.
- ◆ Desvenar y licuar los chiles con los tomates, jitomates y el ajonjolí.
- ◆ Acitronar la cebolla picada en un poco de aceite de oliva y agregar a lo anterior.
- ◆ Añadir los nopales cocidos y el cilantro picado. Dejar sazonar al gusto y servir caliente.

Nopalitos en chile poblano

Ingredientes

500 g de nopales cocidos en tiritas
6 chiles poblanos
½ cebolla mediana
3 jitomates
3 dientes de ajo
Aceite de oliva
Sal al gusto

Procedimiento

- ♦ Asar los chiles y envolverlos en un plástico o lienzo húmedo, pelarlos, desvenarlos y cortarlos en rajas.
- ♦ Asar los jitomates y molerlos con la cebolla y el ajo, colar y sofreír en un poco de aceite.
- ♦ Cuando suelte el hervor, añadir los nopales y las rajas de chile. Sazonar al gusto.

Nopalitos encebollados

Ingredientes

1 kg de nopales
4 cebollas
5 dientes de ajo
3 ramas de epazote
Orégano al gusto
Aceite de oliva
Sal al gusto

Procedimiento

♦ Cortar los nopales en tiritas y hervirlos, de preferencia en una olla de cobre, junto con una cebolla en trozos y los dientes de ajo.

♦ Rebanar finamente las cebollas restantes y acitronarlas; añadir a esto los nopales ya cocidos y escurridos.

♦ Sazonar con el epazote finamente picado, el orégano y la sal. Dejar a fuego lento unos minutos más a que se sazone todo junto.

Ocopa arequipeña (peruano)

Ingredientes

1 cebolla en trozos
3 dientes de ajo
2 chiles guajillos secos
100 g de cacahuate tostado
100 g de queso fresco
2 ramitas de perejil
50 g de pan molido o germen de trigo
1 kg de papas
1 taza de leche de soya o de coco
2 cucharadas de aceite de oliva
3 huevos duros para adornar
Aceitunas al gusto
Hojas de lechuga
Sal al gusto

Procedimiento

♦ Cocer las papas en el agua necesaria con una pizca de sal.

♦ Tostar los cacahuates y acitronar los ajos y la cebolla.

- Remojar los chiles guajillos en agua caliente y desvenarlos cuando estén blandos.
- Licuar los chiles con 2 cucharadas de agua, la cebolla, los ajos, los cacahuates, el queso, el perejil, el pan molido, el aceite y la sal. Añadir la leche necesaria hasta que tome la consistencia de atole.
- Colocar en un platón una cama de hojas de lechuga y encima las papas ya cocidas, peladas y cortadas en trozos grandes.
- Bañarlas con la salsa bien caliente y adornar con las aceitunas y las rodajas de huevo duro.

 Paella

Ingredientes

5 dientes de ajo picados
1 cebolla picada
3 morrones verdes picados
500 g de jitomate picado
2 tazas de arroz
10 cucharadas de perejil picado
1 taza de chícharos
1 taza de zanahoria picada
2 morrones rojos picados
10 cucharadas de perejil picado
¼ de cucharadita de nuez moscada
1 cucharada de azafrán
Algas marinas al gusto
Pimienta al gusto
Sal al gusto

Aceite de oliva

Agua, la necesaria

Procedimiento

- ◆ Acitronar el ajo, la cebolla y los morrones verdes en un poco de aceite de oliva.
- ◆ Añadir una mínima cantidad de agua y enseguida agregar el jitomate y dejar sazonar.
- ◆ Cuando esté listo, adicionar el arroz con 1 ½ litros de agua.
- ◆ Añadir los chícharos, las zanahorias, los morrones rojos y el perejil.
- ◆ Enseguida agregar la nuez moscada, el azafrán y las algas marinas.
- ◆ Salpimentar y dejar cocer a fuego lento hasta que el arroz esté cocido, sin que se reviente.

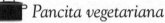 *Pancita vegetariana*

Ingredientes

1 kg de gluten o carne de soya en trocitos*

100 g de chile pasilla

100 g de chile ancho

1 cebolla

10 dientes de ajo

2 ramas de epazote picado

50 g de masa de maíz

Hierbas de olor

Pizca de cominos

Pimienta al gusto

Sal al gusto
Aceite de oliva

Procedimiento

- Dorar el gluten o la carne de soya.
- Tostar los chiles, desvenarlos y remojarlos en agua caliente.
- Ya escurridos, licuarlos con la cebolla, los ajos y los cominos.
- Sofreír esta salsa en un poco de aceite de oliva y salpimentar al gusto.
- Añadir la masa disuelta en un poco de agua. Agregar también el epazote y las hierbas de olor.
- Dejar espesar. Agregar agua o caldo de verduras al gusto, para formar el caldillo.
- Añadir el gluten o la carne de soya y dejar sazonar.

* Vea cómo hidratar la carne de soya en la página 564, o cómo preparar gluten en la página 148.

Papas a la andaluza

Ingredientes

500 g de papas
4 dientes de ajo
4 ramas de perejil
2 huevos orgánicos
Aceite de oliva
Sal al gusto

Procedimiento

- Cortar las papas en cuadros medianos, picar el ajo y el perejil y hervir todo con un poco más del agua necesaria para cubrirlos, agregando un chorrito de aceite de oliva y sal al gusto.
- Cuando las papas empiecen a soltar harinilla, retirarlas del fuego y añadir los huevos ligeramente batidos.
- Poner nuevamente al fuego hasta que el huevo esté cocido.

Papas a la huancaína

Ingredientes

1 kg de papas medianas
1 lechuga romanita
1 cebolla en rodajas desflemada con limón
250 g de cacahuate pelado y tostado
50 g de mantequilla o aceite de coco
½ cebolla mediana
500 ml de leche de soya o de coco
Pimienta al gusto
Sal al gusto

Procedimiento

- Cocer, escurrir y pelar las papas, colocar cada una sobre una hoja de lechuga previamente desinfectada.
- Bañar con la salsa de cacahuate bien caliente y adornar con la cebolla desflemada.

Salsa

- ♦ Poner en la licuadora la leche, la media cebolla y el cacahuate tostado.
- ♦ Colocar en un sartén la mantequilla o el aceite de coco y ahí vaciar lo licuado.
- ♦ Salpimentar y dejar que espese a fuego lento.
- ♦ Agregar más leche si es necesario; debe tener la consistencia de un atole espesito.
- ♦ Bañar las papas con esta salsa.

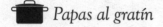 *Papas al gratín*

Ingredientes

1 kg de papas
100 g de mantequilla o aceite de coco
2 dientes de ajo
500 ml de leche de soya o de coco
250 g de carne de soya*
1 cebolla mediana finamente picada
1 cucharadita de hierbas de olor
100 g de queso rallado
Pimienta al gusto
Sal al gusto

Procedimiento

- ♦ Se lavan las papas y se cuecen con una pizca de sal gruesa, los dientes de ajo y el agua que las cubra.
- ♦ Cuando ya estén cocidas, escurrirlas y pelarlas.
- ♦ Hacerlas puré y añadir ¾ partes de la mantequilla o aceite de coco y la leche caliente.

- Con el resto de la mantequilla o aceite, sofreír la cebolla y la carne de soya.
- Salpimentar y añadir las hierbas de olor. Cocinar durante 10 minutos a fuego lento.
- Añadir el puré, mezclar muy bien y colocar en un refractario engrasado.
- Espolvorear con el queso y hornear a 250 °C durante 25 minutos.

* Vea cómo hidratar la carne de soya en la página 564.

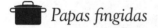 *Papas fingidas*

Ingredientes

1 kg de papas
250 g de picadillo o chorizo*
4 huevos orgánicos
2 tazas de pan molido
1 lechuga
6 dientes de ajo
1 limón, el jugo
Aceite de oliva
Sal al gusto

Procedimiento

- Poner a cocer las papas en suficiente agua con sal, pelar y pasar por un prensador.
- Formar bolitas con el puré anterior, rellenando con el picadillo.
- Pasarlas por pan molido y enseguida por el huevo previamente batido; volver a pasar por el pan molido.

- ♦ Calentar el aceite y sofreír los ajos, y enseguida las bolitas de papa.
- ♦ Servirlas acompañadas de ensalada de lechuga aderezada con limón y aceite de oliva.

* Consulte las recetas para Picadillo (véanse páginas 464 y 465) o Chorizo (véase página 356).

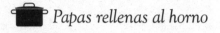 *Papas rellenas al horno*

Ingredientes

6 papas blancas medianas
½ taza de yogur natural o crema
100 g de nuez picada
100 g de queso asadero
50 g de mantequilla o aceite de coco
1 pizca de nuez moscada
5 ramas de perejil picado
Sal al gusto

Procedimiento

- ♦ Partir las papas por la mitad a lo largo y cocerlas al vapor con un poco de agua. Deben quedar cocidas, pero macizas.
- ♦ Ahuecarlas estando calientes, dejándoles un poco de pulpa y cuidando que no se rompa la cáscara.
- ♦ Hacer puré el corazón de la papa y mezclarlo con la crema o el yogur, la nuez, el perejil, la nuez moscada y la sal.
- ♦ Rellenar con esto las papas. Colocar encima un poco de mantequilla y una tirita de queso.
- ♦ Hornear durante 15 minutos. Servir calientes. Se pueden bañar con su aderezo favorito.

Pastel de carne

Ingredientes

500 g de carne de soya*
½ taza de apio picado
½ taza de cebolla picada
½ taza de salsa de soya
½ taza de salsa cátsup
4 huevos orgánicos crudos
3 huevos orgánicos cocidos
1 taza de germen de trigo
1 taza de pan molido
50 g de almendras
50 g de papas
1 taza de aceitunas deshuesadas
5 salchichas de soya (opcional)
50 g de mantequilla o aceite de coco
Sal al gusto

Procedimiento

◆ Agregar la cebolla, el apio, la salsa de soya y la cátsup a la carne de soya ya hidratada; también los huevos crudos, el pan molido y el germen de trigo.

◆ Mezclar todo esto y colocar sobre papel aluminio engrasado con la mantequilla o aceite de coco.

◆ Sobre esta torta acomodar los huevos cocidos, las salchichas en rodajas, las aceitunas, las pasas y las almendras peladas.

◆ Envolver en el papel aluminio dándole forma de rollo.

◆ Meter a horno moderado sobre una charola de aluminio por espacio de 2 horas, volteando cada 20 minutos para que se cueza parejo.

- Se puede acompañar con papas y zanahorias envueltas en papel aluminio y poniéndoles dentro un trocito de mantequilla, sal y pimienta, para aprovechar el horno mientras se cuece el rollo.
- Se aconseja no destapar el rollo cuando aún está demasiado caliente, para evitar que se desbarate.

* Vea cómo hidratar la carne de soya en la página 564.

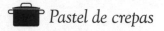 *Pastel de crepas*

Ingredientes
2 tazas de harina integral
½ taza de aceite de oliva
⅓ de taza de agua
1 cucharada de azúcar morena
1 huevo orgánico
1 cucharada de polvo para hornear
1 pizca de sal
Papel estraza

Procedimiento
- Mezclar en un tazón todos los polvos, 2 cucharadas de aceite, el huevo y el agua necesaria para formar un atole.
- Calentar un poco del aceite en un sartén y vaciar la cantidad necesaria de pasta para formar una tortilla muy delgada.
- Voltear con cuidado para que se cueza. Continuar haciendo las crepas.
- Formar un pastel alternando con capas de crepas y de relleno y meter al horno precalentado a que doren.

Relleno

- 1½ tazas de carne de soya para picadillo*
- 1 jitomate
- 6 dientes de ajo
- ½ cebolla
- 2 chiles poblanos en rajas
- ½ taza de perejil picado
- 1 taza de crema o yogur
- 2 cucharadas de aceite de oliva
- 150 g de queso Oaxaca deshebrado
- Sal al gusto

Procedimiento

- ◆ Moler el jitomate con 3 dientes de ajo, ¼ de cebolla y un poco de agua.
- ◆ Sofreír el resto de ajos y cebollas, picados junto con las rajas de chile.
- ◆ Colar el jitomate y agregar a lo anterior, después añadir la carne de soya y dejar sazonar por unos minutos.
- ◆ Acomodar el relleno después de la capa de crepas, bañar con crema y queso deshebrado, y alternar así las capas hasta terminar con crema y queso.
- ◆ Hornear. Servir caliente.

* Vea cómo hidratar la carne de soya en la página 564.

Pastel de elote salado (chileno)

Ingredientes para 12 personas

- 12 elotes desgranados
- 2 cebollas medianas
- 125 g de aceitunas

50 g de pasas

3 huevos duros

2 tazas de carne de soya para picadillo*

200 g de ejotes cocidos

2 cucharadas soperas de harina de maíz

5 cucharadas de perejil picado

1 pizca de azúcar

½ taza de agua

Sal al gusto

Procedimiento

- Licuar los granos de elote y después cocerlos en poca agua con sal durante 20 minutos a fuego moderado.
- Sofreír la cebolla picada y agregar el agua, la harina de maíz, el perejil, los ejotes y la carne de soya.
- Dejar sazonar al gusto.
- En un refractario engrasado, colocar una capa de elote, otra del guisado preparado, aceitunas, pasitas y el huevo en rodajas; continuar así hasta terminar.
- Adornar encima con parte de las aceitunas, pasas y huevo duro en rodajas.
- Al final poner unos granitos de azúcar para que dore.
- Hornear a fuego moderado hasta que dore.

* Vea cómo hidratar la carne de soya en la página 564.

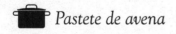 *Pastete de avena*

Ingredientes

4 tazas de avena

6 tazas de agua

3 chiles poblanos

3 tazas de verdura picada y cocida: papas, calabacitas, zanahoria

Sal de ajo al gusto

Procedimiento

- ♦ Tostar la avena en un sartén.
- ♦ Hervir el agua y agregar la avena ya tostada cuando suelte el hervor.
- ♦ Mover hasta que se forme una pasta.
- ♦ Agregar la verdura, los chiles en rajas y la sal de ajo. Mezclar bien.
- ♦ Colocar en un refractario previamente engrasado. Hornear por una hora a 200 °C.
- ♦ Se puede servir con salsa de jitomate.

Pastete de hongos y macarrón

Ingredientes

1 kg de hongos picados, cocidos y escurridos
1 kg de macarrón cocido *al dente* y escurrido
200 g de chile ancho
5 dientes de ajo
1 cebolla picada
½ taza de salsa de soya
Aceite de oliva

Procedimiento

- ♦ Tostar, remojar, desvenar y licuar los chiles para formar una salsa.
- ♦ Acitronar la cebolla y el ajo en un poco de aceite de oliva.

403

- Incorporar la salsa y los hongos, dejándolos cocinar 15 minutos a fuego lento.
- Agregar la salsa de soya y cocinar 5 minutos más.
- Engrasar aparte un refractario y colocar ahí el macarrón, bañándolo enseguida con la salsa anterior.
- Hornear a calor regular durante 15 minutos. Servir caliente.

Paté de lenteja

Ingredientes

1 ½ tazas de lentejas crudas
2 dientes de ajo
250 g de queso Chihuahua rallado
½ taza de cebolla en rodajas
¼ de taza de champiñones rebanados
2 dientes de ajo machacados
1 cucharada de perejil picado
2 huevos orgánicos
5 tallos de perejil picados
1 taza de germen de trigo
Agua, la necesaria
Sal al gusto
30 g de mantequilla o aceite de coco

Procedimiento

- En una cacerola, verter las lentejas crudas y cubrirlas con agua, añadir la sal y los dos dientes de ajo enteros.
- Cocer a fuego lento hasta que estén tiernas, escurrirlas, retirar los dientes de ajo.

- Aplastar las lentejas cocidas con un tenedor y añadir el queso, la cebolla y los champiñones mezclando bien.
- Incorporar la sal y el perejil; añadir los huevos ligeramente batidos y el germen de trigo.
- Formar una masa uniforme y vaciar en un molde para pan, engrasado con mantequilla.
- Hornear a calor mediano durante 40 minutos hasta que el paté tenga consistencia.
- Probar con un palillo clavado en el centro, que deberá salir limpio. Retirar del horno y dejar enfriar.
- Desmoldar sobre un platón adornado con hojitas de perejil fresco y servir con una salsa de jitomate.

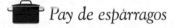 *Pay de espárragos*

Ingredientes
Pasta
   200 g de harina integral
   100 g de mantequilla derretida
   2 huevos orgánicos
   Sal al gusto

Relleno
   1 manojo de espárragos en trocitos limpios y cocidos
   150 g de queso manchego rallado
   3 huevos orgánicos
   1 taza de yogur natural o crema

Procedimiento
- Hacer la pasta mezclando perfectamente los ingredientes.

- Extender con la mano sobre un molde para pay previamente engrasado.
- Con un tenedor marcar el borde superior del pay, para darle mejor presentación.
- Hornear la base durante 20 minutos a 200 °C.
- Preparar aparte el relleno: batir ligeramente los huevos, añadir el resto de los ingredientes y mezclar bien.
- Vaciar sobre el molde con la pasta ya semicocida y hornear 20 minutos más. Servir caliente.
- Con este mismo procedimiento se puede hacer una gran variedad de pays: sustituya los espárragos por huitlacoche, rajas, champiñones, flor de calabaza, espinacas, verduras, etcétera.

Pescado a la veracruzana

Ingredientes

6 filetes de pescado vegetariano (véase receta siguiente)
1 taza de perejil picado
6 dientes de ajo picados
6 chiles güeros largos en vinagre o al natural
2 pimientos morrones en rajas
1 kg de jitomates, picados
2 tazas de cebolla picada
4 cucharadas de aceite de oliva
Sal al gusto

Procedimiento

- Sofreír el ajo, la cebolla y el pimiento morrón a que acitronen; agregar el jitomate y el perejil, dejar que se sazonen.

- Acomodar en un refractario una capa del sofrito, enseguida una capa de filetes de pescado.
- Cubrir con el resto del sofrito, adornar con los chiles güeros y hornear durante 20 minutos a calor mediano.

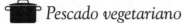 *Pescado vegetariano*

Ingredientes
4 tazas de papa rallada en crudo
2 tazas de queso Chihuahua rallado
4 huevos orgánicos
Algas marinas (opcional)
Sal al gusto
Aceite de oliva

Procedimiento
- Mezclar todos los ingredientes perfectamente, con excepción del aceite.
- En un sartén, calentar un poco de aceite de oliva.
- Vaciar la mezcla a cucharadas grandes dándole la forma de filetes.
- Dejar dorar por ambos lados. Servir al gusto.
- Si desea, puede prepararlo como pescado a la veracruzana (véase receta anterior).

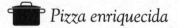 *Pimientos a la cirasuolo*

Ingredientes
6 pimientos morrones
½ cebolla picada
100 g de champiñones picados
3 jitomates picados
150 g de queso crema
200 g de queso asadero rallado
Sal al gusto

Procedimiento
- Cortar los morrones por mitad a lo largo.
- Quitar las semillas y acomodarlos en una cacerola.
- Cubrirlos de agua hasta la tercera parte y ponerlos a cocinar tapados.
- Cuando estén casi cocidos, retirarlos del fuego.
- Mezclar aparte la cebolla, los jitomates, los champiñones, el queso crema y la sal.
- Rellenar con esto los morrones.
- Espolvorear encima el queso asadero.
- Ponerlos nuevamente al fuego hasta que se cuezan y el queso se derrita.

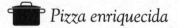 *Pizza enriquecida*

Ingredientes
1 paquetito de levadura (9 g)
3 tazas de harina integral
½ taza de avena
1¾ tazas de agua fría

NUTRICIÓN VEGETARIANA

1 cucharada de aceite de oliva
3 jitomates medianos
300 g de queso rallado
Orégano al gusto
Sal al gusto

Procedimiento

- Disolver la levadura con un poco de agua tibia, agregar un poco de harina para formar un bollito suave y dejarlo en un lugar tibio hasta que doble su volumen.
- Mezclar aparte, en una palangana, la harina con la avena, el aceite y la sal.
- Poner en el centro la levadura e ir incorporando poco a poco el agua, mezclando hasta formar una masa suave.
- Dejarla reposar 30 minutos.
- Extenderla con el rodillo en forma de tortilla con 1 cm de espesor y colocarla sobre una charola engrasada.
- Cubrir con salsa o rodajas de jitomate, espolvorear con orégano y sal.
- Rociar con aceite y hornear 25 minutos a calor mediano.
- Retirar del horno y colocar el queso, volver a meter al horno hasta que gratine.
- Si se desea, se pueden agregar además aceitunas, champiñones, pimiento morrón, etcétera.

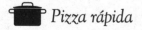 *Pizza rápida*

Ingredientes

500 g de harina integral
2 cucharadas de salvado
2 cucharadas de harina blanca

1 cucharada de polvo para hornear

100 g de mantequilla

1 cucharadita de sal

Relleno

1 ½ tazas de salsa de jitomate

2 cebollas en tiritas

1 taza de aceitunas

2 o 3 pimientos morrones en tiritas

100 g de champiñones picados

Orégano

Sal al gusto

Procedimiento

- Mezclar perfectamente todos los ingredientes, amasando hasta formar una masa homogénea.
- Untarla con aceite, taparla con una servilleta y dejarla reposar una hora.
- Enseguida, extenderla con rodillo sobre tabla enharinada hasta formar una tortilla de 1 o 2 cm de espesor.
- Colocarla sobre una charola engrasada. Hornearla a 200 °C durante 20 minutos.
- Retirarla del horno y colocar encima la salsa de jitomate sobre la pasta ya horneada.
- Sofreír la cebolla, los pimientos y los champiñones, salpimentar y colocar sobre la pasta.
- Espolvorear el orégano y el queso y hornear por 20 minutos más.

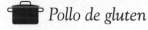 *Pollo de gluten*

Ingredientes

Gluten ya preparado*
5 ramas de apio
2 cebollas
7 dientes de ajo

Procedimiento

♦ Colocar en una olla 2 ½ litros de agua, el apio picado, la cebolla en trozos, el ajo picado y sal al gusto.

♦ Cuando empiece a hervir, ir agregando trocitos de gluten arrancados con la mano, como formando hojitas o gajitos simulando la carne de pollo deshebrada. Dejarla cocer durante 30 o 40 minutos.

♦ Prepararla al gusto. Puede ser con ensalada rusa o en salsa de jitomate con papas, chícharos y hierbas de olor.

♦ Úsela en cualquiera de sus recetas de pollo.

* Vea cómo preparar gluten en la página 148.

Potaje de germinados

Ingredientes

1 taza de arroz integral germinado*
1 taza de lentejas germinadas*
1 taza de garbanzos germinados*
2 pimientos verdes en rajas
2 pimientos rojos en rajas
1 taza de queso manchego rallado
1 cebolla en rodajas
1 manojo de perejil picado

Aceite de oliva
Nuez moscada al gusto
Sal al gusto

Procedimiento

- ♦ Mezclar todos los ingredientes, incluida la mitad del queso rallado.
- ♦ Colocar en un refractario, espolvoreando encima el resto del queso.
- ♦ Hornear a calor mediano durante 30 minutos.
- ♦ Se pueden utilizar también germinados de soya, alfalfa, etcétera.

* Consulte cómo preparar los germinados en la página 152.

 *Potaje de verduras*

Ingredientes

2 nabos medianos
2 papas medianas
2 calabacitas
2 zanahorias
1 taza de chícharos
1 taza de ejotes picados
1 poro mediano
1 chayote mediano
8 dientes de ajo
1 tallo de apio
2 tazas de garbanzo o trigo o cebada (remojados 24 horas)
2 jitomates grandes
2 pimientos morrones
Hierbabuena picada

Perejil picado
Cilantro picado
Sal al gusto

Procedimiento

- ♦ Lavar, picar y cocer al vapor los primeros 10 ingredientes de la lista.
- ♦ Cocer aparte el garbanzo previamente remojado, y una vez cocido añadir a las verduras cuando éstas estén a medio cocer.
- ♦ Enseguida agregar el jitomate molido y colado, y los pimientos cortados en cuadritos.
- ♦ Dejar sazonar y agregar la hierbabuena, el perejil, el cilantro y la sal al gusto.

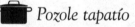 *Pozole tapatío*

Ingredientes para 20 personas

1 kg de maíz precocido
1 cabeza de ajos
125 g de chile pasilla
2 kg de jitomates asados
1 cebolla grande
Orégano al gusto
Sal al gusto

Procedimiento

- Calentar 3 litros de agua con un trozo de cebolla.
- Cuando suelte el hervor, agregar el maíz y dejar hervir unos 15 minutos aproximadamente.
- Preparar aparte la salsa de la siguiente manera:
- Remojar los chiles en agua caliente, desvenarlos y licuarlos con los jitomates asados y la cebolla.
- Colar y agregar al maíz cuando esté a medio cocer.
- Cuando reviente el maíz, licuar en poca agua los ajos pelados y agregar.
- Añadir la sal y dejar otro momento al fuego a que se sazone.
- Servir adornado con el orégano, cebolla finamente picada, rábanos en rueditas y limón al gusto.
- Se le pueden agregar champiñones cocidos y rebanados, trocitos de panela o trocitos de gluten cocido o de carne de soya.
- Durante la cocción del pozole, se deberá remover hasta el fondo de la olla para evitar que se pegue.

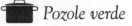 *Pozole verde*

Ingredientes

1 kg de maíz
150 g de pepita verde tostada
300 g de tomate verde
5 hojas de lechuga
½ cebolla
10 dientes de ajo
50 g de ajonjolí tostado
5 ramas de cilantro

3 ramas de epazote

3 clavos

3 pimientas

1 raja de canela

1 tortilla dorada

½ bolillo dorado

Chile serrano al gusto

Sal al gusto

Procedimiento

♦ Licuar todos los ingredientes con excepción del maíz.

♦ Agregar enseguida el maíz, que se habrá cocido previamente.

♦ Agregar agua al gusto.

♦ Poner al fuego a que se sazone todo junto.

 *Revoltijo*

Ingredientes

500 g de romeritos

500 g de nopales

500 g de papas

250 g de mole rojo

¼ de tablilla de chocolate

Ajonjolí tostado al gusto

Sal al gusto

Aceite de oliva

Procedimiento

♦ Lavar y cocer los romeritos y escurrirlos.

♦ Picar las papas y cocerlas.

- Cocer los nopales y escurrirlos.
- Disolver en un poco de agua y sofreír el mole en un poco de aceite.
- Agregar el chocolate previamente diluido en el agua necesaria y dejar sazonar.
- Agregar las verduras ya cocidas, la sal y el ajonjolí.
- Servir caliente.

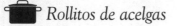 *Rollitos de acelgas*

Ingredientes

1 kg de acelgas con hojas enteras
1 taza de arroz integral cocido
300 g de papas cocidas
2 cucharadas de chorizo vegetariano
Aceite de oliva
Sal al gusto

Procedimiento

- Quitar a las acelgas los tallos y cocerlas al vapor, cuidando que no se rompan.
- En un poco de aceite, dorar el chorizo y las papas cocidas y picadas.
- Agregar el arroz cocido y sazonar con sal.
- Rellenar las hojas de acelga y envolver formando rollitos.
- Acomodar sobre un platón o cacerola.
- Se pueden servir en caldillo de jitomate o salsa a su gusto.

 *Ropa vieja*

Ingredientes

2 tazas de carne de soya*

3 dientes de ajo picados

50 g de pasas

50 g de aceitunas picadas

50 g de almendras

3 cucharadas de aceite de oliva

½ cebolla picada

⅓ de taza de puré de tomate

Chiles en vinagre al gusto

Pimienta al gusto

Sal al gusto

Procedimiento

- ◆ Sofreír la carne de soya en un poco de aceite junto con los ajos.
- ◆ Agregar la cebolla y dejar que acitrone.
- ◆ Añadir las pasas, las almendras, las aceitunas, los chiles picados y el puré de tomate.
- ◆ Salpimentar al gusto y dejar sazonar hasta que espese.
- ◆ Si desea, puede adornarlo con rajas de chile poblano y hojas de lechuga a los lados.

* Vea cómo hidratar la carne de soya en la página 564.

Rosca de chorizo y papa

Ingredientes

250 g de chorizo vegetariano*
3 dientes de ajo picados
½ taza de jitomate picado
200 g de germen de trigo crudo
1 cebolla grande picada
750 g de papa cocida y prensada
3 huevos orgánicos
Chiles verdes picados, al gusto
Pimienta al gusto
Pan molido, el necesario
Aceite de oliva
Sal al gusto

Procedimiento

♦ Sofreír en un poco de aceite el chorizo, el ajo, la cebolla, el jitomate y los chiles verdes.

♦ Mezclar aparte las papas, el huevo, el germen de trigo y la sal; amasar.

♦ Agregar pan molido si se necesita para dar cuerpo a la masa.

♦ Engrasar un molde de rosca y empanizar.

♦ Acomodar una capa de lo amasado, cubriendo todo el molde.

♦ Poner el relleno de chorizo y cubrir con otra capa de lo amasado.

♦ Hornear 25 minutos y vaciar a un platón redondo y plano.

♦ Se sirve con ensalada fresca.

* Consulte cómo preparar chorizo vegetariano en la página 356.

Salchichas vegetarianas

Ingredientes

2 tazas de harina integral
2 tazas de harina de soya
2 tazas de agua
4 huevos orgánicos
3 dientes de ajo
1 pizca de nuez moscada
Orégano al gusto
Sal al gusto
Salsa de soya

Procedimiento

♦ En un trasto hondo vaciar la harina de soya y el agua, batiendo perfectamente.
♦ Enseguida incorporar una taza de harina integral, los huevos uno a uno, la sal, el orégano, los ajos picados y la nuez moscada, mezclando todo muy bien. Si es necesario, añadir la otra taza de harina integral o parte de ella.
♦ Formar las salchichas con las manos enharinadas y poner a cocer en una olla con agua hirviendo y salsa de soya.
♦ Cuando suben, se sacan y escurren. Servir en medias noches con crema, tomate, etcétera.

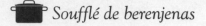 *Soufflé de berenjenas*

Ingredientes

    3 berenjenas grandes
    1 cebolla picada
    250 g de queso Oaxaca o Chihuahua rallado
    100 g de crema o yogur natural
    30 g de mantequilla o aceite de coco
    Pimienta al gusto
    Sal al gusto

Procedimiento

- Asar las berenjenas al fuego directo hasta que la cáscara quede bien tatemada.
- Pelarlas al chorro del agua y cortarlas en cuadritos pequeños.
- Sofreír la cebolla en la mantequilla o aceite de coco.
- Agregar las berenjenas y el queso rallado y dejar a fuego lento; añadir la crema, sal y pimienta al gusto.
- Si desea, vaciar a un refractario y hornear por un momento a que gratine.

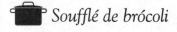 *Soufflé de brócoli*

Ingredientes

    1 kg de brócoli
    2 tazas de queso Chihuahua, Oaxaca o manchego rallado
    3 huevos orgánicos
    ½ taza de crema o yogur natural
    Sal al gusto

Procedimiento

- ♦ Cocer el brócoli al vapor. Acomodarlo en trocitos en un refractario.
- ♦ Mezclar aparte los huevos con el queso, la crema o yogur y la sal.
- ♦ Vaciar sobre el molde con el brócoli.
- ♦ Hornear durante 30 minutos. Servir caliente.

Soufflé de calabaza

Ingredientes

3 calabacitas ralladas
3 huevos orgánicos
3 cucharadas de pulido de arroz o harina de arroz
2 cucharadas de cebolla picada
2 cucharadas de perejil
4 ajos picados
50 g de mantequilla o aceite de coco
50 g de queso Chihuahua, Oaxaca o manchego rallado
Sal al gusto

Procedimiento

- ♦ Batir los huevos y agregar el resto de los ingredientes con excepción del pulido de arroz, que al final se espolvorea encima del soufflé. Hornear a 200 °C.
- ♦ También se puede preparar este soufflé sustituyendo la calabacita por zanahoria, acelgas, espinacas, coliflor, rajas, elote, etcétera.

421

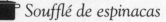 *Soufflé de espinacas*

Ingredientes
1 kg de espinacas
4 huevos orgánicos
50 g de mantequilla o aceite de coco
100 g de crema o yogur natural
250 g de queso Chihuahua, Oaxaca o manchego rallado
1 cebolla picada
3 dientes de ajo picados
Aceite de oliva
Sal al gusto

Procedimiento
♦ Sofreír el ajo y la cebolla en un poco de aceite.
♦ Lavar las espinacas y cortarlas en trozos.
♦ Mezclarlas con el sofrito, la crema, la mantequilla, el huevo y la mitad del queso rallado.
♦ Verter todo esto sobre un molde o refractario engrasado, aplastando un poco la espinaca.
♦ Espolvorear encima el resto del queso rallado y hornear durante 20 minutos a fuego moderado.

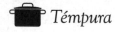 *Témpura*

Ingredientes
Verduras
2 pimientos morrones desvenados y cortados en rodajas
1 cebolla en rodajas
1 berenjena en ruedas
2 o 3 calabacitas en ruedas

2 o 3 zanahorias en ruedas

1 camote en rodajas

1 manojo de perejil

1 manojo de berros

Aderezo

Salsa de soya

Vinagre

Hojitas de hierbabuena fresca

Agua, la necesaria

Mezcla para capear

1 taza de leche de soya o de coco

½ taza de harina

1 huevo orgánico

Pimienta y sal al gusto

Procedimiento

♦ Licuar los ingredientes de la mezcla para formar un atole espesito.

♦ Mojar aquí las rodajas de verduras y freírlas en un poco de aceite de oliva.

♦ Hacer ramitos pequeños de berro y perejil, mojar en el atole y freír también.

♦ Servir calientes, acomodándolos en un platón para darle mejor vista al platillo, acompañados de una tacita con el aderezo para cada persona donde se irán mojando las verduras a medida que se vayan comiendo.

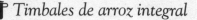 *Timbales de arroz integral*

Ingredientes

2 tazas de arroz integral

1 limón, el jugo

250 g de queso manchego o Chihuahua rallado

50 g de mantequilla o aceite de coco

2 tazas de espinacas picadas y cocidas

1 taza de cebolla picada

4 dientes de ajo picados

Aceite de oliva

1 taza de crema o yogur

Sal al gusto

Procedimiento

♦ Acitronar el ajo y cebolla en un poco de aceite de oliva.

♦ Remojar el arroz una hora en agua caliente y escurrir.

♦ Poner el arroz en medio litro de agua con el limón y la sal y dejar que se cueza a fuego lento.

♦ Cuando esté cocido, retirarlo del fuego y mezclarlo con el queso, la mantequilla, el ajo y la cebolla sofritos.

♦ Llenar moldes de timbal y apretar ligeramente, hornear 5 minutos y desmoldar cuidando que no se rompan.

♦ Sazonar las espinacas y colocarlas en un platón refractario.

♦ Acomodar encima los timbales y adornar con la crema ligeramente batida.

Timbales de elote

Ingredientes

 6 elotes tiernos desgranados
 100 g de mantequilla o aceite de coco
 250 ml de leche de soya o de coco
 4 huevos orgánicos
 1 cucharadita de sal
 1 cucharadita de azúcar
 50 g de pan molido
 1 cebolla picada
 3 chiles poblanos asados, sudados y desvenados
 500 g de jitomates asados, licuados y colados
 100 g de crema o yogur
 Aceite de oliva
 Sal al gusto

Procedimiento

 ♦ Acremar la mantequilla o aceite de coco.
 ♦ Agregar enseguida el elote molido en crudo, los huevos, la sal, el azúcar y la leche.
 ♦ Mezclar perfectamente y vaciar a moldecitos engrasados y espolvoreados con el pan molido.
 ♦ Hornear durante 30 minutos. Servir calientes bañándolos con la siguiente salsa:
 ♦ Sofreír la cebolla, agregar los chiles en rajas y el jitomate y dejar sazonar 15 minutos a fuego lento.
 ♦ Servir una cucharada de crema o yogur sobre cada timbal.

 *Tinga de col*

Ingredientes

- 1 col mediana
- 2 cebollas medianas
- 4 jitomates asados
- 1 chile chipotle en escabeche
- 1 diente de ajo
- Aceite de oliva
- Sal al gusto

Procedimiento

- ♦ Rebanar finamente las cebollas y la col y acitronarlas en el aceite de oliva.
- ♦ Una vez que estén transparentes, agregarles la salsa, que previamente se prepara moliendo los jitomates asados con el ajo, el chile chipotle y la sal.
- ♦ Dejar a fuego lento a que se sazone y hasta que se reseque casi todo el caldillo de jitomate.
- ♦ Se puede servir sobre tostadas con una base de frijoles o al gusto.

 *Torta de elote y queso*

Ingredientes

- 4 elotes desgranados y molidos
- 1 cucharada de azúcar
- 2 tazas de queso Chihuahua rallado
- 2 huevos orgánicos
- Sal al gusto

Procedimiento

♦ Mezclar todos los ingredientes perfectamente y vaciar a un refractario engrasado.

♦ Hornear a 200 °C hasta que esté dorada.

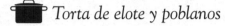 *Torta de elote y poblanos*

Ingredientes

6 elotes tiernos desgranados
3 huevos orgánicos
50 g de mantequilla o aceite de coco
250 ml de leche de soya o de coco
1 cebolla picada
2 jitomates picados
½ cucharada de azúcar
2 chiles poblanos en rajas
Una cucharadita de sal

Procedimiento

♦ Acitronar la cebolla y el jitomate junto con los chiles poblanos.

♦ Licuar la leche, los huevos, la mantequilla, la sal y el azúcar.

♦ Ir agregando poco a poco los granos de elote hasta formar una pasta homogénea.

♦ Engrasar un refractario y vaciar ahí el licuado, añadiéndole el sofrito de chile, cebolla y jitomate.

♦ Revolver un poco para que se mezcle con la pasta y hornear a fuego moderado hasta que se cueza, aproximadamente 40 minutos.

Torta de flor de calabaza

Ingredientes

4 manojos de flor de calabaza
1 cebolla mediana
50 g de mantequilla o aceite de coco
4 chiles poblanos en rajas
1 taza de granos de elote cocidos
2 ramas de epazote picado
2 huevos orgánicos
250 g de queso Chihuahua, Oaxaca o manchego rallado
Pimienta al gusto
Sal al gusto

Procedimiento

- Sofreír la cebolla en un poco de la mantequilla y añadir la flor de calabaza previamente lavada y en trozos.
- Agregar los chiles en rajas y los granos de elote cocidos. Dejar sazonar unos minutos, retirar del fuego y dejar enfriar.
- Agregar el epazote, los huevos ligeramente batidos, el queso rallado, sal y pimienta al gusto.
- Verter la mezcla en un refractario previamente engrasado.
- Espolvorear encima el queso rallado y hornear a 220 °C hasta que el queso se haya gratinado.

Tortas de garbanzo

Ingredientes

400 g de garbanzo
3 huevos orgánicos
100 g de queso manchego
125 g de crema o yogur natural
1 pizca de azafrán

Relleno

1 kg de acelgas
1 cebolla picada
250 g de jitomate
100 g de chorizo vegetariano
50 g de aceitunas picadas
Pimienta al gusto
Sal al gusto
Aceite de oliva

Procedimiento

- Remojar los garbanzos durante 12 horas. Cocerlos, escurrirlos y quitarles el hollejo. Hacerlos puré.
- Batir aparte los huevos y agregar al garbanzo ya molido.
- Mezclar también el queso rallado, la crema, el azafrán disuelto en poquita agua, la sal, la pimienta.
- En un molde engrasado y enharinado, poner una capa del garbanzo, otra capa del relleno de acelgas y la última de garbanzo.
- Hornear a fuego suave durante una hora. Servir caliente.
- El relleno se prepara de la siguiente forma:
- Acitronar la cebolla en un poco de aceite, agregar enseguida el chorizo y el jitomate asado, molido y colado.

- Cuando reseque, agregar las acelgas picadas finamente, sal, pimienta y las aceitunas picadas.
- Dejar a fuego suave hasta que se cuezan las acelgas.

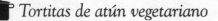 *Tortitas de atún vegetariano*

Ingredientes

6 papas crudas
200 g de queso añejo rallado
3 huevos orgánicos
Pimienta al gusto
Sal al gusto
Aceite de oliva

Procedimiento

- Rallar las papas con todo y cáscara y mezclar con el queso y los huevos.
- Sazonar con sal y pimienta.
- Formar pequeñas tortitas y dorar en un poco de aceite de oliva.
- Servir calientes con ensalada o puré al gusto.

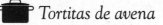 *Tortitas de avena*

Ingredientes

1 ½ tazas de avena integral
½ taza de nuez picada
3 cucharadas de perejil picado
3 cucharadas de cebolla picada
3 huevos orgánicos

3 cucharadas de salsa de soya
Aceite de oliva

Procedimiento

- ♦ Triturar la avena en la licuadora y mezclarla con las nueces.
- ♦ Agregar el perejil y la cebolla, los huevos y la salsa de soya.
- ♦ Mezclar perfectamente.
- ♦ Dorar las tortitas en un poco de aceite de oliva.
- ♦ Se pueden acompañar con puré de espinacas o servirse en mole.

 Tortitas de camarón

Ingredientes

Caldillo
3 chiles anchos o pasilla
500 g de nopales cocidos en tiras
4 jitomates
1 cebolla mediana
2 dientes de ajo
5 ramitas de cilantro
1 pizca de orégano
Pimienta al gusto
Sal al gusto
Aceite de oliva

Procedimiento

♦ Remojar los chiles en agua caliente durante 15 minutos, desvenar y licuar en poca agua con los dientes de ajo, la cebolla, el jitomate y el orégano.

♦ Colar y sofreír en poco aceite. Dejar sazonar a fuego lento.

♦ Añadir los nopales a la salsa, salpimentar al gusto y agregar el agua necesaria para formar el caldo.

♦ Al soltar el hervor, adicionar el cilantro picado y dejar a fuego lento a que sazone.

Tortitas

2 huevos orgánicos
3 cucharadas de avena
Aceite de oliva

Procedimiento

♦ Mezclar los huevos e incorporar la avena.

♦ Dejar caer cucharadas de esta mezcla en un sartén untado con un poco de aceite caliente.

♦ Dorarlas y agregarlas al caldillo unos minutos antes de servirse.

 *Tortitas de elote*

Ingredientes

3 elotes grandes desgranados
2 huevos orgánicos
1 cebolla mediana picada
7 ramas de perejil picado

Sal al gusto
Aceite de oliva

Procedimiento

- ◆ Poner en la licuadora los huevos y los granos de elote.
- ◆ Agregar el perejil, la cebolla y sal.
- ◆ En un sartén con un poco de aceite de oliva, poner cucharadas de la mezcla formando las tortitas hasta que se doren.
- ◆ Se pueden servir con salsa de tomate, guacamole, etcétera.

 Tortitas de plátano

Ingredientes

2 kg de plátanos machos
200 g de queso Chihuahua
1 taza de frijoles cocidos y machacados
Aceite de oliva

Procedimiento

- ◆ Cocer los plátanos machos con cáscara hasta que ésta se rompa.
- ◆ Pelarlos y hacerlos puré.
- ◆ Formar tortillitas con un diámetro de 8 a 10 cm.
- ◆ Colocarles encima un trocito de queso y una cucharadita de frijoles.
- ◆ Hacer otra tortillita igual a la anterior, colocarla encima y unirlas en los extremos de manera que queden pegadas.
- ◆ Asarlas al comal. Se pueden servir acompañadas de ensalada al gusto.

Tortitas de sesos

Ingredientes

    4 tazas de avena integral
    1 pimiento morrón finamente picado
    1 jitomate picado
    1 cebolla finamente picada
    3 huevos orgánicos
    1 taza de leche de soya o de coco
    Pimienta al gusto
    Sal al gusto
    Aceite de oliva

Procedimiento

- Mezclar bien los ingredientes, agregando más leche si es necesario. Debe quedar espeso.
- Poner cucharadas de la mezcla en un sartén con un poco de aceite.
- Dorar por ambos lados.

Verduras a la vinagreta

Ingredientes

    250 g de zanahorias cortadas en rodajas
    250 g de ejotes en trozos
    250 g de calabacitas en rodajas
    250 g de chícharos pelados
    250 g de papitas de cambray

Vinagreta

 ¼ de taza de vinagre de manzana

 1 limón, el jugo

 3 pimientas negras molidas

 3 dientes de ajo machacados

 Sal al gusto

 ⅛ de vaso de aceite de oliva

 1 pizca de orégano

Procedimiento

- Cocer al vapor y por separado las verduras, dejándolas *al dente*.
- Dejar enfriar y sazonar con la vinagreta. Dejar reposar durante 1 o 2 horas y servir.
- La vinagreta se prepara licuando los primeros 5 ingredientes de la lista y mezclando al final el aceite de oliva y el orégano.

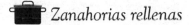 *Zanahorias rellenas*

Ingredientes

 5 zanahorias grandes y gruesas

 50 g de aceitunas

 2 huevos orgánicos cocidos

 50 g de queso rallado

 20 g de mantequilla

 1 cucharada de perejil picado

Procedimiento

- Pelar y cocer las zanahorias en agua con sal.
- Ya cocidas, partir por la mitad y ahuecarlas por la parte más ancha.
- Picar finamente la parte que se le quitó a las zanahorias y sofreír en la mantequilla.
- Dejar enfriar y mezclar perfectamente con los huevos cocidos, la mitad de las aceitunas picadas y el perejil picado.
- Rellenar con esto las zanahorias y adornar espolvoreando un poco de queso rallado.
- Colocar encima de cada zanahoria una aceituna.

SALSAS

~~~~~~

SALSAS

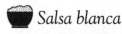 *Salsa blanca*

Ingredientes

    500 ml de leche de coco
    40 g de mantequilla
    2 cucharadas de harina de maíz
    Pimienta
    Nuez moscada
    Sal al gusto

Procedimiento

- Hervir la leche, apartando un poco para disolver en ella la harina de maíz.
- Cuando ya esté hirviendo la leche de coco, agregar la harina de maíz disuelta.
- Unos minutos después añadir la mantequilla, la pimienta, la nuez moscada y la sal al gusto.
- Debe moverse continuamente para que no se pegue.
- Retirar del fuego una vez que esté lo suficientemente espesa.
- Se puede hacer en menor cantidad, guardando las mismas proporciones.

Salsa boloñesa

Ingredientes

1 kg de jitomate
7 ramitas de perejil
2 cebollas medianas
3 zanahorias
6 dientes de ajo
Pimienta al gusto
Sal al gusto

Procedimiento

♦ Cocer los jitomates y las zanahorias y después licuar con el resto de los ingredientes.
♦ Sazonar con sal y pimienta.
♦ Servir las albóndigas de trigo (véase receta en la página 291) bañadas con esta salsa.
♦ Se puede emplear en una gran variedad de guisados.

 Salsa cascabel

Ingredientes

250 g de chiles cascabel
10 dientes de ajo
Vinagre de manzana, el necesario
Aceite de oliva al gusto
Orégano al gusto
Sal al gusto

Procedimiento

- Tostar los chiles, remojarlos en agua caliente, desvenarlos si no se desea picosa la salsa.
- Licuar con los ajos y el orégano en el vinagre necesario. Agregar la sal y el aceite de oliva.
- Si se desea, se le pueden poner también 250 g de jitomates asados.

Salsa cátsup

Ingredientes

1 l de puré de tomate
200 ml de vinagre de manzana
½ cebolla finamente picada
4 dientes de ajo
3 hojas de laurel
½ cucharadita de pimienta
¼ de cucharadita de canela en polvo
3 clavos de olor
1 cucharada de sal
100 g de azúcar morena
1 cucharadita de harina de mostaza
1 pizca de color vegetal rojo (opcional)

Procedimiento

- Hervir en el vinagre la cebolla, la canela, el clavo, la pimienta, el ajo y el laurel durante cuatro minutos.
- Colar la mezcla, dejarla enfriar e incorporar la harina de mostaza diluida en un poco de vinagre.

- En un poco del puré de tomate, disolver el azúcar, la sal y el colorante, incorporar con el resto del puré y con la mezcla del vinagre.
- Revolver perfectamente y envasar.

 Salsa Chicago

Ingredientes

500 ml de puré de tomate
1 jitomate picado finamente
½ cebolla picada finamente
1 pepino picado finamente
1 zanahoria picada finamente
1 jícama picada finamente
100 ml de salsa Torito o Tamazula
Sal al gusto

Procedimiento

- Mezclar todos los ingredientes, servir como botana en galletitas de soda o en hojas de lechuga, etcétera.

 Salsa china

Ingredientes

1 zanahoria mediana
1 rama de apio
½ cebolla
1 jitomate
3 dientes de ajo
2 tazas de caldo vegetal

½ taza de harina de maíz
50 g de mantequilla
50 g de cacahuates tostados y molidos
Sal al gusto

Procedimiento

- ♦ Picar finamente la zanahoria, el apio, la cebolla, el jitomate y el ajo, y acitronarlos en la mantequilla.
- ♦ Enseguida agregar las 2 tazas de caldo donde previamente se ha diluido la harina de maíz y sal al gusto.
- ♦ Al servirlo sobre las albóndigas de zanahorias (véase receta en la página 292) o cualquier otro platillo, rociar encima el cacahuate molido.

Salsa de ajonjolí

Ingredientes

2 dientes de ajo
½ taza de ajonjolí limpio y ligeramente tostado
1 limón, el jugo
1 manojito de perejil
1 jitomate grande
½ taza de agua
Sal al gusto

Procedimiento

- ♦ Licuar los ajos, el ajonjolí, el limón, la sal y el agua.
- ♦ Vaciar en un tazón, agregando el jitomate y el perejil picados.
- ♦ Servir frío.

Salsa de chipotle

Ingredientes

- 4 tomates verdes
- 2 ajos
- 1 chile chipotle grande seco
- ½ cebolla chica
- Sal al gusto

Procedimiento

- ♦ El chile se tuesta en el comal.
- ♦ Hervir aparte los tomates junto con el ajo.
- ♦ Licuar todos los ingredientes o molerlos en el molcajete.

 Salsa de manzanas

Ingredientes

- 2 manzanas grandes picadas con cáscara
- 1 cebolla chica picada
- 50 g de mantequilla
- 1 taza de yogur
- ½ cucharadita de curry
- Sal al gusto

Procedimiento

- ♦ Acitronar la cebolla en la mantequilla y agregar la manzana, después el yogur, sal y el curry.
- ♦ Dejar a fuego suave, moviendo constantemente hasta que suavicen las manzanas.
- ♦ Se retira del fuego dejándolo enfriar. Se puede usar en ensaladas, papas, guisados, etcétera.

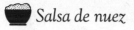 *Salsa de nuez*

Ingredientes

100 g de nuez
200 g de crema o yogur natural
Pimienta al gusto
Sal al gusto

Procedimiento

♦ Licuar la nuez con la crema y salpimentar al gusto.
♦ Esta salsa puede utilizarse para bañar guisos, ensaladas, etcétera.

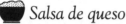 *Salsa de queso*

Ingredientes

50 g de mantequilla o de aceite de oliva
2 cucharadas de harina integral
1 l de leche de soya o de coco
1 taza de queso rallado Gruyère o manchego
Pizca de nuez moscada
Sal al gusto

Procedimiento

♦ Calentar en un sartén el aceite o la mantequilla; agregar la harina, sal y la nuez moscada.
♦ Añadir la leche caliente poco a poco sin dejar de mover, cocinar a fuego suave hasta que espese.
♦ Retirar del fuego e incorporar el queso mezclando perfectamente.

- Se puede utilizar para ensaladas, verduras cocidas y también para gratinar.

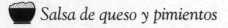

Salsa de queso y pimientos

Ingredientes

250 g de queso Gouda o Chihuahua
1 taza de leche de coco
3 pimientos morrones rojos finamente picados
50 g de aceitunas finamente picadas
Pimienta al gusto
Sal al gusto

Procedimiento

- Colocar en un sartén a fuego lento la leche y el queso rallado, removiendo constantemente.
- Si se requiere, agregar un poco más de leche.
- Salpimentar y agregar los pimientos y las aceitunas.
- Dejar unos minutos más al fuego y servir caliente sobre cualquier platillo o verdura al vapor.

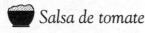

Salsa de tomate

Ingredientes

1 kg de jitomate
1 cebolla grande
2 dientes de ajo
1 cucharada de aceite de oliva
1 cucharadita de azúcar
Laurel al gusto

Perejil al gusto
Pimienta al gusto
Tomillo al gusto
Sal al gusto

Procedimiento
- Licuar y colar el jitomate.
- Picar finamente y acitronar la cebolla y el ajo en el aceite.
- Añadir el jitomate, azúcar y hierbas.
- Dejar sazonar 15 minutos a fuego lento, colar la salsa y servir.

 Salsa Gemma

Ingredientes
1 kg de jitomates, asados y pelados
½ cebolla
4 dientes de ajo
1 chile jalapeño en vinagre
2 cucharadas de aceite de oliva
Hierbas de olor
Sal al gusto

Procedimiento
- Licuar los jitomates, cebolla, ajo y el jalapeño.
- Ponerlos al fuego con el aceite.
- Agregar la sal y las hierbas de olor. Dejar que sazonen.
- Se puede servir con cualquier platillo.

Salsa vinagreta (para ensaladas)

Ingredientes

¾ de taza de aceite de oliva
2 cucharadas de vinagre de manzana
2 limones, el jugo
1 cucharada de azúcar morena
1 diente de ajo machacado
½ cucharada de mostaza
1 cucharada de perejil picado
1 cucharada de hierbabuena picada
½ cucharada de tomillo
Pimienta al gusto
Sal al gusto

Procedimiento

♦ Poner en un frasco de cristal todos los ingredientes, añadir sal y pimienta.
♦ Tapar y agitar muy bien hasta que esté todo mezclado.
♦ Dejar reposar varias horas. Es un buen aderezo para todo tipo de ensaladas.

Salsa vinagreta española

Ingredientes

2 cucharadas de vinagre de manzana
3 cucharadas de aceite de oliva
1 cucharada de alcaparras picadas
½ cucharada de hierbas de olor molidas
1 pimiento morrón picado
1 huevo cocido y picado

1 cucharada de perejil picado

3 cucharadas de salsa de soya

Pimienta al gusto

Sal al gusto

Procedimiento

- ◆ Mezclar perfectamente todos los ingredientes.
- ◆ Dejarlos reposar, bañar con esto la ensalada.

QUESOS

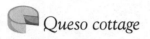

Queso cottage

Ingredientes
2 l de yogur*
Sal al gusto

Procedimiento
- ♦ Colocar el yogur en un refractario y ponerlo en baño maría durante el tiempo necesario hasta que se corte y se cuaje.
- ♦ Vaciarlo en un saquito de manta que previamente se habrá mojado y exprimido.
- ♦ Colgarlo y dejarlo a que escurra el suero hasta que tenga la firmeza deseada.
- ♦ Entre mayor sea el tiempo de escurrimiento, mayor será la consistencia del queso.
- ♦ El queso cottage crudo también puede prepararse con sólo escurrir en la manta previamente mojada y exprimida el yogur ya preparado, sin necesidad de calentarlo en baño maría.

- El suero obtenido del escurrimiento es una bebida nutritiva y rejuvenecedora de nuestra piel, tanto tomado como aplicado sobre ella.

* Consulte cómo preparar yogur en la página 132; puede ser de leche de soya, de coco o de vaca.

Queso de ajo

Ingredientes

200 g de queso cottage o queso crema
1 cabeza de ajos
50 g de ajonjolí tostado
Salsa de soya al gusto
Sal al gusto
Aceite de oliva

Procedimiento

- Pelar y freír los ajos en un poco de aceite hasta que estén bien dorados.
- Machacarlos perfectamente en el molcajete.
- Añadirlos al queso crema junto con la salsa de soya deseada. Mezclar perfectamente.
- Formar con este preparado una bola. Si está muy blanda, refrigerar hasta que endurezca para poderla trabajar.
- Ya formada la bola, revolcarla sobre el ajonjolí tostado.
- Servir frío como botana, para untar o como guarnición.

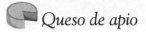 *Queso de apio*

Ingredientes
200 g de queso cottage o queso crema
1 rama de apio en trocitos muy finos
50 g de ajonjolí tostado
Salsa de soya al gusto
Sal al gusto

Procedimiento
+ Ya picada la rama de apio en trozos finos, añadirlos al queso crema junto con la salsa de soya deseada.
+ Mezclar perfectamente. Formar una bola con este preparado.
+ Si está muy blanda, refrigerar hasta que endurezca para poderla trabajar.
+ Ya formada la bola, revolcarla sobre el ajonjolí tostado.
+ Servir frío como botana, para untar o como guarnición.

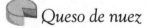 *Queso de nuez*

Ingredientes
200 g de queso cottage o queso crema
100 g de nuez picada, tostada si se desea
Salsa de soya al gusto
Sal al gusto

Procedimiento
+ Mezclar el queso crema con la mitad de las nueces y la salsa de soya.

- Formar con este preparado una bola. Si está muy blanda, refrigerar hasta que endurezca para poderla trabajar.
- Ya formada la bola, revolcarla sobre la nuez restante.
- Servir frío como botana, para untar o como guarnición.

Queso de pimiento morrón

Ingredientes

200 g de queso cottage o queso crema
1 pimiento morrón en trocitos muy finos
50 g de ajonjolí tostado
Salsa de soya al gusto
Sal al gusto

Procedimiento

- Ya picado el pimiento morrón en trozos finos, añadirlos al queso crema junto con la salsa de soya deseada.
- Mezclar perfectamente. Formar con este preparado una bola.
- Si está muy blanda, refrigerar hasta que endurezca para poderla trabajar.
- Ya formada la bola, revolcarla sobre el ajonjolí tostado.
- Servir frío como botana, para untar o como guarnición.

ANTOJITOS

Ayacas (tamales venezolanos)

Ingredientes

8 hojas grandes de plátano
Ovillo de hilaza para amarrar
1 kg de masa o harina de maíz
1 taza de aceite de oliva
30 g de achiote
Agua, la necesaria
Sal al gusto

Relleno

250 g de zanahoria en rodajas
250 g de ejotes finamente picados
250 g de chícharos pelados
100 g de almendras peladas
5 huevos duros en rodajas
8 chiles jalapeños en rajas muy finas
50 g de alcaparras
150 g de aceitunas picadas
1 cebolla grande en rodajas
250 g de papas picadas finamente
100 g de pasas

Salsa

    3 jitomates asados
    3 dientes de ajo
    ½ cebolla mediana
    Sal al gusto

Procedimiento

- Hervir las hojas de plátano durante 10 minutos para suavizarlas.
- Cortar cada hoja en rectángulos de 20 cm de largo por 15 cm de ancho.
- Mezclar la masa con el aceite y el achiote, la sal y el agua necesaria para formar una pasta uniforme y fácil de trabajar.
- Extender los rectángulos de hoja de plátano y sobre cada uno colocar una bolita de masa que irá trabajándose con los dedos mojados hasta darle forma de tortilla.
- Una vez extendida, acomodar en el centro el relleno: un poquito de chícharo, otro poco de ejotes, una almendra, una rodaja de huevo, otra de cebolla, una aceituna, una alcaparra y unas tiritas de jalapeño.
- Agregar una cucharada de salsa, que se prepara licuando los ingredientes.
- Doblar la hoja de plátano, procurando que quede bien cerrada; es decir, que no haya orificios por donde pueda penetrar el agua al hervirlos.
- Amarrarlos bien con hilaza para evitar que se abran.
- Poner al fuego una olla con bastante agua y un poco de sal, y cuando suelte el hervor depositar ahí las ayacas.
- Dejar cocer durante 30 minutos.

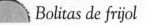 *Bolitas de frijol*

Ingredientes

2 tazas de frijoles cocidos, molidos y secos
Aceite de oliva
½ taza de cebolla picada
100 g de carne de soya*
¼ de taza de epazote picado
250 g de queso Chihuahua rallado
Sal al gusto

Procedimiento

- Sofreír la cebolla en un poco de aceite de oliva.
- Añadir los frijoles, moviendo hasta que se sequen.
- Mezclar con el epazote, sal y la carne de soya.
- Formar bolitas y espolvorear con el queso rallado.

* Vea cómo hidratar la carne de soya en la página 564.

 *Bollitos venezolanos*

Ingredientes

1 kg de harina de maíz
1 taza de aceite de oliva
1 cucharada de anís seco
Agua, la necesaria
Ovillo de hilaza para amarrar
Hojas de elote
Sal al gusto

Procedimiento

- ◆ Amasar la harina con el resto de los ingredientes hasta obtener una masa uniforme.
- ◆ Hacer bollitos que se envuelven en las hojas de elote previamente remojadas.
- ◆ Amarrar y cocer al vapor durante 30 minutos.
- ◆ Si se desean dulces solamente, se reemplaza la sal por una miel de piloncillo, con la que se amasan los bollitos.

Corundas (tamales michoacanos)

Ingredientes

Masa
1 kg de masa de maíz o harina de maíz
1 taza de aceite de coco o de oliva
250 g de crema o yogur natural
200 g de queso fresco
4 chiles poblanos
1 cebolla mediana
500 g de jitomate
300 g de queso panela
1 cucharadita de polvo para hornear
Caldo de verduras o agua, la necesaria
Pimienta al gusto
Hojas de maíz, de milpa, las necesarias
Sal al gusto

Procedimiento

- ◆ Amasar la masa con el agua o caldo de verduras necesario hasta que esté suave.

- Incorporar poco a poco el aceite y el polvo para hornear, batiendo la masa constantemente hasta que esponje.
- La masa estará lista cuando flote al soltar una bolita de ésta en un vaso de agua fría.
- Una vez lista la masa, agregarle el queso fresco desmoronado, la crema y sal al gusto. Mezclar perfectamente.
- Asar, sudar y limpiar aparte los chiles poblanos, cortarlos en rajas.
- Asar los jitomates, pelarlos y licuarlos con la cebolla.
- Sofreír la salsa en un poco de aceite, agregar las rajas, sal y pimienta y dejar que sazone.
- Ya lista, añadir el queso panela en cuadritos.
- Proceder a formar los tamales en las hojas de maíz previamente remojadas.
- Colocar un poco de masa, extenderla, agregar un poco de la salsa preparada y doblar la hoja formando un triángulo.
- Colocar los tamales en la vaporera. Cocinar durante una hora.
- Servirlos bañados con la salsa caliente.

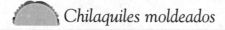 *Chilaquiles moldeados*

Ingredientes

300 g de tortillas
3 chiles poblanos
3 jitomates grandes
½ cebolla
150 g de queso Chihuahua rallado
100 g de crema o yogur natural
Mantequilla, la necesaria

Pan molido
Sal al gusto

Procedimiento

- ♦ Cortar la tortilla en cuadritos y tostarla en el horno.
- ♦ Asar aparte los jitomates y molerlos con la cebolla.
- ♦ Agregar a lo anterior los chiles poblanos asados, desvenados y en rajas.
- ♦ Dejar al fuego 10 minutos, sazonando al gusto.
- ♦ Untar un molde con mantequilla y polvo de pan.
- ♦ Colocar una capa de tortillas, otra de salsa, otra de queso y continuar así hasta terminar.
- ♦ Hornear a calor suave durante 30 minutos. Vaciar a un platón y bañar con la crema.

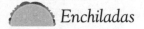 *Enchiladas*

Ingredientes

Tortillas, las necesarias
200 g de queso Chihuahua rallado

Para el picadillo

1 taza de carne de soya*
75 g de pasas
1 cebolla picada
2 dientes de ajo picados
½ plátano macho picado
2 jitomates picados
3 ramas de perejil picadas
1 cucharada de salsa de soya

Hierbas de olor
Aceite de oliva

Para la salsa
4 jitomates
4 dientes de ajo
2 chiles jalapeños
4 cucharadas de aceite de oliva
3 ramas de perejil picado
½ taza de agua
Sal al gusto
Aceite de oliva

Procedimiento
Picadillo
- Sofreír la carne de soya con las pasas, la cebolla, los ajos, el plátano, el jitomate y el perejil.
- Agregar la salsa de soya y las hierbas de olor y dejar sazonar.

Salsa
- Asar los jitomates con los dientes de ajo y los chiles.
- Licuarlos con el agua, colar y sofreír con un poco de aceite de oliva, agregando el perejil y sal.
- Rellenar las tortillas con el picadillo.
- Engrasar un refractario con un poco de aceite y acomodar aquí las enchiladas, bañarlas con la salsa y el queso.
- Hornear hasta gratinar. Puede adornarlas con crema y cebollas desflemadas.

* Vea cómo hidratar la carne de soya en la página 564.

Ingredientes

20 tortillas
5 chiles anchos
10 tomates verdes cocidos
100 g de crema o yogur natural
200 g de queso Chihuahua rallado
125 ml de leche de soya o de coco
350 g de papas
100 g de chorizo vegetariano*
1 lechuga
1 manojo de rábanos
Sal al gusto

Procedimiento

- Desvenar y remojar los chiles en la leche durante media hora.
- Enseguida, licuarlos con los tomates verdes cocidos, la mitad del queso y la leche en que se remojaron.
- Agregar a esta salsa la crema y sal.
- Calentar las tortillas y bañarlas en la salsa ya preparada, rellenar, enrollar, espolvorear con el queso restante.
- Acompañar con hojas de lechuga y rabanitos.
- El relleno se prepara mezclando el chorizo con las papas cocidas en cuadritos, queso rallado y sal al gusto.

* Vea cómo preparar chorizo vegetariano en la página 356.

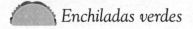 *Enchiladas verdes*

Ingredientes

20 tortillas
150 g de queso fresco
4 chiles poblanos
1 cebolla
150 g de cacahuates tostados
½ telera
250 ml de leche de soya o de coco
Pimienta al gusto
Sal al gusto
Aceite de oliva

Procedimiento

- Calentar las tortillas, bañarlas muy bien en la salsa, rellenarlas con el queso fresco.
- Doblarlas y acomodarlas en un platón cubriéndolas con el resto de la salsa y el queso.

La salsa se prepara así:

- Asar, sudar, limpiar y desvenar los chiles poblanos.
- Licuarlos con la cebolla. Sofreír lo licuado en un poco de aceite de oliva.
- Dejar 10 minutos al fuego y agregar los cacahuates, que se habrán molido con la telera remojada en la leche.
- Sazonar con pimienta y sal y dejar hervir a que espese.

Frijoles negros con hoja de aguacate

Ingredientes

500 g de frijol negro
1 cabeza de ajos, picados
1 cebolla grande picada
10 hojas de aguacate
Cominos molidos al gusto
Sal al gusto
Aceite de oliva

Procedimiento

- Cocer el frijol. Cuando esté a medio cocer, agregar el comino y la sal.
- Tostar la hoja de aguacate y molerla en la licuadora junto con el frijol, ya cocido.
- Sofreír en un poco de aceite los ajos y la cebolla, agregar los frijoles licuados.
- Se pueden hacer espesos para servirse como guisado con totopos, como atole para enfrijoladas, para relleno de tamales, etcétera.

Gorditas de requesón

Ingredientes

1 kg de masa
1 taza de requesón
Agua, la necesaria
Sal al gusto

Procedimiento

♦ Amasar la masa agregando poco a poco el requesón, sal y un poco de agua hasta que resulte una pasta suave.

♦ Hacer las gorditas y cocerlas sobre el comal, dejándolas dorar por ambos lados.

♦ Cuando se hayan enfriado, abrirlas por la mitad y si desea puede rellenarlas con queso, nopalitos, rajas de pimiento morrón o de chile poblano.

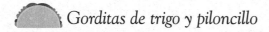 *Gorditas de trigo y piloncillo*

Ingredientes

1 kg de harina integral
1 ½ tazas de aceite de oliva
2 cucharadas de canela molida
2 cabezas grandes de piloncillo

Procedimiento

♦ Cortar el piloncillo en trocitos y ponerlo a remojar 4 horas antes.

♦ Mezclar la harina con el aceite y la canela.

♦ Agregar el piloncillo con el agua donde se remojó.

♦ Terminar de amasar hasta formar una pasta homogénea.

♦ Formar las gorditas y cocer en el comal.

 *Gorditas pobres*

Ingredientes

500 g de tortillas duras
500 ml de leche de soya o de coco

2 chiles anchos
½ cucharadita de polvo para hornear
75 g de harina
4 chiles poblanos
1 quesito fresco (150 g)
250 g de crema o yogur
1 taza de salsa al gusto
Pimienta al gusto
1 cucharadita de sal

Procedimiento

- Remojar las tortillas en la leche, molerlas con los chiles previamente desvenados y remojados en agua caliente.
- Agregar la sal, el polvo para hornear y la harina. Formar las gorditas y cocerlas en el comal.
- Adornarlas con la salsa, el queso fresco y la crema.
- Se pueden acompañar con ensalada de lechuga o a su gusto.

Quesadillas de cáscara de papa

Ingredientes

Cáscaras de papa al gusto
Hojas de epazote
Cebollitas de cambray
Chiles verdes al gusto
Aceite de oliva
Sal al gusto

Procedimiento

- Picar todos los ingredientes y dorarlos en aceite de oliva; con este relleno se hacen las quesadillas.

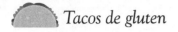 *Tacos de gluten*

Ingredientes

20 tortillas de maíz
250 g de gluten en tiritas*
250 g de queso Oaxaca deshebrado
2 tazas de salsa de jitomate
Rabanitos picados
Lechuga picada
Cebollita tierna picada
Sal al gusto

Procedimiento

- Rellenar las tortillas con un poco de gluten previamente dorado en un poco de aceite de oliva.
- Doblarlas y calentarlas al comal. Después colocar dentro de los tacos el queso, la cebolla, la lechuga, el rábano y la salsa.

* Vea cómo preparar gluten en la página 148.

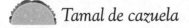 *Tamal de cazuela*

Ingredientes

1 kg de harina de maíz o masa
1 cucharadita de polvo para hornear
15 cáscaras de tomates verdes

Relleno

  3 chiles anchos
  3 chiles mulatos
  3 chiles pasillas
  200 g de jitomate
  10 tomates verdes
  2 tortillas
  ½ bolillo
  1 cucharada de semillas de los chiles
  50 g de cacahuates
  50 g de ajonjolí
  1 tablilla de chocolate
  ½ taza de vinagre
  4 clavos
  4 pimientas gordas
  1 raja de canela
  Sal al gusto
  Mantequilla para el molde

Procedimiento

- ♦ Amasar la masa con el cocimiento de las 15 cáscaras de tomate, sal y el polvo para hornear.
- ♦ Untar de mantequilla una cazuela, colocar una capa de masa, otra de relleno, otra de masa.
- ♦ Hornear a calor regular durante una hora. Servir caliente.

- ♦ El relleno se prepara desvenando los chiles en seco. Se fríen ligeramente y se muelen con poca agua junto con las tortillas y el bolillo previamente dorados.
- ♦ Moler ahí mismo los cacahuates, las semillas de chile y el ajonjolí también dorados.

- Se deberá moler todo esto recién tostado junto con los clavos, la canela y la pimienta.
- Agregar y moler también el jitomate y el tomate verde en crudo.
- Sofreír esta mezcla en un poco de aceite. Al empezar a hervir, agregar sal y el chocolate previamente diluido en agua.
- Dejar al fuego hasta que espese, retirar y agregar el vinagre.

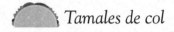 *Tamales de col*

Ingredientes
1 col mediana
1 kg de masa
1 cucharada de polvo para hornear
1 taza de aceite de oliva
1 cebolla
10 dientes de ajo
1 cucharada de orégano
6 chiles poblanos asados, pelados y desvenados
250 g de queso fresco
Salsa o mole al gusto
Sal al gusto

Procedimiento
- Quitar a la col el centro y ponerla a cocer en agua con sal.
- Mezclar la masa con el polvo para hornear, el aceite y la sal.

- ◆ Licuar la cebolla, los dientes de ajo y el orégano con el mínimo de agua, y después agregarlo a la masa.
- ◆ Revolver muy bien y formar una pasta uniforme y fácil de manejar.
- ◆ Una vez que la col está casi cocida, deshojarla y en cada hoja colocar una cucharada de la masa preparada, las rajas de chile y una tirita de queso. Si se desea, puede añadir salsa o mole al gusto.
- ◆ Enrollar los tamalitos de col y ponerlos a cocer al vapor de 45 minutos a una hora.

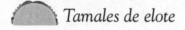 *Tamales de elote*

Ingredientes

12 elotes tiernos
250 g de crema o yogur natural
250 g de mantequilla blanda
Hojas de elote tierno
Sal al gusto

Relleno

6 chiles poblanos asados y en rajas
500 g de jitomate
250 g de queso oaxaca deshebrado
1 trozo de cebolla
2 dientes de ajo
1 chile ancho

Procedimiento

- Desgranar y moler sin agua los elotes en un procesador de alimentos.
- Mezclarles la crema, la mantequilla y sal, batiendo hasta que se incorpore todo perfectamente.
- Preparar aparte el relleno. Licuar los jitomates con el ajo, la cebolla, el chile ancho y la sal.
- Colar y sofreír en un poco de aceite.
- Colocar en las hojas de elote unas cucharadas del elote molido; encima, un poco de salsa, unas rajas de poblano y una tirita de queso.
- Envolver, acomodar en la vaporera y cocer durante 30 o 40 minutos.

 *Taquitos de crema*

Ingredientes

20 tortillas
4 chiles poblanos asados, desvenados y en rajas
750 g de jitomates, asados, molidos y colados
1 cebolla picada
250 g de crema o yogur natural
100 g de queso fresco
50 g de mantequilla
Pimienta al gusto
Sal al gusto

Procedimiento

- Sofreír en un poco de aceite las rajas, el jitomate y la cebolla, sazonándolos con sal y pimienta.

- Rellenar las tortillas con la mezcla anterior, enrollarlas y acomodarlas en un refractario previamente engrasado.
- Agregar encima la crema, el queso rallado y trocitos de mantequilla.
- Hornear y servir calientes.

Uchepos (tamales de elote michoacanos)

Ingredientes

6 elotes tiernos desgranados
400 g de azúcar morena
1 ½ l de leche de soya o de coco
1 cucharada de vainilla
1 pizca de bicarbonato
Hojas tiernas de elote, las necesarias
Sal al gusto

Procedimiento

- Moler los granos de elote con la leche. Colar la mezcla resultante y ponerla a fuego lento.
- Añadir el azúcar, el bicarbonato y la vainilla, moviendo constantemente para que no se pegue.
- Una vez que tome consistencia de atole espeso, retirar del fuego y dejar entibiar.
- Poner cucharadas de la pasta en las hojas de maíz.
- Envolver formando los tamales.
- Dejarlos enfriar y servir fríos.

POSTRES Y DULCES

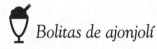 *Bolitas de ajonjolí*

Ingredientes

250 g de crema de cacahuate*
250 g de miel de abeja
100 g de ajonjolí tostado
Germen de trigo, el necesario

Procedimiento

♦ Batir muy bien la crema de cacahuate con la miel y aña-dir el ajonjolí, apartando un poco.

♦ Agregar el germen poco a poco a esta mezcla hasta formar una masa uniforme lo suficientemente firme como para hacer bolitas.

♦ Revolcarlas en ajonjolí tostado. Refrigerar y servir frías.

* Vea la receta para preparar crema de cacahuate en la página 481.

Buñuelos (estilo Michoacán)

Ingredientes
Miel
1 kg de piloncillo
1 raja de canela
2 clavos de olor
1 hoja de higuera
1 l de agua
Tortillas de harina de trigo integral

Procedimiento
- Para hacer la miel se ponen todos los ingredientes a hervir a fuego lento hasta que se desbarate el piloncillo.
- Dejar reposar media hora. Mientras tanto, se doran las tortillas de harina.
- En un cazo de cobre se pone un poco de miel colada, se rompen varias tortillas y se voltean a que se doren al gusto.
- Se sacan y se repite la operación hasta terminar.
- Se sirven fríos o calientes. Se pueden acompañar con atole blanco o al gusto.

Buñuelos de elote

Ingredientes
1 taza de elote fresco desgranado
½ taza de leche condensada
½ taza de harina de trigo
2 cucharadas de polvo para hornear
2 huevos orgánicos

1 cucharada de vainilla
¼ de cucharadita de sal
1 taza de azúcar glass
3 cucharadas de canela molida
Aceite de oliva

Procedimiento

- ◆ Licuar todos los ingredientes de la lista excepto los últimos tres: el azúcar, la canela y el aceite.
- ◆ En un cazo de cobre, calentar un poco de aceite y dejar caer una cucharada de la pasta para formar los buñuelos.
- ◆ Cuando estén dorados, escurrirlos en papel estraza y espolvorear con azúcar y canela.

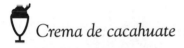 *Crema de cacahuate*

Ingredientes

250 g de cacahuate tostado y pelado
2 cucharadas de miel o sal al gusto
2 cucharadas de aceite de oliva
Agua, la necesaria

Procedimiento

- ◆ Vaciar los cacahuates en la licuadora, agregando agua poco a poco hasta formar una pasta suave.
- ◆ Agregar el aceite y la miel o la sal según el gusto.
- ◆ Seguir licuando hasta darle la consistencia de crema.

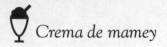

Crema de mamey

Ingredientes

2 mameyes grandes
400 g de azúcar mascabado
1 l de leche de coco o de soya
1 raja de canela
3 yemas orgánicas
25 g de almendras peladas
25 g de cerezas
2 higos cubiertos

Procedimiento

- Licuar los mameyes con la leche, agregar las yemas, azúcar y canela.
- Poner al fuego, moviendo constantemente con una cuchara de madera.
- Retirar del fuego cuando se vea el fondo de la cacerola.
- Vaciar en un platón y decorar formando florecitas con las mitades de las almendras; los centros se hacen con las cerezas y las hojas con tiritas de higo.

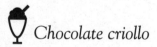

Chocolate criollo

Ingredientes

1 kg de cacao
2 kg de azúcar mascabado
75 g de almendras
75 g de canela en rajas
4 huevos duros (sólo se utiliza la yema)
6 cucharadas de aceite de coco

Procedimiento

- Tostar y pelar el cacao y dejarlo al sol. Dorar y pelar las almendras y ponerlas también al sol.
- Despedazar la canela y ponerla al sol. Desmoronar las yemas y ponerlas también al sol, al igual que el aceite de coco.
- Dejar todos los ingredientes en el sol durante 2 horas, al cabo de las cuales se muelen perfectamente.
- Después agregar el azúcar y volver a moler.
- Formar las tablillas de inmediato antes de que se enfríe el chocolate; para ello se puede utilizar una pulsera del tamaño deseado, se coloca en el centro una bolita y se amasa con los dedos hasta darle la forma de tablilla.

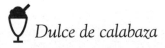 *Dulce de calabaza*

Ingredientes

1 kg de calabaza de Castilla madura
500 g de piloncillo
500 g de guayabas
2 hojas de higo
1 caña picada en trocitos
1 raja grande de canela
1 taza de agua o la necesaria
La cáscara de una naranja
15 tejocotes

Procedimiento

- Partir en cuadritos la calabaza, el piloncillo, las guayabas y la cáscara de naranja.

- Cocer todos los ingredientes con el agua a fuego lento a que espese lo máximo posible.
- Servir al gusto.

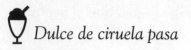 *Dulce de ciruela pasa*

Ingredientes

250 g de ciruela pasa
1 raja grande de canela
100 g de nueces picadas
250 g de azúcar morena o mascabado
1 cucharada de vainilla

Procedimiento

- Lavar y dejar remojar las ciruelas pasas toda la noche en medio litro de agua.
- Ponerlas a cocer en la misma agua en que se han remojado.
- Al soltar el hervor, añadir el azúcar, la vainilla y la canela.
- Dejar a fuego suave hasta que se consuma la mitad de agua.
- Agregar las nueces.
- Si gusta, al servir puede acompañarlo con yogur.

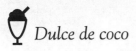 *Dulce de coco*

Ingredientes

150 g de harina de maíz
2 piezas de coco fresco y rallado
300 g de azúcar mascabado
1 l de leche de coco
200 g de pasas
1 limón, el jugo
1 pizca de bicarbonato

Procedimiento

- Diluir la harina de maíz en la leche y colocarla en un cazo de cobre con todos los ingredientes.
- Poner a fuego lento y mover constantemente hasta dar un punto de cajeta.
- Vaciar a un platón. Dejar enfriar y servir.

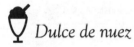 *Dulce de nuez*

Ingredientes

1 lata de leche condensada
250 g de nuez molida
Azúcar glass, la necesaria

Procedimiento

- Mezclar la leche y la nuez y poner a fuego suave, moviendo constantemente hasta que se vea el fondo del cazo o sartén.
- Dejar enfriar la pasta, formar bolitas y revolcarlas en azúcar glass.

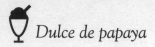 *Dulce de papaya*

Ingredientes

1 papaya verde chica
1 kg de azúcar morena
1 raja de canela
1 cucharada de vainilla
6 clavos de olor
1 limón, el jugo
1 pizca de sal

Procedimiento

- Hervir el azúcar con medio litro de agua y una pizca de sal.
- Añadir la papaya pelada y cortada en cuadritos.
- Cuando suelte el hervor, agregar el jugo de limón, la vainilla y las especias.
- Dejar a fuego lento hasta que la papaya quede cristalina.
- Retirar del fuego y dejarla enfriar antes de servirla.

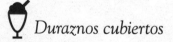 *Duraznos cubiertos*

Ingredientes

1 taza de azúcar mascabado
1 kg de duraznos macizos
1½ tazas de agua
Cal, la necesaria

Procedimiento

- Poner el agua necesaria para que queden cubiertos los duraznos, ir agregando la cal poco a poco hasta que escalde un poco la lengua.
- Pelar los duraznos y picarlos con un tenedor. Colocarlos en el agua de cal y dejar reposar toda la noche.
- A la mañana siguiente, enjuagar los duraznos en agua limpia y escurrirlos.
- Poner a hervir el azúcar con el agua y al soltar el hervor añadir los duraznos.
- Dejar al fuego hasta que se consuma la mitad del líquido y escurrir.
- Poner los duraznos en una charola al sol hasta que sequen, de 3 a 5 días según el gusto.

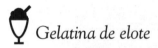 *Gelatina de elote*

Ingredientes

1 l de leche de soya o de coco
50 g de grenetina o de agar-agar
500 ml de agua
2 elotes desgranados
400 g de azúcar mascabado
1 raja de canela

Procedimiento

- Moler los granos de elote con la leche, colar y poner a fuego suave con el azúcar y la canela.
- Mover constantemente. Cuando espese, retirar del fuego y añadir la grenetina o agar-agar previamente disuelta en medio litro de agua caliente. Mezclar perfectamente.

- Vaciar a un molde y decorar al gusto, refrigerar hasta que cuaje y servir fría.

Granola

Ingredientes

6 tazas de avena
1 taza de germen de trigo
1 taza de ajonjolí
1 taza de salvado
1 taza de mascabado
½ taza de miel
½ taza de aceite
Agua, la necesaria
Nuez o almendras al gusto
1 taza de pasas
5 cucharadas de vainilla

Procedimiento

- Incorporar el aceite con la miel y añadir el resto de los ingredientes, a excepción de las pasas y la vainilla.
- Hornear a 250 °C durante 50 minutos, revolver cada 15 minutos para que dore parejo.
- Sacar del horno y añadir las pasas y la vainilla mezclando perfectamente.

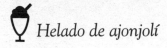 *Helado de ajonjolí*

Ingredientes
    1 taza de ajonjolí tostado
    1 lata de leche condensada
    1 cucharada de vainilla

Procedimiento
    ♦ Licuar los ingredientes, vaciar en moldecitos y congelar.

Helado de soya con coco

Ingredientes
    1 l de leche de soya
    500 g de azúcar morena
    1 coco mediano, rallado

Procedimiento
    ♦ Poner a hervir la leche con el azúcar; cuando suelte el
    hervor, añadir el coco rallado y dejar a fuego lento para
    que espese.
    ♦ Ya que esté espesa, retirar del fuego y enfriar para des-
    pués acomodarlo en la heladera o el congelador hasta
    que cuaje.

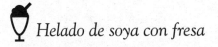 *Helado de soya con fresa*

Ingredientes
    2 l de leche de soya
    500 g de fresas

500 g de azúcar morena
3 yemas de huevo
Vainilla al gusto

Procedimiento

- ◆ Poner a hervir la leche con el azúcar y la vainilla durante 15 minutos, retirar del fuego y dejar enfriar.
- ◆ Separar medio vaso de leche para batir en ella las yemas, después juntar las dos leches y volver a poner al fuego.
- ◆ Cuando suelte el hervor, retirar nuevamente del fuego y dejar enfriar.
- ◆ Por último hay que añadir las fresas machacadas, sin dejar de batir constantemente hasta que estén incorporadas.
- ◆ Colocar en la heladera o congelador y poner trozos más grandes de fresa al empezar a cuajar, para dar mejor sabor al helado.
- ◆ Dejar cuajar aproximadamente 2 horas.

Helado de yogur y piña

Ingredientes

2 tazas de yogur natural
500 g de pulpa de piña
½ vaso de jugo de piña
½ taza de miel de abeja
1 cucharada de vainilla
1 pizca de sal

Procedimiento

- ◆ Entibiar el jugo de piña, añadir la miel y dejar a fuego lento durante 5 minutos.

- ◆ Retirar del fuego y mezclar con el resto de los ingredientes, batiendo constantemente para obtener una consistencia cremosa.
- ◆ Colocar en la heladera o congelador durante 2 horas.

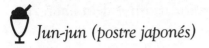 *Jun-jun (postre japonés)*

Ingredientes (1a. parte)
1 taza de harina integral
¼ de taza de harina de maíz
½ taza de germen de trigo
⅓ de taza de mantequilla
2 cucharadas de mascabado
1 pizca de sal

Procedimiento
- ◆ Mezclar todo esto y formar una masa compacta en un molde sin engrasar, aplastando bien con las manos.

Ingredientes (2a. parte)
1 taza de mascabado
½ taza de germen de trigo
½ taza de coco rallado
8 nueces picadas
2 huevos orgánicos
½ cucharada de vainilla
Sal al gusto

Procedimiento

- Mezclarlo todo muy bien. Queda bastante líquido.
- Verter sobre la primera base, emparejando con un tenedor para que quede uniforme.
- Meter al horno a fuego moderado durante 20 minutos, retirar y cortar en caliente en cuadritos del tamaño deseado.

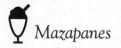

Manzanas horneadas

Ingredientes

5 o 6 manzanas grandes
50 g de azúcar morena
2 cucharadas de canela molida
25 g de pasas
50 g de mantequilla

Procedimiento

- Lavar las manzanas y sacarles el corazón con un sacabocados o cucharita.
- Mezclar la canela, el azúcar, las pasas y la mantequilla y con esto rellenar las manzanas.
- Colocarlas en un refractario y hornearlas durante 30 minutos.

Mazapanes

Ingredientes

75 g de almendras crudas y peladas
75 g de azúcar morena

75 g de papas cocidas y peladas
1 rodaja de cáscara de limón
50 g de harina de maíz, para revolcar los mazapanes
Mantequilla o aceite, el necesario para engrasar

Procedimiento

- Moler en la licuadora el azúcar hasta que quede un polvo fino.
- Agregar las almendras y la cáscara de limón hasta que se haga una pasta.
- Hacer con la papa un puré terso y mezclar todos los ingredientes.
- Formar bolitas del tamaño deseado y revolcarlas en la harina de maíz.
- Colocarlas en una charola para hornear previamente engrasada con mantequilla o aceite.
- Meter al horno precalentado a 200 °C durante 15 minutos.

 *Mermelada de piña*

Ingredientes

1 pieza de piña
1 cucharada de maicena
Agua, la necesaria
1 pizca de bicarbonato
Azúcar mascabado al gusto

Procedimiento

- Pelar y cortar en trozos la piña, licuarla después con un poco de agua y colar si se desea.

- Hervir este licuado con un poco más de agua y con la pizca de bicarbonato para que se le quite lo ácido.
- Endulzar al gusto y añadir la cucharada de maicena previamente disuelta en un poco de agua, para que espese.
- Dejar a fuego lento, moviendo con frecuencia hasta que tome la consistencia de mermelada.
- Envasar y mantener en un lugar fresco.
- Para dar mejor sabor a la mermelada puede utilizar una cazuela de cobre, limpiándola previamente (vea instrucciones en la página 566).

Mermelada de zanahoria y naranja

Ingredientes
6 zanahorias
5 naranjas
500 g de azúcar morena
2 rajas de canela

Procedimiento
- Cortar las naranjas en rebanadas delgadas con todo y cáscara.
- Ponerlas en agua a fuego suave con el azúcar y la canela hasta que se ablanden un poco.
- Agregar las zanahorias peladas y cortadas en tiras finas.
- Dejar al fuego hasta que se cuezan.
- Se deja enfriar y se refrigera.

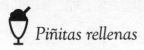 *Piñitas rellenas*

Ingredientes

2 piñitas con penacho

150 g de pasas

150 g de nueces picadas

100 g de azúcar morena

3 manzanas peladas y ralladas

Procedimiento

♦ Partir las piñas por la mitad, incluido el penacho, y vaciarlas con un sacabocados cuidadosamente para no perforar su cáscara.

♦ Mezclar todos los ingredientes, incluida la piña picada, y rellenar el cascarón de la piña con esta mezcla.

♦ Refrigerar y servir frías.

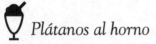 *Plátanos al horno*

Ingredientes

2 kg de plátano macho

50 g de mantequilla

1 taza de azúcar mascabado

50 g de pasitas

100 g de nuez picada

Procedimiento

♦ Pelar y cortar cada plátano en tres partes, acomodarlos en un refractario formando una capa.

- Encima, intercalar trocitos de mantequilla y por último espolvorear las pasitas, la nuez picada y el azúcar.
- Hornear a calor mediano a que doren.

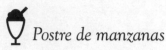

Postre de manzanas

Ingredientes

6 manzanas grandes
50 g de mantequilla
2 tazas de azúcar mascabado
1 taza de sémola de trigo
500 ml de leche de soya o de coco
2 huevos orgánicos

Procedimiento

- Derretir una taza de azúcar para formar caramelo, vaciarlo a un refractario.
- Pelar las manzanas, descorazonarlas y cortarlas en gajitos delgados.
- Colocar sobre el caramelo una capa de gajitos de manzana, espolvorear encima un poco de sémola, otro poco de azúcar, unos chorritos de leche y algunos trocitos de mantequilla; continuar así sucesivamente hasta terminar.
- Al final, batir los huevos con la leche restante y vaciarlos sobre las manzanas.
- Hornear durante 30 minutos a 200 °C.

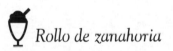

Postre tropical

Ingredientes

250 g de papaya
250 g de camote amarillo
500 g de azúcar
½ pieza de coco rallado
2 naranjas, el jugo
50 g de pasas

Procedimiento

- ◆ Cocer el camote, pelarlo y picarlo finamente.
- ◆ Agregar la papaya picada, el coco rallado, el azúcar y el jugo de las naranjas.
- ◆ Poner al fuego, moviendo constantemente hasta que se vea el fondo de la cacerola.
- ◆ Vaciarlo a un platón y adornar con las pasitas. Servir frío.

Rollo de zanahoria

Ingredientes

500 g de zanahoria fresca y rallada
100 g de almendras molidas
250 g de nuez picada
2 latas de leche condensada
Azúcar glass, la necesaria

Procedimiento

- ◆ Poner al fuego la zanahoria, las almendras y la leche condensada, moviendo constantemente hasta que se vea el fondo de la cacerola.

- Retirar del fuego y seguir moviendo hasta que esté tibio.
- Espolvorear muy bien con azúcar glass la base donde se va a amasar.
- Vaciar la pasta y extender con el rodillo a que quede de 1 cm de grueso.
- Cubrir espolvoreando la nuez picada y enrollar.
- Envolver en papel encerado y refrigerar. Servir bien frío en rebanadas.

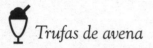

Trufas de avena

Ingredientes

1½ vasos de avena integral
1 huevo orgánico
1 vaso de azúcar morena
4 cucharadas de cocoa o algarrobo
200 g de mantequilla sin sal
1 cucharada de vainilla
50 g de pasas

Procedimiento

- Derretir la mantequilla a fuego suave y agregar la avena previamente triturada en la licuadora.
- Incorporar enseguida el azúcar, la cocoa, la vainilla y por último el huevo, batido a punto de cordón.
- Refrigerar hasta que endurezca. Añadir entonces las pasas.
- Formar las bolitas y revolcarlas en chocolate rallado, coco rallado o nuez molida.
- Refrigerar y servir frías.

GALLETAS, PANES, PASTELES

Cocoles de trigo

Ingredientes
1¼ kg de harina de trigo integral
500 g de piloncillo con 150 ml de agua
Agua, la necesaria
2 cucharadas de polvo para hornear
2 cucharadas de canela
1 taza de aceite de oliva

Procedimiento
- ◆ Mezclar la harina con el polvo para hornear y la canela.
- ◆ Agregar el aceite y el piloncillo previamente disuelto en agua, y amasar.
- ◆ Adicionar poco a poco el agua necesaria hasta formar una masa manejable.
- ◆ Untarle aceite por fuera y dejar reposar por 2 horas.
- ◆ Después hacer los cocoles y hornearlos a 300 °C.

Empanadas de ciruelas pasas

♦ Se siguen las instrucciones de la pasta básica para empanadas; vea la receta en la página 527. El relleno se elabora como sigue:

Ingredientes
500 g de ciruelas pasas
250 g de nuez picada
1 lata chiquita de leche condensada

Procedimiento
♦ Remojar las ciruelas pasas durante una hora, escurrir, deshuesar y cortar en trocitos.
♦ Mezclar las ciruelas pasas con la nuez picada y la leche condensada.
♦ Proceder a rellenar las empanadas y continuar con las instrucciones de la pasta básica para empanadas.

Empanadas de champiñones

♦ Seguir las instrucciones de la pasta básica para empanadas; vea la receta en la página 527. El relleno se elabora como sigue:

Ingredientes
500 g de champiñones
1 cebolla picada
50 g de mantequilla
Pimienta molida
Sal al gusto

Procedimiento

- Lavar los champiñones y cortarlos en trocitos.
- Sofreír la cebolla en la mantequilla.
- Agregar los champiñones, salpimentar y dejar 15 minutos a fuego lento.
- Proceder a rellenar las empanadas y continuar con las instrucciones de la pasta básica para empanadas.

Empanadas de espinacas

- Seguir las instrucciones de la pasta básica para empanadas; vea la receta en la página 527. El relleno se elabora como sigue:

Ingredientes

500 g de espinacas
1 cebolla mediana picadita
2 limones, el jugo
100 g de nuez picada

Procedimiento

- Lavar las espinacas, cortarlas en trocitos y mezclarlas con los demás ingredientes.
- Así, en crudo, rellenar la empanada, aplastando un poco la espinaca.
- Proceder a rellenar las empanadas y continuar con las instrucciones de la pasta básica para empanadas.

🍞 Empanadas de huitlacoche

♦ Seguir las instrucciones de la pasta básica para empanadas; vea la receta en la págiina 527. El relleno se elabora como sigue:

Ingredientes
1 kg de huitlacoche
1 cebolla picada
3 dientes de ajo picados
3 ramas de epazote picadas

Procedimiento
♦ Lavar y cortar en trocitos el huitlacoche y mezclarlo con los demás ingredientes.
♦ Colocar todo en una cacerola con un chorrito de aceite de oliva y tapar.
♦ Cocinar a fuego lento, *al dente*.
♦ Proceder a rellenar las empanadas y continuar con las instrucciones de la pasta básica para empanadas.

🍞 Empanadas de manzana

♦ Seguir las instrucciones de la pasta básica para empanadas; vea la receta en la págiina 527. El relleno se elabora como sigue:

Ingredientes
500 g de manzana
1 taza de azúcar mascabado
1 cucharada de canela molida

NUTRICIÓN VEGETARIANA

Procedimiento

- ♦ Pelar, descorazonar las manzanas y cortarlas en medias lunas.
- ♦ Mezclar el azúcar y la canela y en esto revolcar los gajitos de manzana.
- ♦ Proceder a rellenar las empanadas y continuar con las instrucciones de la pasta básica para empanadas.

Empanadas de piña

- ♦ Seguir las instrucciones de la pasta básica para empanadas; vea la receta en la página 527. El relleno se elabora como sigue:

Ingredientes

1 piña mediana
500 g de azúcar mascabado
2 cucharadas soperas de harina de maíz
1 pizca de bicarbonato

Procedimiento

- ♦ Licuar y colar la piña y ponerla a hervir con una pizca de bicarbonato para quitarle lo ácido.
- ♦ Agregarle también el azúcar y la harina de maíz, previamente disuelta en un poco de agua. Dejar a que espese.
- ♦ Para hacer mermelada de otros sabores, seguir el mismo procedimiento cambiando la piña por la fruta deseada en las mismas proporciones.
- ♦ Proceder a rellenar las empanadas y continuar con las instrucciones de la pasta básica para empanadas.

Empanadas de rajas con papas

♦ Seguir las instrucciones de la pasta básica para empanadas; vea la receta en la página 527. El relleno se elabora como sigue:

Ingredientes
500 g de chiles poblanos
3 papas
½ cebolla
1 cucharada de aceite de oliva
½ taza de agua
Sal al gusto

Procedimiento
♦ Lavar, desvenar y cortar los chiles en tiritas.
♦ Picar las papas y las cebollas en cuadritos y colocar todo en una cacerola.
♦ Añadir el aceite, el agua y sal. Tapar y dejar cocinar a fuego lento hasta que las papas estén cocidas.
♦ Proceder a rellenar las empanadas y continuar con las instrucciones de la pasta básica para empanadas.

Empanadas de verduras

♦ Se siguen las instrucciones de la Pasta básica para empanadas; vea la receta en la página 527. El relleno se elabora como sigue:

Ingredientes

1 zanahoria
1 calabacita
1 chayote
1 chile poblano
½ cebolla
3 dientes de ajo
1 camote chico
1 papa
2 cucharadas de aceite de oliva
½ taza de agua
Sal al gusto

Procedimiento

♦ Lavar y picar las verduras finamente.
♦ Colocarlas en una cacerola con el aceite, sal y el agua.
♦ Tapar y dejar a fuego lento nada más a que sancochen.
♦ Proceder a rellenar las empanadas y continuar con las instrucciones de la pasta básica para empanadas.

Galletas de avena y dátil

Ingredientes

4 tazas de avena
1½ tazas de miel
6 cucharadas de leche de soya o de coco
3 tazas de harina integral
1½ tazas de aceite de oliva
1 taza de mascabado
100 g de dátiles picados

Procedimiento

- Batir en un tazón el aceite y el mascabado.
- Agregar el resto de los ingredientes, mezclando perfectamente.
- Hacer bolitas con la pasta, aplanándolas un poco para darles forma de galleta.
- Hornear sobre charolas engrasadas y enharinadas a calor mediano durante 20 minutos.

Galletas de avena y nuez

Ingredientes

3 tazas de avena integral
1½ tazas de harina integral
½ taza de nueces picadas
1¾ tazas de mascabado
1 cucharadita de sal
1 cucharada de canela en polvo
50 g de mantequilla derretida
2 huevos orgánicos
½ taza de leche de soya o de coco

Procedimiento

- Mezclar la avena con la harina.
- Agregar luego el mascabado, la sal y la canela.
- Formar una fuente y en el centro agregar uno a uno los huevos, la mantequilla derretida y por último la leche y las nueces.
- Revolver todo muy bien, formando una pasta uniforme.
- Formar las galletas, vertiendo la pasta a cucharadas sobre una lámina engrasada.

- ♦ Dejar un espacio de 3 o 4 cm entre cada galleta.
- ♦ Hornear a 200 °C durante 15 minutos aproximadamente.

Galletas de maíz

Ingredientes

½ taza de harina integral
1 ½ tazas de harina de maíz
½ taza de piloncillo molido
½ taza de aceite de coco
1 ½ cucharadas de polvo para hornear
½ cucharadita de anís
1 cucharadita de bicarbonato
½ taza de agua

Procedimiento

- ♦ Hervir en el agua el piloncillo y el anís hasta formar una miel espesa.
- ♦ Dejar enfriar y revolver con el resto de los ingredientes para formar una masa suave.
- ♦ Extender la masa con el rodillo a un grueso de medio centímetro.
- ♦ Cortar las galletas y acomodar en láminas engrasadas.
- ♦ Meter al horno precalentado a calor mediano, aproximadamente 25 minutos.

Galletas de manzana

Ingredientes

1 ½ tazas de manzana rallada finamente

1 ¾ tazas de harina integral

½ taza de avena integral

1 taza de azúcar mascabado

2 huevos orgánicos

½ taza de mantequilla

½ cucharada de sal

2 cucharadas de polvo para hornear

½ cucharada de canela molida

Procedimiento

♦ Mezclar todos los ingredientes perfectamente y formar las galletas.

♦ Colocarlas sobre láminas engrasadas y hornear por espacio de 15 minutos a 350 °C.

Galletas de nuez

Ingredientes

150 g de nuez molida

300 g de harina integral

100 g de azúcar mascabado

200 g de mantequilla o aceite de coco

Procedimiento

♦ Mezclar todos los ingredientes.

♦ Formar bolitas y colocarlas sobre una charola engrasada.

- ◆ Hornear a 300 °C durante el tiempo necesario hasta que doren.
- ◆ Una vez fuera del horno, revolcarlas en azúcar glass.

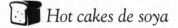 *Galletas de zanahoria*

Ingredientes
⅓ de taza de aceite de oliva
⅔ de taza de azúcar mascabado
1 huevo
2 tazas de harina integral
½ cucharada de polvo para hornear
½ cucharada de bicarbonato
½ cucharada de canela molida
1 taza de zanahoria rallada
1¼ tazas de avena
½ cucharada de sal

Procedimiento
- ◆ Mezclar todos los ingredientes perfectamente y formar las galletas.
- ◆ Colocarlas sobre láminas y meter al horno caliente a 400 °C por espacio de 10 minutos.

 Hot cakes de soya

Ingredientes
2 tazas de harina de soya o la masa sobrante de preparar la leche de soya, okara
2 tazas de harina integral

1 huevo orgánico

2 cucharadas de azúcar mascabado

2 cucharadas de polvo para hornear

Leche de soya, la necesaria

Miel y mantequilla al gusto

Procedimiento

- Mezclar la yema de huevo con el azúcar y un poco de leche.
- Añadir las harinas, el polvo para hornear y otro poco de leche para formar un atole espeso.
- Por último, agregar la clara de huevo batida y revolver todo muy bien.
- Vaciar porciones de esta mezcla en un sartén engrasado con mantequilla y extender formando una tortilla.
- Dejar a que cueza por un lado a fuego lento, voltear del otro lado para que también se cueza y retirar.
- Servir calientes con miel y cuadritos de mantequilla.

Hot cakes integrales

Ingredientes

1 taza de harina integral

1 taza de germen de trigo

2 cucharaditas de polvo para hornear

½ cucharadita de sal

50 g de nueces picadas

2 huevos orgánicos

2 tazas de leche de soya o de coco

2 cucharaditas de vainilla

4 cucharadas de aceite de oliva

Procedimiento

- ◆ Mezclar los primeros 5 ingredientes perfectamente en un tazón.
- ◆ Los 4 últimos se licuan y se mezclan con lo anterior.
- ◆ Se revuelve todo perfectamente.
- ◆ Se vacía por cucharadas sobre un sartén caliente untado de mantequilla, dándoles la forma de *hot cakes*. Se cuecen por ambos lados.
- ◆ Servirlos con un trocito de mantequilla y miel de abeja, mermelada o leche condensada.

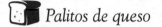 *Palitos de queso*

Ingredientes

2 tazas de harina integral
250 g de queso cheddar
¼ de taza de aceite de oliva
1 cucharada de polvo para hornear
2 huevos orgánicos (uno para barnizar)

Procedimiento

- ◆ Rallar el queso y mezclar con el resto de los ingredientes.
- ◆ Formar palitos largos y barnizar con el huevo restante.
- ◆ Colocar en láminas engrasadas.
- ◆ Hornear a calor mediano a que doren.

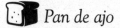 *Pan alemán de caja*

Ingredientes

250 g de harina integral
½ cucharadita de bicarbonato
1 cucharadita de crémor tártaro
100 g de mantequilla
2 huevos orgánicos
150 g de azúcar mascabado

Procedimiento

- Mezclar la harina con el bicarbonato y el crémor tártaro.
- Acomodarla en forma de fuente y colocar al centro el resto de los ingredientes.
- Amasar perfectamente.
- Dejar reposar la pasta tapada con una servilleta en lugar tibio durante 30 minutos.
- Colocarla en molde de caja previamente engrasado y enharinado.
- Hornear a 220 °C durante 30 minutos o más.

Pan de ajo

Ingredientes

Pan integral
Mantequilla
Dientes de ajo
Queso rallado

Procedimiento

- Machacar los ajos con la mantequilla, untar en el pan integral y espolvorear con queso rallado.
- Horncar hasta que se derritan el queso y la mantequilla.
- No hay cantidades, ya que todo depende del gusto.

Pan de caja integral

Ingredientes

1 kg de harina integral
60 g de levadura
100 g de mantequilla
3 cucharadas de azúcar mascabado
50 g de ajonjolí
2 huevos orgánicos
1 cucharada de sal
Leche de soya o de coco, la necesaria

Procedimiento

- Disolver la levadura en media taza de agua tibia y mezclar con una taza de harina y un poco de leche.
- Dejar reposar 20 minutos en un lugar tibio.
- Revolver aparte la harina con la mantequilla, el azúcar y la leche necesaria, amasando hasta formar una pasta uniforme.
- Añadir la levadura y seguir amasando.
- Apartar la mitad de la pasta y amasarla por separado, a la primera incorporarle los huevos y seguir amasando durante 5 minutos; envolverla en una bolsa de plástico engrasada y colocarla en un lugar tibio hasta que casi doble su volumen.

- La pasta que no tiene huevo se vacía a un molde de caja engrasado y se hornea a calor mediano aproximadamente 45 minutos.
- Con la primera se hacen panecillos, untarlos con leche y espolvorear encima el ajonjolí.
- Hornear a calor mediano una hora aproximadamente.

Pan de coco

Ingredientes

Mezcla número 1

- 2 huevos orgánicos
- ¼ de taza de mantequilla
- ¾ de taza de mascabado
- ¼ de taza de leche de coco

Mezcla número 2

- ½ taza de harina integral
- 2 cucharadas de polvo para hornear
- ½ cucharada de sal

Mezcla número 3

- 2 cucharadas de mantequilla
- ⅓ de taza de azúcar mascabado
- ½ taza de coco rallado
- 1 cucharada de harina integral
- 1 cucharada de canela

Procedimiento

- ◆ Combinar perfectamente la mezcla número 1.
- ◆ Revolver bien la mezcla número 2 y agregar a la número 1, batiendo bastante bien.
- ◆ Verter en un molde previamente engrasado y enharinado y extender bien la pasta.
- ◆ Enseguida, revolver la mezcla número 3 y verter encima de la pasta anterior.
- ◆ Hornear durante 30 minutos a 300 °C.

Pan de levadura

Ingredientes

2 sobres de levadura seca (9 g c/u)
1½ tazas de agua caliente
6 tazas de harina integral
1 cucharada de aceite de oliva
1 cucharada de ajonjolí
2 cucharadas de sal

Procedimiento

- ◆ Disolver la levadura en el agua caliente e incorporar a la harina junto con la sal.
- ◆ Amasar en una superficie plana hasta formar una masa que se pueda manejar.
- ◆ Colocar sobre una superficie enharinada y trabajarla hasta que esté tersa, elástica y no se pegue a las manos.
- ◆ Formar una bola con la masa y engrasarla con un poco de aceite.

- Envolverla con un plástico también engrasado y colocar en un lugar tibio hasta que aumente el doble de su volumen.
- Volver a trabajar la masa unos minutos más y luego dividirla en 2 partes iguales.
- Extender cada una de ellas con el rodillo hasta formar círculos de un diámetro de 20 cm aproximadamente.
- Barnizar con el aceite encima de cada círculo, espolvorear con la semilla de ajonjolí y acomodar ambas en láminas engrasadas.
- Meter al horno precalentado a 200 °C y dejar que se cueza durante 30 minutos aproximadamente.

Pan de maíz

Ingredientes

1 taza de harina de maíz
1 taza de harina de trigo integral
2 cucharadas de azúcar mascabado
½ cucharadita de polvo para hornear
1 taza de leche de soya o de coco
150 g de mantequilla
1 huevo orgánico

Procedimiento

- Se revuelven los ingredientes mezclando perfectamente hasta que quede todo bien incorporado.
- Se vacía en un molde cuadrado engrasado previamente o en moldes para panquecitos.
- Meter a horno caliente a 200 °C hasta que adquieran un color dorado claro.

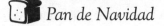 *Pan de Navidad*

Ingredientes

2 sobres de levadura seca (9 g c/u)

1 taza de agua caliente

125 g de mantequilla

½ taza de azúcar mascabado

2 huevos orgánicos, enteros

2 yemas de huevo

1 limón verde (la raspadura)

6 o 7 tazas de harina integral

½ cucharada de sal

Relleno

1 taza de pasitas

¾ de taza de avellanas picadas

¾ de taza de fruta cubierta en cuadritos

¼ de taza de azúcar mascabado

Procedimiento

- Disolver la levadura en el agua caliente. Acremar aparte la mantequilla y el mascabado, y sin dejar de batir ir incorporando los huevos enteros uno a uno, la sal, la ralladura de limón y sólo 4 tazas de harina integral.
- Ya que esté mezclado todo perfectamente, añadir la levadura disuelta y la harina restante, formando una masa que pueda manejarse.
- Trabajar la masa sobre una superficie enharinada durante 5 o 10 minutos, hasta que esté tersa y elástica.
- Si está pegajosa, añadir un poco más de harina.
- Formar una bola con esta masa, engrasarla y envolverla con un plástico engrasado.

- ◆ Dejarla reposar en un lugar tibio hasta que doble su volumen.
- ◆ Volver a trabajar la masa sobre la misma superficie y extender con las manos para formar una torta redonda y gruesa.
- ◆ Mezclar aparte los ingredientes del relleno y distribuir a lo largo de la masa.
- ◆ Dividir la masa en tres partes iguales y vaciar cada una en moldes redondos y hondos de 14 cm de diámetro por 20 cm de fondo aproximadamente, previamente engrasados.
- ◆ Cada molde debe llenarse sólo hasta la mitad.
- ◆ Cubrir los moldes con un plástico y dejar de nuevo en un lugar tibio hasta que esponjen, casi al punto de rebasar el borde del molde.
- ◆ Meter al horno precalentado a 175 °C durante 45 minutos aproximadamente, retirar y dejar enfriar.
- ◆ Desmoldar los panes y barnizar la superficie con mantequilla.

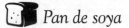 *Pan de soya*

Ingredientes

250 g de harina de soya o la masa sobrante de preparar la leche de soya, okara
300 g de harina de trigo integral
1 sobre de levadura seca (9 g)
4 cucharadas soperas de azúcar morena
1 cucharada de mantequilla derretida
Canela o vainilla al gusto
Leche de soya, la necesaria
Una pizca de sal

Procedimiento

- ♦ Mezclar muy bien la harina de trigo con la de soya.
- ♦ Enseguida añadir el azúcar, la sal y la levadura previamente disuelta en medio vaso de leche caliente.
- ♦ Formar una fuente y en el centro agregar la mantequilla y un poco de leche.
- ♦ Amasar todo perfectamente; si hace falta, adicione un poco más de leche para formar una masa elástica y fácil de manejar.
- ♦ Añadir por último la canela molida o vainilla al gusto.
- ♦ Acomodar en pequeños moldes previamente engrasados, dejar reposar 20 minutos en un lugar tibio para que suban.
- ♦ Hornear a 200 °C aproximadamente 30 minutos.
- ♦ Cuidar que la masa, al vaciarla a los moldes, no llene más de la mitad de la profundidad de éstos, pues al esponjar necesitan buen espacio.

Pan integral exquisito

Ingredientes

¾ de taza de trigo, remojado 24 horas
1 ½ tazas de leche de soya calentada a punto de hervir y enfriada
1 cucharada de levadura
⅓ de taza de miel de abeja
2 cucharadas de mantequilla
5 a 6 tazas de harina de trigo integral
½ taza de germen de trigo
2 cucharaditas de sal

Procedimiento

+ Poner a hervir los granos de trigo en la misma agua en que se remojaron, hasta que estén suaves.
+ Disolver la levadura en ¼ de taza de agua tibia, verter en un tazón y agregar la leche, la miel, la mantequilla derretida y la sal.
+ Añadir 4 tazas de harina integral y batir hasta que la masa esté lisa y elástica.
+ Agregar otras 1 ½ tazas de harina y el germen de trigo, amasando bien sobre una tabla enharinada.
+ Ya bien amasada, colocar en un tazón engrasado y dejar reposar hasta que doble su volumen, una hora y media aproximadamente. Sacarle el aire golpeándola un poco y amasarla mezclando los granos de trigo.
+ A esta pasta puede dársele la forma que se desee en un molde engrasado: bolillo, hogaza, etc. Cualquier forma se tapa con una toalla y se deja reposar durante 45 minutos en un lugar tibio.
+ Se hornea a 200 °C durante 45 minutos aproximadamente.

Pan integral sencillo

Ingredientes

4 tazas de harina integral
2 cucharadas de leche en polvo
1 cucharada de azúcar morena
1 cucharada de polvo para hornear
50 g de mantequilla derretida
1 cucharada de sal

Una pizca de bicarbonato

Agua tibia, la necesaria

Procedimiento

♦ Mezclar perfectamente todos los ingredientes e ir agregando el agua tibia poco a poco hasta obtener una pasta suave.

♦ Vaciar a moldes engrasados y hornear a 200 °C por espacio de 20 a 30 minutos.

Pan navideño europeo

Ingredientes

90 g de almendras peladas

90 g de pasas blancas

90 g de pasas negras

50 g de naranja cubierta en cuadritos

50 g de limón cubierto en cuadritos

1 sobre de levadura seca (9 g)

⅓ de taza de agua caliente

1 taza de leche de soya o de coco

150 g de mantequilla

¼ de taza de azúcar morena

¼ de taza de miel de abeja

3 a 5 tazas de harina integral

1 cucharada de jugo de limón

1 pizca de jengibre en polvo

Azúcar glass al gusto

1 pizca de sal

Procedimiento

♦ Disolver la levadura en el agua caliente. Calentar aparte la leche y derretir allí la mantequilla.

♦ Añadir el azúcar y la miel moviendo hasta que se disuelva, dejar enfriar.

♦ Mezclar aparte la harina con el jengibre y la sal, formando una fuente; en el centro deberá agregarse poco a poco la leche con la mantequilla derretida y la levadura ya disuelta en el agua.

♦ Amasar constantemente hasta formar una pasta suave.

♦ Incorporar poco a poco el extracto de limón junto con las almendras y la fruta cubierta.

♦ Si la masa está aún pegajosa, añadir un poco más de harina.

♦ Trabajar la masa en una superficie enharinada hasta que se ponga suave y elástica.

♦ Formar una bola con la masa y engrasarla con un poco de aceite.

♦ Cubrirla con un plástico y dejarla reposar en un lugar tibio hasta que aumente su volumen al doble, aproximadamente 2 horas.

♦ Volver a trabajar la masa por un momento y después dividirla en 2 porciones iguales.

♦ Extender cada una con el rodillo hasta formar un rectángulo de 30 cm de largo por 12 cm de ancho, doblar a lo largo y redondear los extremos, dándoles forma de óvalo.

♦ Colocar los panes sobre una lámina engrasada, cubrir con un plástico y volver a dejar reposar, en un lugar tibio, durante una hora.

♦ Pasado este tiempo, retirar el plástico y hornear los panes a 200 °C durante 50 minutos aproximadamente.

- Retirar del horno, dejar enfriar y decorar con azúcar glass espolvoreada.

Pan negro de soya

Ingredientes

250 g de harina de soya o la masa sobrante de preparar la leche de soya, okara
300 g de harina de trigo
100 g de germen de trigo
1 sobre de levadura seca (9 g)
1 huevo orgánico
1 cucharada de mantequilla
Piloncillo molido al gusto
Pasas y nueces picadas al gusto
Leche de soya, la necesaria

Procedimiento

- Mezclar las harinas de soya y de trigo, el germen de trigo y la levadura previamente disuelta en medio vaso de leche caliente.
- Añadir el resto de los ingredientes junto con la leche necesaria para formar una masa elástica y fácil de trabajar.
- Por último, agregar las pasas y las nueces.
- Colocar la masa en moldes engrasados y dejar reposar aproximadamente 20 minutos en un lugar tibio para que esponje.
- Hornear a 200 °C durante 30 minutos aproximadamente.

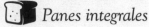 *Panes integrales*

Ingredientes

500 g de harina integral

1 cucharada de azúcar mascabado

50 g de mantequilla

20 g de levadura seca (sobrecitos)

1 cucharada de leche o agua

1 cucharadita de sal

Procedimiento

- ♦ Hacer una fuente con la harina y en el centro poner azúcar, sal y la levadura disuelta en un poco de agua tibia.
- ♦ Dejar reposar durante 30 minutos. Revolver poco a poco y agregar mantequilla amasando.
- ♦ Agregar leche o agua, seguir amasando. Después de que se hace una bola, poner en un recipiente.
- ♦ Cubrir con un lienzo húmedo y dejar reposar por una hora.
- ♦ Este procedimiento de amasar y dejar reposar por una hora se repite dos veces más.
- ♦ Dar al pan la forma deseada, bolillo, caja, etc., y hornear a 200 °C durante 45 minutos aproximadamente.

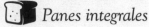 *Panquecitos de germen de trigo*

Ingredientes

2 tazas de germen de trigo crudo

1 taza de harina integral

1 taza de azúcar mascabado

2 cucharadas de polvo para hornear

1 ½ vasos de leche de soya o de coco
½ vaso de agua
Pasas al gusto
Nueces picadas, al gusto
Ajonjolí para adornar

Procedimiento
- Mezclar todos los ingredientes perfectamente hasta formar una masa uniforme; queda bastante líquida.
- Vaciar en moldes de panquecitos previamente engrasados y enharinados o en platitos encerados para panqués, llenando hasta la mitad.
- Espolvorear el ajonjolí sobre los panquecitos.
- Hornear aproximadamente 25 minutos a calor mediano.

*Pasta básica para empanadas**

Ingredientes
1 kg de harina integral
2 paquetitos de levadura en polvo (9 g c/u)
1 taza de azúcar morena
250 g de mantequilla
1 huevo para barnizar
Una cucharadita de sal

Procedimiento
- Derretir la mantequilla. Disolver la levadura en un vaso de agua tibia.
- Mezclar todos los ingredientes y amasar hasta formar una pasta uniforme.

- Hacer bolitas del tamaño deseado y extenderlas con rodillo sobre una mesa enharinada.
- Colocar el relleno en el centro y doblarlas por mitad, cerrando bien los bordes. Barnizar con la yema de huevo.
- Hornear a fuego moderado hasta que estén doraditas.

* Se preparan con alguna de las tantas opciones de rellenos para empanadas presentadas en este capítulo.

Pasta básica para pays*

Ingredientes

1 ½ tazas de harina integral
100 g de mantequilla
½ cucharadita de polvo para hornear
1 cucharada de azúcar mascabado
½ cucharadita de canela molida
1 pizca de sal
½ taza de agua
1 huevo para barnizar

Procedimiento

- Formar con la harina una fuente. Colocar en el centro el resto de los ingredientes, con excepción del huevo y el agua.
- Ir cortando la harina con dos cuchillos, incorporando el agua poco a poco hasta formar una mezcla uniforme.
- La masa no deberá tocarse con las manos, para evitar que se caliente.
- Una vez lista la pasta, extenderla con rodillo al tamaño del molde en una tabla previamente enharinada.

- Dejar una pequeña porción de pasta para hacer las tiritas de adorno.
- Engrasar y enharinar el molde para el pay y colocar encima la pasta que ya se extendió.
- Darle forma según el contorno del molde y cortar los sobrantes del borde. Poner enseguida el relleno.
- La pasta sobrante se extiende y de ahí se cortan las tiras para adornar el pay, poniendo líneas en sentido vertical y luego horizontal, formando cuadritos. Barnizar con huevo.
- Con el dorso de un tenedor, presione sobre los bordes del pay para que tenga mejor presentación.
- Hornear a 175 °C durante 40 minutos.

* Rellenar el pay con alguna de las muchas opciones presentadas en este capítulo.

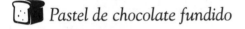 ## *Pastel de chocolate fundido*

Ingredientes

250 g de azúcar mascabado
250 g de chocolate amargo
250 g de mantequilla
250 ml de agua
75 g de harina integral
2 yemas de huevo

Procedimiento

- Poner a hervir el agua con el azúcar, y cuando suelte el hervor agregar el chocolate y la mantequilla en trozos pequeños.
- Dejar a fuego lento y mover constantemente hasta formar una mezcla homogénea.

- Aparte, mezclar la harina con las yemas una a una y vaciar esta pasta sobre la crema de chocolate, batiendo para que todo quede bien incorporado.
- Verter lo anterior a un molde redondo previamente engrasado.
- Hornear a 180 °C en baño maría durante una hora aproximadamente.
- Retirar del horno y dejar enfriar durante 12 horas.

Pastel de elote

Ingredientes

8 elotes tiernos desgranados
100 g de mantequilla derretida
1 cucharada de canela molida
1 cucharada de polvo para hornear
400 g de azúcar morena
4 huevos orgánicos

Procedimiento

- Moler en la licuadora los huevos, el azúcar y la mantequilla, e ir incorporando poco a poco el elote desgranado.
- Continuar licuando y añadiendo el resto de los ingredientes hasta formar una mezcla homogénea, queda como un atole espeso.
- Engrasar un molde y forrarlo perfectamente con papel estraza, cortando los bordes de papel salientes del molde.
- Engrasar también el papel por encima.
- Vaciar a este molde el licuado y hornear a 250 °C, aproximadamente una hora.

Pastel de manzanas

Ingredientes

2 kg de manzanas
200 g de mantequilla
1½ tazas de azúcar mascabado
1½ tazas de harina integral
1½ tazas de nuez picada
2 cucharadas de canela en polvo

Procedimiento

- ◆ Pelar, descorazonar y partir en gajos delgados las manzanas.
- ◆ Engrasar un refractario con mantequilla y acomodar en él la mitad de los gajitos de manzana.
- ◆ Espolvorear encima media taza de azúcar y una cucharada de canela.
- ◆ Colocar encima el resto de las manzanas y espolvorear enseguida otra media taza de azúcar y la canela restante.
- ◆ Aparte, formar una masa con la mantequilla derretida, la harina, la nuez, media taza de azúcar y el agua necesaria.
- ◆ Ya bien amasada, extenderla y colocarla sobre las manzanas a que cubra el molde.
- ◆ Barnizar con huevo si se desea. Hornear a 200 °C durante una hora.

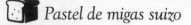 *Pastel de migas suizo*

Ingredientes

4 tazas de migas de pan
1 taza de jocoque o yogur natural
½ taza de pimientos morrones rojos, picados
1 lata de leche evaporada
½ taza de apio picado
12 ciruelas pasas escaldadas y cortadas en trozos
½ taza de nueces picadas
1 cucharadita de jengibre rallado
1 taza de requesón o queso cottage
250 g de queso rallado, Chihuahua, Oaxaca o manchego
Sal al gusto

Procedimiento

♦ En un recipiente poner primero el pan, luego el jocoque y los pimientos rojos, añadiendo las ciruelas pasas.

♦ Enseguida el requesón, el apio, las nueces, el jengibre, sal y la leche evaporada hasta mezclar perfectamente todos los ingredientes, con excepción del queso.

♦ Engrasar el molde con mantequilla. Vaciar la mezcla y espolvorear encima la mitad del queso rallado.

♦ Meter al horno precalentado a 300 °C. A los 10 minutos bajar a 250 °C.

♦ A los 20 minutos sacar, voltear, poner encima el resto del queso y volver a meter al horno 10 minutos más.

 *Pastel de naranja*

Ingredientes

3 tazas de harina integral
2 cucharadas de polvo para hornear
250 g de mantequilla
1½ tazas de azúcar mascabado
4 huevos orgánicos
2 cucharadas de vainilla
3 naranjas
1 limón

Procedimiento

- Acremar la mantequilla con el azúcar y la vainilla, añadir la ralladura de la cáscara de las naranjas y el limón.
- Incorporar los huevos uno a uno, alternando con los polvos y el jugo de naranja y batir hasta formar una pasta suave.
- Vaciar la pasta en un molde engrasado.
- Introducir al horno caliente a 300 °C durante 4 minutos y después bajar a 200 °C por 30 minutos.
- Estará listo si al introducir un palillo éste sale seco.

 Pastel de nuez sencillo

Ingredientes

100 g de nuez
1 lata de leche condensada
2 huevos orgánicos*

Procedimiento

- ♦ Licuar todos los ingredientes y vaciar a un molde engrasado.
- ♦ Meter al horno a calor mediano durante 40 minutos.

 Pastel de plátano

Ingredientes

3 plátanos Tabasco
2 huevos orgánicos
1 ½ tazas de azúcar mascabado
100 g de mantequilla
2 cucharadas de vainilla
1 cucharadita de polvo para hornear
½ cucharadita de bicarbonato
2 ½ tazas de harina integral
½ taza de leche de soya

Procedimiento

- ♦ Mezclar muy bien todos los ingredientes, menos el plátano.
- ♦ Aparte, machacar el plátano, agregarlo a lo anterior y volver a batir.
- ♦ Si la mezcla queda muy espesa, agregar un chorrito más de leche.
- ♦ Meter al horno en molde engrasado a 175 °C hasta que se cueza.

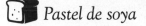 *Pastel de soya*

Ingredientes

    2 tazas de harina de soya o la masa sobrante de preparar
        la leche de soya, okara
    2 tazas de harina integral
    1½ sobres de levadura seca (13 g)
    1 huevo orgánico
    2 tazas de azúcar morena
    1 taza de coco rallado
    100 g de mantequilla
    Vainilla al gusto
    Leche de soya, la necesaria

Procedimiento

- Mezclar las harinas con el azúcar y la levadura, previamente disuelta en medio vaso de leche caliente.
- Derretir aparte la mantequilla y revolver con el huevo y un poco de leche.
- Añadir esto a lo anterior y por último el coco rallado y la vainilla.
- Mezclar todo perfectamente y vaciar a moldes engrasados.
- Meter al horno precalentado a calor mediano durante 25 minutos aproximadamente.

Pastel de zanahoria

Ingredientes

    2 tazas de azúcar morena
    ¾ de taza de aceite de oliva
    3 huevos orgánicos

2 tazas de harina integral
2 cucharaditas de bicarbonato
1 cucharada de canela en polvo
3 tazas de zanahoria rallada
1 cucharadita de vainilla

Procedimiento

- Mezclar el azúcar con el aceite; incorporar los huevos uno a uno, batiendo vigorosamente.
- Mezclar aparte la harina con el bicarbonato y la canela y agregar a lo anterior.
- Incorporar enseguida la zanahoria y la vainilla hasta que todo esté bien integrado.
- Poner la mezcla en dos moldes engrasados y enharinados a 300 °C durante 45 minutos aproximadamente.

Pay de ciruela pasa

- Se siguen las instrucciones de la pasta básica para pays; vea la receta en esta sección (página 528). El relleno se elabora como sigue:

Ingredientes

500 g de ciruela pasa
250 g de nuez picada
1 lata chiquita de leche condensada

Procedimiento

- Remojar las ciruelas pasas durante una hora, escurrir, deshuesar y cortar en trocitos.
- Mezclarlas con la nuez picada y la leche condensada.

- Vaciar todo esto en el molde donde previamente estará colocada la pasta para el pay.
- Continuar con las instrucciones de la pasta básica para pays. Servir frío.

Pay de champiñones

- Se siguen las instrucciones de la pasta básica para pays; vea la receta en esta sección (página 528). El relleno se elabora como sigue:

Ingredientes

500 g de champiñones
1 cebolla picada
50 g de mantequilla
Pimienta molida
Sal al gusto

Procedimiento

- Lavar los champiñones perfectamente, cortarlos en trocitos.
- Sofreír la cebolla en la mantequilla.
- Agregar los champiñones, salpimentar y dejar 15 minutos a fuego lento.
- Proceder a rellenar el pay y continuar con las instrucciones de la pasta básica para pays.

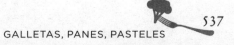

🍞 *Pay de espinacas*

♦ Se siguen las instrucciones de la pasta básica para pays; vea la receta en esta sección (página 528). El relleno se elabora como sigue:

Ingredientes
500 g de espinacas
1 cebolla mediana picadita
2 limones, el jugo
100 g de nuez picada

Procedimiento
♦ Lavar las espinacas perfectamente, cortarlas en trocitos y mezclarlas con los demás ingredientes.
♦ Proceder a rellenar el pay aplastando un poco la espinaca.
♦ Continuar con las instrucciones de la pasta básica para pays.

🍞 *Pay de huitlacoche*

♦ Se siguen las instrucciones de la pasta básica para pays; vea la receta en esta sección (página 528). El relleno se elabora como sigue:

Ingredientes
1 kg de huitlacoche
1 cebolla
3 dientes de ajo
3 ramas de epazote
Sal al gusto

Procedimiento

- ◆ Lavar y rebanar el huitlacoche, picar finamente la cebolla, el ajo y el epazote.
- ◆ Colocar todo en una cacerola con un chorrito de aceite.
- ◆ Dejar cocinar tapado y a fuego lento, cuidando que quede *al dente*.
- ◆ Vaciar al molde donde previamente estará colocada la pasta para el pay.
- ◆ Continuar con las instrucciones de pasta básica para pays. Servir caliente.

Pay de manzana

- ◆ Se siguen las instrucciones de la pasta básica para pays; vea la receta en esta sección (página 528). El relleno se elabora como sigue:

Ingredientes

500 g de manzanas
1 taza de azúcar
1 cucharada de canela molida

Procedimiento

- ◆ Pelar y descorazonar las manzanas y cortarlas en medias lunas.
- ◆ Mezclar el azúcar, la canela y en esto revolcar los gajitos de manzana.
- ◆ Acomodar en capas directamente sobre el molde donde previamente estará colocada la pasta básica para pays.
- ◆ Continuar colocando los gajitos de manzana hasta que quede lleno el molde.

♦ Continuar con las instrucciones de pasta básica para pays.

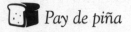 *Pay de piña*

Ingredientes
1 ½ tazas de harina integral
1 huevo orgánico
¾ de taza de mantequilla
1 cucharada de polvo para hornear
½ taza de azúcar
½ cucharada de sal

Relleno
2 ½ tazas de piña finamente picada
½ taza de agua
1 cucharada de harina de maíz

Procedimiento
♦ Batir la mantequilla con el azúcar y la sal e incorporar los polvos.
♦ Añadir el huevo y un poco de agua, formar una masa suave y agregar un poco más de agua si hace falta.
♦ Extenderla con el rodillo y forrar un molde de pay previamente engrasado y enharinado, apartando una pequeña porción de la masa para las tiras de la cubierta del pay.
♦ Rellenar con la piña preparada y ponerle encima tiras en forma de reja para que cubra el relleno.
♦ Hornear a calor mediano durante 35 minutos. Se puede barnizar el enrejado con huevo antes de hornear.

Relleno

- Mezclar la harina de maíz y el agua, poner al fuego y dejar hervir 5 minutos.
- Incorporar la piña y medio vaso de agua, dejar cocer 15 minutos más. Dejar enfriar.

 Pay de rajas con papas

- Se siguen las instrucciones de la pasta básica para pays; vea la receta en esta sección (página 528). El relleno se elabora como sigue:

Ingredientes

500 g de chiles poblanos
3 papas
½ cebolla
½ taza de agua
1 cucharada de aceite de oliva
Sal al gusto

Procedimiento

- Lavar, desvenar y cortar los chiles en tiritas. Picar las papas y las cebollas en cuadritos.
- Colocar todo en una cacerola, añadir el aceite, el agua y sal.
- Tapar, dejar cocinar a fuego lento hasta que las papas estén cocidas.
- Vaciar esto en el molde donde previamente estará colocada la pasta para el pay.
- Continuar con las instrucciones de la pasta básica para pays. Servir caliente.

Pay de verduras

♦ Se siguen las instrucciones de la pasta básica para pays; vea la receta en esta sección (página 528). El relleno se elabora como sigue:

Ingredientes

1 zanahoria
1 calabacita
1 chayote
1 chile poblano
½ cebolla
3 dientes de ajo
1 camote chico
1 papa
2 cucharadas de aceite de oliva
½ taza de agua
Sal al gusto

Procedimiento

♦ Lavar y picar la verdura finamente.
♦ Vaciarla a una cacerola con el aceite, el agua y sal, tapar y dejar a fuego lento a que sancochen.
♦ Retirar del fuego y verter todo sobre el molde previamente forrado con la pasta de pay.
♦ Esta lista de verduras es sólo una sugerencia, pues puede variarlas para obtener sabores diferentes.

Strudel de frutas (vienés)

Ingredientes

20 g de levadura

¼ de taza de agua tibia

2 tazas de harina integral

2 cucharadas de azúcar mascabado

2 huevos ligeramente batidos, yema y clara por separado

¼ de taza de leche de soya o de coco

100 g de mantequilla blanda

½ cucharada de sal

Relleno

100 g de nueces picadas

100 g de pasas

100 g de acitrón, en tiritas

100 g de higo seco picadito

100 g de ciruela pasa deshuesada

½ taza de azúcar

1 cucharada de canela

Procedimiento

♦ Disolver la levadura en ¼ de taza de agua tibia y una cucharada de azúcar.

♦ Revolver la harina con la sal y el azúcar restante, colocar la masa en una tabla de amasar.

♦ Agregar la mantequilla y revolver con la punta de los dedos hasta que la masa esté grumosita.

♦ Añadir las yemas, la leche y la levadura disuelta, revolviendo muy bien.

♦ Amasar unos minutos sobre la mesa hasta que la pasta quede unida y no se pegue.

- Poner la masa sobre un plato y dejar que repose en un lugar tibio, tapada con una servilleta.
- Dividir la masa en dos partes y extender con el rodillo, formar dos rectángulos de 30 cm de largo por 15 cm de ancho.
- Mezclar todos los ingredientes del relleno y rellenar los dos rectángulos, dejando 2 cm de margen en cada lado.
- Enrollar en forma de niño envuelto, dejando la línea de unión hacia abajo.
- Colocar los rollos en una charola engrasada y untarlos con claras batidas con azúcar.
- Hornearlos a calor mediano aproximadamente 20 minutos a que doren.
- Se pueden también rellenar con manzanas peladas y cortadas en gajitos que se revuelcan en azúcar y canela.

Torta de calabaza

Ingredientes

1 taza de azúcar mascabado
1 taza de calabacitas en crudo ralladas
1 taza de harina integral
1 cucharada de polvo para hornear
100 g de mantequilla blanda
3 huevos orgánicos
Pan molido, el necesario
Una pizca de sal

Procedimiento

- ♦ Batir la mantequilla con el azúcar, y una vez esponjada se le añaden las calabacitas ralladas mezclando muy bien.
- ♦ Incorporar los huevos enteros, la harina previamente mezclada con la sal y el polvo para hornear.
- ♦ Vaciar a un molde untado con mantequilla y espolvoreado con el pan molido.
- ♦ Meter al horno durante 20 minutos a 300 °C.

BEBIDAS

~~~~~~~~~~~~

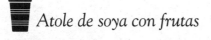 *Atole de soya con frutas*

Ingredientes

250 g de germinados de soya
500 g de fruta; fresa, piña o guayaba
2 l de agua
1 raja de canela
Piloncillo o azúcar mascabado al gusto

Procedimiento

♦ Licuar los germinados y la fruta en 1 litro de agua.
♦ Aparte, poner a hervir el resto del agua con la canela, y cuando suelte el hervor agregar el licuado anterior.
♦ Endulzar al gusto y dejar que hierva a fuego lento durante unos minutos.
♦ Servir frío o caliente.

Bebida de frutas

Ingredientes

1 kg de su fruta predilecta
100 g de dátiles
500 ml de agua
Azúcar o miel, si se desea
Canela en polvo

Procedimiento

♦ Licuar perfectamente todos los ingredientes y colarlos.

♦ Añadir el agua necesaria según se desee de espeso. Endulzar si se requiere.

♦ Esta bebida es muy digestiva, laxante y nutritiva, y puede prepararla con una fruta diferente cada día: papaya, manzana, mango, mamey, fresas, melón, etcétera.

Bebida de frutas secas

Ingredientes

250 g de higos secos
250 g de ciruelas pasas
Miel de abeja al gusto

Procedimiento

♦ Lavar y remojar las frutas durante 2 horas.

♦ Deshuesar las ciruelas pasas y licuar con el resto de los ingredientes en el agua donde se remojaron.

♦ Servir bien fría.

♦ Esta bebida, además de ser deliciosa, de buen gusto y muy refrescante, es laxante y muy estomacal.

Conga

Ingredientes

1 taza de jugo de piña
1 taza de jugo de naranja
1 taza de puré de papaya
1 taza de puré de fresas
1 taza de puré de melocotones
1 taza de puré de mango
4 tazas de agua
½ taza de gajos de naranja picados
½ taza de piña picada
½ taza de papaya picada
½ taza de fresas cortadas por la mitad
½ taza de melocotones picados
½ taza de mango picado
½ taza de nuez picada
½ taza de pasas
Miel de abeja al gusto
Cubitos de hielo al gusto

Procedimiento

♦ Mezclar todos los ingredientes, endulzar al gusto y servir con cubitos de hielo.

 Champurrado de soya

Ingredientes

250 g de frijol de soya
400 g de masa de maíz
30 g de cocoa

4 l de agua

Piloncillo al gusto

Canela al gusto

Procedimiento

♦ Poner a tostar el frijol en un sartén o comal, dándole un dorado medio.

♦ Después, moler en seco en la licuadora y disolver junto con la masa en 2 litros de agua.

♦ Aparte en una olla grande, poner a hervir los 2 litros de agua restantes con el piloncillo y la canela.

♦ Cuando suelte el hervor, añadir el líquido anterior con la masa y el frijol ya disueltos.

♦ Dejar hervir 10 minutos, moviendo para que no se pegue.

♦ Por último, agregar la cocoa previamente disuelta en un poco de agua y dejar hervir nuevamente durante 3 minutos.

Emoliente (bebida peruana)

Ingredientes para 5 litros

250 g de cebada perla

75 g de linaza

1 zanahoria

1 manzana

3 ramitas de llantén o diente de león

3 ramitas de cola de caballo

3 ramitas de boldo

3 ramitas de manzanilla

3 ramitas de hierbaluisa o albahaca

1 rebanada de piña con todo y cáscara

Jugo de limón al gusto
Azúcar o miel al gusto

Procedimiento

- ◆ Tostar la cebada hasta darle un color amarillo, ponerla a hervir junto con la linaza en 5 litros de agua durante una hora.
- ◆ Enseguida agregar las hierbas, la piña, la zanahoria y la manzana.
- ◆ Hervir 10 minutos más y dejar reposar por 20 minutos.
- ◆ Colar y servir endulzada con miel o azúcar al gusto. Puede servirse fría o caliente.
- ◆ Es una bebida muy refrescante, además de ser diurética y laxante suave.

Frutileche

Ingredientes

1 taza de fresas
2 plátanos
2 duraznos
½ taza de azúcar mascabado
1 l de leche de soya o de coco
Canela al gusto, en polvo

Procedimiento

- ◆ Desinfectar perfectamente las fresas y lavar muy bien y deshuesar los duraznos.
- ◆ Licuar las frutas con un poco de leche, vaciar a una jarra e incorporar el resto de la leche.
- ◆ Endulzar al gusto y servir espolvoreando un poco de canela.

Horchata combinada

Ingredientes

½ taza de almendras
4 tazas de leche de soya
1 melón mediano
8 cucharadas de azúcar mascabado
Hielo al gusto

Procedimiento

♦ Pelar las almendras y remojarlas en agua caliente durante 15 minutos.
♦ Quitarle las semillas al melón y ponerlo en la licuadora junto con el resto de los ingredientes.
♦ Servir con hielo al gusto.

Ponche de frutas

Ingredientes

20 tejocotes
500 g de guayabas
1 raja grande de canela
100 g de ciruelas pasas
125 g de pasas
2 rebanadas de piña
25 g de flor de jamaica
25 g de tamarindo
500 ml de jugo de caña

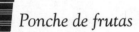

Procedimiento

- Cocer ligeramente los tejocotes y pelarlos.
- Hervir el resto de los ingredientes a excepción del jugo de caña y el azúcar.
- Preparar un caramelo con el azúcar y agregarlo a lo anterior.
- Retirar del fuego y agregar el jugo de caña.

 Ponche navideño

Ingredientes para 40 personas

1 kg de tejocote
1 kg de guayaba
125 g de jamaica
500 g de tamarindo
750 g de ciruela pasa
200 g de pasitas
250 g de nuez picada
Azúcar mascabado al gusto

Procedimiento

- Remojar en agua caliente la jamaica desde la noche anterior, al igual que los tamarindos ya pelados.
- Exprimir el tamarindo y la jamaica y poner a hervir el jugo de ambos.
- Aparte, hervir el bagazo de la jamaica y después licuarlo, colarlo y añadir el líquido al jugo anterior.
- Partir las guayabas por la mitad y descorazonarlas, hacer lo mismo con los tejocotes y deshuesar las ciruelas pasas.

- Cocer los corazones de los tejocotes y de las guayabas, licuarlos y vaciar, ya colado, en la misma olla donde estén los otros jugos.
- Aparte, poner a cocer las guayabas ya descorazonadas, las ciruelas ya deshuesadas y las ¾ partes de tejocotes.
- Cuando ya están cocidas, licuar y vaciar sin colar a la misma olla donde están todos los jugos.
- Cocer la cuarta parte que quedó de los tejocotes en trocitos con las pasitas y posteriormente vaciarlos enteros a la olla.
- Añadir el azúcar hasta el final y al servir en cada taza se espolvorea una cucharadita de nuez picada.

Ponche romano

Ingredientes

6 naranjas
2 limones
500 g de azúcar mascabado
500 ml de agua
20 clavos de olor
1 raja de canela

Procedimiento

- Poner al fuego el agua con el azúcar, clavos y canela.
- Dejar hervir durante 2 minutos. Apagar y agregar la cáscara de las naranjas y del limón.
- Tapar y dejar reposar durante 2 horas.
- Agregar después el jugo de las naranjas y los limones, se mezcla muy bien y se refrigera.

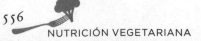

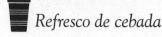 *Refresco de cebada*

Ingredientes
- 2 l de agua
- 2 cucharadas de cebada
- 1 raja de canela
- 1 limón verde
- Azúcar morena al gusto
- Hielo

Procedimiento
- ♦ Poner al fuego 1 litro de agua con la canela y la cáscara del limón.
- ♦ Cuando suelte el hervor, agregar la cebada y dejar cocer por 30 minutos.
- ♦ Retirar del fuego y pasar por una coladera, agregar el otro litro de agua y endulzar al gusto.
- ♦ Por último, añadir cubitos de hielo.

Refresco de menta

Ingredientes
- ¼ de taza de menta picada
- 1 cucharada de azúcar mascabado
- 1 taza de agua hirviendo
- 1 naranja, el jugo
- 1 limón, el jugo
- 1 taza de agua mineral
- Cubos de hielo al gusto
- Ramitas de menta fresca para adornar

Procedimiento

- Mezclar en el agua hirviendo la menta picada y el azúcar, dejar enfriar y añadir los jugos.
- Refrigerar durante 2 horas. Colar y agregar el agua mineral, fría. Servir adornando con una ramita de menta.
- Agregar hielo si se desea.

 Refresco de soya

Ingredientes

3 l de leche de soya fría
3 l de agua
50 g de avena
500 g de papaya licuada
Azúcar mascabado al gusto

Procedimiento

- Remojar la avena en los 3 litros de agua durante 2 horas.
- Enseguida licuar, colar y mezclar con la leche fría.
- Endulzar al gusto y añadir la papaya licuada.

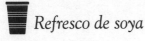 *Refresco sonrosado*

Ingredientes

1 l de agua de jamaica o de tamarindo
250 g de fresas
Canela en polvo
Azúcar mascabado al gusto
Hielos al gusto

NUTRICIÓN VEGETARIANA

Procedimiento

♦ Licuar con una taza de agua de jamaica o tamarindo las fresas previamente desinfectadas.
♦ Mezclar con el resto de los ingredientes, endulzar y servir.

CONSEJOS PRÁCTICOS

~~~~~~~~~~~~~~~~

CONSEJOS PRÁCTICOS

🧑‍🍳 *Cómo escaldar las verduras*

♦ Hervir el agua necesaria según la cantidad de verduras a escaldar.

♦ En el caso de la col, la coliflor u otras verduras de olor fuerte, se puede agregar al agua una pizca de anís o un trozo de cebolla.

♦ Cuando el agua suelte el hervor, agregar las verduras ya bien lavadas y apagar el fuego.

♦ Dejar reposar durante 10 minutos las que son muy duras; durante 5 minutos las semiduras y de entrada por salida las verduras de hoja o las que son muy suaves.

♦ Escurrir y utilizar según se desee.

🧑‍🍳 *Cómo evitar que las berenjenas amarguen*

♦ Las berenjenas, para que no amarguen, deben estar macizas y tener la piel tersa y brillante.

Cómo hidratar la carne de soya

- La carne de soya se compra texturizada en las tiendas de nutrición o supermercados. Viene en diferentes presentaciones: picadillo, trozos y tartaletas, según el platillo que se vaya a preparar.
- También está disponible con sabores a res, pollo, chorizo o al natural.
- Para hidratarla, se pone a hervir el agua necesaria de acuerdo con la cantidad de carne.
- Se agregan hierbas de olor, ajo, cebolla, apio o cualquier condimento que se desee.
- Cuando el agua suelte el hervor, se agrega la carne de soya texturizada y se deja hervir durante 15 minutos. Esto, además de hidratarla, ayuda a que su digestión sea más fácil y mejore su sabor.
- Enseguida se escurre en un colador, se deja enfriar y se exprime perfectamente con ambas manos.
- Se procede a preparar la carne de soya según la receta seleccionada.

Cómo lavar y desparasitar las verduras

- Para este propósito nos serán de gran utilidad en la cocina tres tipos diferentes de cepillos: uno suave, uno semiduro y uno duro. Con éstos podemos lavar las verduras dependiendo de su consistencia: suaves como las de hoja, duras como los tubérculos.
- Aquellas que se van a comer con todo y corteza deberán cepillarse perfectamente antes de cocerse.

- Las que se van a comer crudas, como las verduras de hoja, además de lavarse perfectamente quitando la tierra con el cepillo suave, deberán también desparasitarse de la siguiente manera:
- Poner en un traste hondo el agua necesaria para cubrirlas.
- Agregar una cucharadita de sal de mar por cada litro del agua a utilizar.
- Dejar que se disuelva la sal y proceder a colocar las verduras, que se dejarán reposando 10 minutos como máximo.
- La sal ejerce sobre las células de los microorganismos una presión osmótica que destruye huevecillos y parásitos, pero también puede destruir vitaminas y marchita las verduras, de ahí que no debe excederse el tiempo de desparasitación.
- Una vez transcurrido este tiempo, escurrir la verdura. Si desea, puede enjuagarla con agua del filtro o del garrafón.
- Si queremos dar un toque crujiente a nuestras ensaladas, es recomendable refrigerarlas por media hora mínimo después de desparasitarlas y antes de servirlas.
- También se aconseja cortar las verduras de hoja de preferencia con los dedos, para evitar así su oxidación por el contacto con el metal del cuchillo.
- Otra manera de desparasitar verduras es utilizar extracto de semillas de toronja, que se encuentra en el supermercado en diferentes presentaciones. Hay que seguir las instrucciones del producto; es natural y efectivo.
- También hay filtros de agua ozonificada, con la cual también se desparasitan las verduras.
- Igualmente, los filtros para hacer alcalina el agua pueden servir para desparasitar verduras.
- NO recomiendo utilizar las gotitas de yodo para desparasitar verduras, pues es un mineral que nuestro cuerpo

requiere en dosis muy pequeñas y estarlo agregando diariamente en dosis extras a las verduras puede ser excesivo y causar como consecuencia una alteración de la tiroides.

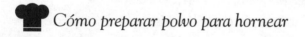 ## Cómo limpiar trastos de cobre

- Para cocinar en un trasto de cobre es esencial limpiarlo antes y esto se hace así:
- Se pone la cacerola, cazo o sartén de cobre a fuego suave.
- Se frota por dentro con medio limón y un poco de sal gruesa.
- Se continúa frotando con otra mitad de limón hasta que quede completamente brillante.
- Se retira del fuego, se lava bien con agua y jabón y está listo para utilizarse.

Cómo preparar polvo para hornear

Ingredientes

100 g de harina de maíz
100 g de bicarbonato de sodio
50 g de ácido tartárico

Procedimiento

- Mezclar los ingredientes perfectamente y cernir por seis veces.
- Envasar posteriormente.

🧑‍🍳 *Cómo preparar vinagre de manzana*

Ingredientes
- 1 l de agua
- 1 pieza de piloncillo
- 1 manzana grande en trozos

Procedimiento
- ◆ Cortar en trozos el piloncillo, poner todos los ingredientes en un frasco de vidrio.
- ◆ Tapar con un pedazo de tela para que transpire, aunque también se puede cerrar con su propia tapa.
- ◆ Dejar macerar de seis a ocho días y colar. Refrigerar después.

🧑‍🍳 *Cómo sustituir un huevo*

- ◆ Si la receta usa huevo crudo:

  Ingredientes
  - 1 cucharada de chía
  - 3 cucharadas de agua

  Procedimiento
  - ◆ Mezcla la cucharada de chía y las tres cucharadas de agua.
  - ◆ Espera 20 minutos, ¡y listo!

- ◆ El tofu sirve para suplir los huevos cuando se requieren cocidos o en los omelettes, quiches o fritattas. Desmenúcelo, y si requiere mayor consistencia puede agregar

harina de haba o garbanzo. Una pizca de sal negra o
un poco de algas marinas le dará el toque azufrado del
huevo.

ANEXO I

TABLAS DEL VALOR NUTRITIVO
DE LOS ALIMENTOS

Nutrientes por cada 100g

	CALORÍAS	PROTEÍNAS (gramos)	GRASAS (gramos)	CARBOHIDRATOS (gramos)	CALCIO (miligramos)	FÓSFORO (miligramos)	MAGNESIO (miligramos)	HIERRO (miligramos)	SODIO (miligramos)	POTASIO (miligramos)	RETINOL (UI)	TIAMINA (miligramos)	RIBOFLAVINA (miligramos)	NIACINA (miligramos)	ÁCIDO ASCÓRBICO (miligramos)
Aceite	884	-	100	-	-	-	-	-	-	-	-	-	-	-	-
Acelga, cruda	25	2.4	0.3	4.6	88	39	65	3.2	147	550	6 500	0.06	0.17	0.5	32
cocida	18	1.8	0.2	3.3	73	24	-	1.8	86	321	15 400	0.04	0.11	0.4	16
Acerola, fruto crudo	28	0.4	0.3	6.8	12	11	-	0.2	8	83	-	0.02	0.06	0.4	1300
Acerola, jugo crudo	23	0.4	0.3	4.8	10	9	-	0.5	3	-	-	0.02	0.06	0.4	1600
Aguacate, crudo	167	2.1	16.4	6.3	10	42	45	0.6	4	604	290	0.11	0.20	1.6	14
Aguamiel	22	0.3	0.0	5.3	10	-	-	0.4	-	-	-	0.1	0.01	0.5	11
Ajo, crudo	137	6.2	0.2	30.8	29	202	36	1.5	19	529	min*	0.25	0.08	0.5	15
Ajonjolí, semillas secas	563	18.6	49.1	21.6	1160	616	181	10.5	60	725	30	0.98	0.24	0.4	-
Albaricoques, crudos	51	1	0.2	12.8	17	23	12	0.5	1	281	2 700	0.03	0.04	0.6	10
Albaricoques, secos sin cocinar	260	5	0.5	66.5	67	108	62	5.5	26	979	10 900	0.01	0.16	3.3	12
Alcachofas, crudas	9.47	2.9	0.2	10.6	51	88	-	1.3	43	430	160	0.08	0.05	1	12
cocidas	8.44	2.8	0.2	9.6	51	68	-	1.1	30	301	150	0.07	0.04	0.7	8
petaca cruda	7.75	2.3	0.1	16.7	14	78	11	3.4	-	-	20	0.2	0.06	1.3	4
Algarroba, harina	180	4.5	1.4	80.7	352	81	-	-	-	-	-	-	-	-	-
Algas marinas, crudas	-	5	1.1	-	1093	240	740	3.7	3 007	5 273	-	-	-	-	5140
Almendras, secas	598	18.6	54.2	19.5	234	504	270	4.7	4	773	-	0.24	0.92	3.5	min*
Alubias	332	20.3	2.8	58.6	132	-	-	6.7	-	-	3	0.46	0.19	2.0	3
Alverjón	349	20.5	2.0	64.2	72	-	-	7.5	-	-	2	0.91	0.18	2.3	-

	CALORÍAS	PROTEÍNAS (gramos)	GRASAS (gramos)	CARBO-HIDRATOS (gramos)	CALCIO (miligramos)	FÓSFORO (miligramos)	MAGNESIO (miligramos)	HIERRO (miligramos)	SODIO (miligramos)	POTASIO (miligramos)	RETINOL (UI)	TIAMINA (miligramos)	RIBOFLAVINA (miligramos)	NIACINA (miligramos)	ÁCIDO ASCÓRBICO (miligramos)
Anona	73	2.3	0.2	17.8	62	-	-	2.9	-	-	0	0.08	0.11	0.7	9
Apio, crudo	17	0.9	0.1	3.9	39	28	22	0.3	126	341	240	0.03	0.03	0.3	9
Arroz, blanco	364	7.4	1	78.8	10	-	-	1.1	-	-	-	0.23	0.03	1.6	-
harina	363	6.9	0.6	79.7	9	-	-	1.3	-	-	-	0.08	0.03	1.6	-
integral, cocido	119	2.5	0.6	25.5	12	73	29	0.6	3	70	-	0.09	0.02	1.4	-
pulimento	265	12.1	12.8	57.7	69	1106	-	16.1	min*	714	-	1.84	0.18	28.2	-
salvado de	276	13.3	15.8	50.8	76	1386	-	19.4	min*	1495	-	2.26	0.25	29.8	-
Avellanas	634	12.6	62.4	16.7	209	337	184	3.4	2	704	-	0.46	-	0.9	min*
Avena, hojuelas o desmenuzada, seca	390	14.2	7.2	68.2	53	405	144	4.5	2	352	-	0.6	0.1	1	-
cocida	55	2	1	9.7	9	57	21	0.6	2	61	-	0.08	0.02	0.1	-
Azúcar refinada	384	-	-	99.1	-	-	-	-	-	-	-	-	-	-	-
Berenjena, cocida	19	1.0	0.2	4.1	11	21	-	0.6	1	150	10	0.05	0.04	0.5	3
Berros, crudos	19	2.2	0.3	3	151	54	20	1.7	52	282	4900	0.08	0.16	0.9	79
Berza (col rizada), hojas crudas	45	4.8	0.8	7.5	250	82	57	1.5	-	450	9300	0.16	0.31	1.7	152
cocidas	33	3.6	0.7	5.1	188	52	38	0.8	-	262	7800	0.11	0.20	1.2	76
Berza, (común), hojas crudas	53	6.0	0.8	9.2	249	93	37	2.7	75	378	10000	0.17	0.26	2.1	186
cocidas	39	4.5	0.7	6.1	187	58	-	1.6	43	221	8300	0.10	0.18	1.6	93
Betabel, crudo	43	1.6	0.1	9.9	16	33	25	0.7	60	335	20	0.03	0.05	0.4	10
cocido	32	1.1	0.1	7.2	14	23	15	0.5	43	208	20	0.03	0.04	0.3	15

	CALORÍAS	PROTEÍNAS (gramos)	GRASAS (gramos)	CARBO-HIDRATOS (gramos)	CALCIO (miligramos)	FÓSFORO (miligramos)	MAGNESIO (miligramos)	HIERRO (miligramos)	SODIO (miligramos)	POTASIO (miligramos)	RETINOL (UI)	TIAMINA (miligramos)	RIBOFLAVINA (miligramos)	NIACINA (miligramos)	ÁCIDO ASCÓRBICO (miligramos)
Betabel, hojas de crudas	24	2.2	0.3	4.6	117	40	106	3.3	130	570	6100	0.10	0.22	0.4	30
cocidas	18	1.7	0.2	3.3	99	25	-	1.9	76	332	5000	0.07	0.15	0.3	15
Brócoli, crudo	323.6	0.3	5.9	103	78	24	1.1	15	382	2500	0.10	0.23	0.9	113	-
cocido	263.1	0.3	4.5	88	62	21	0.8	10	267	2500	0.09	0.20	0.8	90	-
Cacahuate, crudo con cascarilla	564	26.0	47.5	18.6	69	401	206	2.1	5	674	-	1.14	0.13	17.2	-
tostado	571	27.6	46.7	20.9	72	-	-	3.5	-	-	-	0.25	0.26	16.8	-
Cacao, sin cáscara	556	16	49.5	21.1	85	-	-	3.1	-	-	-	0.27	0.11	0.6	-
Caimito morado	52	1.3	1.7	9.4	33	-	-	4.4	-	-	-	0.05	0.03	1	12
Calabacitas, todas las variedades crudas	191.1	1.1	4.2	28	29	16	0.4	1	202	410	0.05	0.09	1	22	-
cocidas	14.9	0.1	3.1	25	25	16	0.4	1	141	370	0.05	0.8	0.8	10	-
Calabacitas de invierno, crudas	50	1.4	0.3	12.4	22	38	17	0.6	1	369	3700	0.05	0.11	0.6	13
horneadas	63	1.8	0.4	15.4	28	48	17	0.8	1	461	4200	0.05	0.13	0.7	13
Calabaza, cruda	26	1	0.1	6.5	21	44	12	0.8	1	340	1600	0.05	0.11	0.6	9
semillas secas	553	29	46.7	15	51	1144	-	11.2	-	-	70	0.24	0.19	0.4	-
Camote, crudo	101	2.1	0.2	23.2	20	69	31	0.6	-	600	-	0.1	0.04	0.5	9
Caña de azúcar	64	0.5	0.5	17.2	18	-	-	0.7	-	-	-	0.69	0.03	0.2	8
Capulín	66	1.5	-	16.8	45	-	-	1.4	-	-	35	0.04	0.03	1	13

	CALORÍAS	PROTEÍNAS (gramos)	GRASAS (gramos)	CARBO-HIDRATOS (gramos)	CALCIO (miligramos)	FÓSFORO (miligramos)	MAGNESIO (miligramos)	HIERRO (miligramos)	SODIO (miligramos)	POTASIO (miligramos)	RETINOL (UI)	TIAMINA (miligramos)	RIBOFLAVINA (miligramos)	NIACINA (miligramos)	ÁCIDO ASCÓRBICO (miligramos)
Caqui (persimon), crudo	127	0.8	0.4	33.5	27	26	8	2.5	1	310	-	-	-	-	66
Casis (grosella negra), cruda	54	1.7	0.1	13.1	60	40	15	1.1	3	372	230	0.05	0.05	0.3	200
Castañas, frescas	194	2.9	1.5	42.1	27	88	41	1.7	6	454	-	0.22	0.22	0.6	-
Cebada, (agua fresca)	25	-	-	6	10	-	-	1.1	-	-	-	-	0.03	-	-
perla, ligera	349	8.2	1	78.8	16	189	37	2	3	160	-	0.12	0.05	3.1	-
Cebolla blanca	38	1.5	0.1	8.7	27	36	12	0.5	10	157	40	0.03	0.04	0.2	10
tiernas, bulbo y hojas	36	1.5	0.2	8.2	51	39	-	1.0	5	237	2000	0.05	0.05	0.4	32
Cebolla morada	32	0.8	-	7.7	33	-	-	1.4	-	-	-	0.04	0.02	0.3	11
Centeno, grano, entero	334	12.1	1.7	73.4	38	376	115	3.7	1	467	-	0.43	0.22	1.6	-
harina integral	327	16.3	2.6	68.1	54	536	73	4.5	1	860	-	0.61	0.22	2.7	-
Cerezas, guinda, roja, crudas	58	1.2	0.3	14.3	29	19	14	0.4	2	191	1000	0.05	0.06	0.4	10
dulces, crudas	70	1.3	0.3	17.4	22	19	9	0.4	2	191	110	0.05	0.60	0.4	10
congelada, guinda, roja	55	1	0.4	13.4	13	22	10	0.7	2	188	1000	0.04	0.07	0.3	5
Cilantro	26	2.6	0.3	4.7	108	-	-	2.3	-	-	384	0.12	0.06	1.0	11
Ciruela, tipo pasa, cruda	75	0.8	0.2	19.7	12	18	9	0.5	1	170	300	0.03	0.03	0.5	4
Ciruela, amarilla	71	0.6	0.6	17.9	29	-	-	3.4	-	-	76	0.09	0.12	1.0	19
roja	48	0.8	0.4	11.8	15	-	-	0.8	-	-	11	0.05	0.03	0.9	12
Clara de huevo	53	11	0.2	1	9	-	-	0.8	-	-	-	0.01	0.26	0.1	-

	CALORÍAS	PROTEÍNAS (gramos)	GRASAS (gramos)	CARBO-HIDRATOS (gramos)	CALCIO (miligramos)	FÓSFORO (miligramos)	MAGNESIO (miligramos)	HIERRO (miligramos)	SODIO (miligramos)	POTASIO (miligramos)	RETINOL (UI)	TIAMINA (miligramos)	RIBOFLAVINA (miligramos)	NIACINA (miligramos)	ÁCIDO ASCÓRBICO (miligramos)
Coco, fresco	346	3.5	35.3	9.4	13	95	46	1.7	23	256	-	0.05	0.02	0.5	3
seco	662	7.2	64.9	23	26	187	90	3.3	-	588	-	0.06	0.04	0.6	-
agua de	22	0.3	0.2	4.7	20	13	28	0.3	25	147	-	min*	min*	0.1	2
aceite de	644	6.1	67.4	14.3	8	-	-	19.6	-	-	-	-	0.04	0.2	-
leche de	19	0.2	0.1	4.1	20	-	-	0.4	-	-	-	-	0.01	0.1	2
Col agria, tiras y líquido	18	1	0.2	4	36	18	-	0.5	20	140	50	0.03	0.04	0.2	14
Col blanca, cruda	24	1.3	0.2	5.4	49	29	12	0.4	20	233	130	0.05	0.05	0.3	47
Col morada, cruda	31	2	0.2	6.9	42	35	-	0.8	26	268	40	0.09	0.06	0.4	61
Coles de Bruselas, crudas	45	4.9	0.4	8.3	36	80	29	1.5	14	390	550	0.1	0.16	0.9	102
cocidas	36	4.2	0.4	6.4	32	72	21	1.1	10	273	520	0.08	0.14	0.8	87
Coliflor, cruda	27	2.7	0.2	5.2	25	56	24	1.1	13	295	60	0.11	0.1	0.7	78
cocida	22	2.3	0.2	4.1	21	42	-	0.7	9	206	60	0.09	0.08	0.6	55
Colinabo, crudo	29	2	0.1	6.6	41	51	37	0.5	8	372	20	0.06	0.04	0.3	66
Crema, 20%	204	3	20	4	97	-	-	0.1	-	-	200	0.04	0.63	0.1	1
40%	340	2.3	36.6	2.1	77	-	-	0.1	-	-	365	0.03	0.11	0.1	2
Chayote, con espinas	27	1	0.1	6.6	16	-	-	1.7	-	-	-	0.03	0.04	0.2	12
sin espinas	26	10	0.1	6.3	27	-	-	1	-	-	-	0.03	0.07	0.4	8
Chícharos, crudos de la vaina	53	3.4	0.2	12	62	90	35	0.7	-	170	680	0.28	0.12	-	21
tiernos, cocidos	71	5.4	0.4	12.1	23	99	-	1.8	1	190	540	0.28	0.11	2.3	20
arvejas, secas, cocidas	115	8	0.3	20.8	11	89	-	1.7	13	296	40	0.15	0.09	0.9	-

	CALORIAS	PROTEÍNAS (gramos)	GRASAS (gramos)	CARBO-HIDRATOS (gramos)	CALCIO (miligramos)	FÓSFORO (miligramos)	MAGNESIO (miligramos)	HIERRO (miligramos)	SODIO (miligramos)	POTASIO (miligramos)	RETINOL (UI)	TIAMINA (miligramos)	RIBOFLAVINA (miligramos)	NIACINA (miligramos)	ÁCIDO ASCÓRBICO (miligramos)
Chicozapote	76	0.7	1.1	18	31	-	-	1.5	-	-	-	0.02	-	0.3	12
Chilacayote	14	1.2	0.2	2.7	17	-	-	0.6	-	-	6	0.03	0.07	0.3	7
Chile ancho (seco)	334	11.5	9.8	62.7	94	-	-	5.7	-	-	3 081	0.18	1.03	5.3	76
cascabel (seco)	312	12.9	6.4	36.6	142	-	-	4.7	-	-	1716	0.22	0.86	8.9	55
chilaca	32	1.5	0.3	7.3	40	-	-	4	-	-	194	0.08	0.06	1	178
chipotle (seco)	293	14.1	6.3	57.6	255	-	-	6.1	-	-	459	0.28	0.72	9.8	-
guajillo (seco)	302	11.6	8.6	56.7	140	-	-	10.1	-	-	3 281	0.19	0.94	4.8	100
habanero	31	2.2	0.8	5.3	18	-	-	2.4	-	-	59	0.11	0.16	0.7	94
jalapeño	23	1.2	0.1	5.3	25	-	-	2	-	-	28	0.06	0.04	0.6	72
largo	18	2.7	0.2	2.6	46	-	-	3.6	-	-	42	0.21	0.15	1.4	120
morita (seco)	297	13.2	5.4	61.6	150	-	-	7.7	-	-	993	0.22	1.04	16.0	79
mulato (seco)	298	9.6	5.1	65	98	-	-	12.8	-	-	4 333	0.22	0.73	5.3	108
pasilla (seco)	327	12.7	9.6	60.5	154	-	-	6.3	-	-	9 030	0.37	1.20	8.6	68
piquín (seco) con semilla	320	14.4	6.4	64.9	166	-	-	7.8	-	-	500	0.32	0.6	1.5	36
poblano (para rellenar)	48	2.6	0.6	10.4	30	-	-	3.3	-	-	41	0.14	0.06	1	364
serrano	35	2.3	0.4	7.2	35	-	-	1.6	-	-	56	0.14	0.05	1.3	65
Chirimoya	63	2.4	0.4	14.3	60	-	-	5.1	-	-	0	0.1	0.2	1.8	8
Dátiles	274	2.2	0.5	72.9	69	63	58	3	1	648	50	0.09	0.1	2.2	-
Diente de león, hojas crudas	45	2.7	0.7	9.2	187	66	36	3.1	76	397	14 000	0.19	0.26	-	35
Durazno, amarillo	46	0.9	0.1	11.7	16	-	-	2.1	-	-	22	0.02	0.04	0.6	19
blanco	56	1.2	0.2	14	23	-	-	2.1	-	-	3	0.05	0.05	0.7	26

	CALORÍAS	PROTEÍNAS (gramos)	GRASAS (gramos)	CARBO-HIDRATOS (gramos)	CALCIO (miligramos)	FÓSFORO (miligramos)	MAGNESIO (miligramos)	HIERRO (miligramos)	SODIO (miligramos)	POTASIO (miligramos)	RETINOL (UI)	TIAMINA (miligramos)	RIBOFLAVINA (miligramos)	NIACINA (miligramos)	ÁCIDO ASCÓRBICO (miligramos)
Endivia (achicoria), cruda	20	1.7	0.1	4.1	181	54	10	1.7	14	294	3 300	0.07	0.14	0.5	10
Espárragos, crudos	26	2.5	0.2	5	22	62	20	1	2	278	900	0.18	0.2	1.5	33
cocidos	20	2.2	0.2	3.6	21	50	14	0.6	1	183	900	0.16	0.18	1.4	26
Elotes en mazorca, crudos	96	3.5	1	22	3	111	48	0.7	min*	280	490	0.37	0.12	2.2	-
cocidos	91	3.3	1	21	3	89	19	0.6	min*	196	400	0.15	0.12	1.7	12
Espinacas, crudas	26	3.2	0.3	4.3	93	61	88	3.1	71	470	8100	0.1	0.2	0.6	51
cocidas	23	3	0.3	3.6	93	38	65	2.2	50	324	8000	0.07	0.14	0.5	28
Epazote	27	2.7	0.2	5.3	284	-	-	4.7	-	-	158	0.03	0.11	0.5	11
Flor de calabaza	16	1.4	0.4	2.7	47	-	-	1	-	-	77	0.1	0.15	0.7	15
Flor de maguey	30	0.9	0.2	7.3	114	-	-	0.9	-	-	0.11	0.05	0.2	59	48
Flor de yuca	31	2.6	0.4	6	95	-	-	0.6	-	-	-	0.16	0.18	1.6	273
Frambuesa, cruda negra	73	1.5	1.4	15.7	30	22	30	0.9	1	199	min*	0.03	0.09	0.9	18
roja	57	1.2	0.5	13.6	22	22	20	0.9	1	168	130	0.03	0.09	0.09	25
Fresas, crudas	37	0.7	0.5	8.4	21	21	12	1	1	164	60	0.03	0.07	0.6	59
Frijol, amarillo	337	14.2	1.7	67.1	347	-	-	4.8	-	-	-	0.62	0.12	0.1	-
azufrado	337	20.9	1.5	61.9	254	-	-	5.3	-	-	-	0.52	0.14	1.3	-
bayo gordo	332	22.7	1.8	58.5	200	-	-	5.7	-	-	-	0.69	0.14	1.7	-
blanco común, cocido	118	7.8	0.6	21.2	50	148	37	2.7	7	416	-	0.14	0.07	0.7	-
negro, cocido	322	21.8	2.5	55.4	183	-	-	4.7	-	-	1	0.63	0.17	1.8	1
rojo, cocido	347	7.8	0.5	21.4	38	140	-	2.7	3	340	min*	0.11	0.06	0.7	-
pinto, cocido	349	22.9	1.2	63.7	135	457	-	6.4	10	984	-	0.84	0.21	2.2	-

	CALORÍAS	PROTEÍNAS (gramos)	GRASAS (gramos)	CARBO-HIDRATOS (gramos)	CALCIO	FÓSFORO (miligramos)	MAGNESIO (miligramos)	HIERRO (miligramos)	SODIO (miligramos)	POTASIO (miligramos)	RETINOL (UI)	TIAMINA (miligramos)	RIBOFLAVINA (miligramos)	NIACINA (miligramos)	ÁCIDO ASCÓRBICO (miligramos)
ejotes, tiernos cocidos	123	8.4	0.5	22.1	52	142	46	2.8	2	650	290	0.24	0.12	1.4	29
ejotes, maduros cocidos	138	8.2	0.6	25.6	29	154	48	3.1	2	612	-	0.12	0.06	0.7	-
ejotes, crudos	32	1.9	0.2	7.1	56	44	32	0.8	7	243	600	0.8	0.11	0.5	19
ejotes, cocidos	25	1.6	0.2	5.4	50	37	21	0.6	4	151	540	0.7	0.09	0.5	12
mungos, brotes, crudos	38	3.8	0.2	6.6	19	64	-	1.3	5	223	20	0.13	0.13	0.8	19
Garbanzo	373	20.4	3.2	51	105	-	-	8.9	30	-	7	0.74	0.17	1.5	-
Girasol, semilla seca	560	24	47.3	19.9	120	837	38	7.1	-	920	50	1.96	0.23	5.4	-
Granada china	79	2.8	1.4	16.1	53	-	-	1.3	-	-	28	0.01	0.1	1.5	2
Granada roja	50	1	1.5	10.2	13	-	-	0.4	-	-	-	0.09	0.04	0.3	15
Grosella silvestre	39	0.8	0.8	9.7	18	15	9	0.5	1	155	290	-	-	-	33
Guaje verde (semilla de)	91	8.7	0.6	13.7	158	-	-	3.8	-	-	39	0.49	0.45	1.6	40
Guanábana	38	0.4	1.6	6.5	52	-	-	2.3	-	-	39	0.04	0.07	0.6	21
Guayaba, entera, cruda	62	0.8	0.6	15	23	42	13	0.9	4	289	280	0.05	0.05	1.2	242
Haba, verde	75	5.9	0.2	13.1	36	-	-	0.8	-	-	27	0.2	0.1	1.6	52
seca	354	22.6	2.2	63.1	49	-	-	7.3	-	-	9	0.91	0.31	2.3	-
Harina de maíz, nixtamalizada	377	7.1	4.5	77.4	140	-	-	3.9	-	-	1	0.22	0.05	1.3	-
sin cal	390	8.2	5.1	78.8	35	-	-	2.6	-	-	1	0.26	0.05	1.7	-
Higos, crudos	80	1.2	0.3	20.3	35	22	20	0.6	2	194	80	0.06	0.05	0.4	2
secos	274	4.3	1.3	69.7	126	77	71	3	34	640	80	0.1	0.1	0.7	-

	CALORÍAS	PROTEÍNAS (gramos)	GRASAS (gramos)	CARBO-HIDRATOS (gramos)	CALCIO (miligramos)	FÓSFORO (miligramos)	MAGNESIO (miligramos)	HIERRO (miligramos)	SODIO (miligramos)	POTASIO (miligramos)	RETINOL (UI)	TIAMINA (miligramos)	RIBOFLAVINA (miligramos)	NIACINA (miligramos)	ÁCIDO ASCÓRBICO (miligramos)
Hojas de chaya	57	7.2	1.9	6.7	324	-	-	5.6	-	-	947	0.24	0.35	1.6	235
Hojas de quelite de trapo	80	4.1	1.5	16	68	-	-	6.2	-	-	191	0.16	0.16	0.6	45
Hongos (promedio)	27	3.2	0.4	4.4	19	-	-	4.3	-	-	-	0.48	0.39	3.6	3
Horchata de arroz	37	0.8	0.1	7.9	1	-	-	6.1	-	-	0	0.02	-	2	-
Huauzontle	60	4.6	0.7	12.1	163	-	-	6.1	-	-	252	0.2	0.21	0.5	45
Huevo, completo, crudo	163	12.9	11.8	0.9	54	205	11	2.3	122	129	1180	0.11	0.3	0.1	-
yema, cruda	348	46	30.6	0.6	141	569	16	5.5	52	98	3400	0.22	0.44	0.1	-
entero, cocido	163	12.9	11.5	0.9	54	205	-	2.3	122	129	1180	0.09	0.28	0.1	-
Huevo de iguana	218	14.9	15.2	4.3	421	-	-	2.1	-	-	425	0.14	0.6	0.5	-
Huevo de pata	195	13	14.2	2.7	58	-	-	1.7	-	-	70	0.13	0.55	0.1	-
Huevo de tortuga	115	12.6	6.3	0.9	62	-	-	1.6	-	-	65	0.28	0.31	0.1	-
Jícama	33	1.1	-	7.9	20	-	-	0.9	-	-	1	0.02	0.04	0.2	21
Jitomate, maduro, crudo	22	1.1	0.2	4.7	13	27	14	0.5	3	244	900	0.06	0.04	0.7	23
Jocoque, fermentado de leche descremada	36	3.6	0.1	5.1	121	95	14	min*	30	140	min*	0.04	0.18	0.1	1
Leche de vaca, entera (polvo)	497	27.6	26	38.9	902	-	-	0.08	-	-	394	0.36	1.87	0.7	-
evaporada	141	8.1	6.7	12.2	234	-	-	0.6	-	-	748	0.06	0.32	0.1	-
condensada	322	8.3	8.1	55.7	271	-	-	0.1	-	-	100	0.08	0.4	0.2	1
descremada (polvo)	343	33.7	1.5	47.2	1080	-	-	0.2	-	-	-	0.2	0.96	0.3	2
fresca	58	3.5	3.4	3.5	113	-	-	0.3	-	-	28	0.05	0.1	0.1	1
hervida	63	3.5	3.8	3.9	113	-	-	0.3	-	-	17	0.04	0.09	0.1	-

	CALORÍAS	PROTEÍNAS (gramos)	GRASAS (gramos)	CARBO-HIDRATOS (gramos)	CALCIO (miligramos)	FÓSFORO (miligramos)	MAGNESIO (miligramos)	HIERRO (miligramos)	SODIO (miligramos)	POTASIO (miligramos)	RETINOL (UI)	TIAMINA (miligramos)	RIBOFLAVINA (miligramos)	NIACINA (miligramos)	ÁCIDO ASCÓRBICO (miligramos)
Leche de burra	43	1.7	1.8	6.5	126	-	-	0.2	-	-	20	0.02	0.09	0.1	2
Leche fresca de cabra	75	3.6	4.1	6.1	126	-	-	0.7	-	-	25	0.06	0.18	0.3	1
Leche materna	70	1.1	4	6.8	33	-	-	0.1	-	-	42	0.02	0.04	0.2	3
Leche maternizada (polvo)	507	13.3	27	55.1	335	-	-	0.5	-	-	860	0.04	0.63	3	3
Lechuga romanita, cruda	18	1.3	0.3	3.5	69	25	-	1.4	9	264	1900	0.05	0.08	0.4	18
Lechuga orejona	19	1.3	0.1	4.1	25	-	-	0.6	-	-	44	0.14	0.05	0.3	6
Lentejas	331	22.7	1.6	58.7	74	-	-	5.8	-	-	4	0.69	0.19	2	-
secas, cocidas	106	7.8	min*	19.3	25	119	802	0.1	-	249	20	0.07	0.06	0.6	-
Levadura de cerveza	283	38.8	1	38.4	210	1753	231	17.3	121	1894	min*	15.61	14.28	37.9	min*
Lima	20	0.5	-	5	16	-	-	2.1	-	-	2	0.05	0.03	0.3	54
Limón, jugo de, crudo	25	0.5	0.2	8	7	10	8	0.2	1	141	20	0.04	0.02	0.1	53
pelado, crudo	27	1.1	0.3	8.2	26	16	10	0.6	2	138	150	0.13	0.19	0.6	1
Maicena	357	0.6	0.2	85.6	8	-	-	0.9	-	-	1	-	0.02	-	-
Maíz, cacahuacintle	364	11.7	4.7	70.8	159	-	-	2.2	-	-	-	0.31	0.24	0.31	-
harina	368	7.8	2.6	76.8	6	164	106	1.8	1	-	400	0.12	0.1	1.4	9
grano entero seco, crudo	348	8.9	3.9	72	22	268	147	2.1	1	284	20	0.03	0.01	0.1	46
negro	366	8	4.3	74.6	159	-	-	2.5	-	-	5	0.43	0.1	1.9	-
pan, grano entero	207	7.4	7.2	29.1	120	211	-	1.1	628	157	640	0.2	0.06	1.4	-
palomero	365	12.2	4.6	71.1	17	-	-	1.8	-	-	9	0.6	0.14	2.6	-

	CALORIAS	PROTEÍNAS (gramos)	GRASAS (gramos)	CARBO-HIDRATOS (gramos)	CALCIO (miligramos)	FÓSFORO (miligramos)	MAGNESIO (miligramos)	HIERRO (miligramos)	SODIO (miligramos)	POTASIO (miligramos)	RETINOL (UI)	TIAMINA (miligramos)	RIBOFLAVINA (miligramos)	NIACINA (miligramos)	ACIDO ASCORBICO (miligramos)
Malanga	121	3.9	0.2	26.9	25	-	-	3	-	-	-	0.17	0.06	0.7	5
Mandarina	44	1	-	11.2	65	-	-	0.3	-	-	108	0.1	0.03	0.2	71
Mango (promedio)	46	0.9	0.1	11.7	19	-	-	1.5	-	-	208	0.06	0.08	0.6	65
manila	43	0.8	-	11.1	12	-	-	0.8	-	-	192	0.11	0.06	0.8	76
Manteca vegetal	871	-	98.5	-	-	-	-	-	-	-	-	-	-	-	-
Mantequilla, salada	716	0.6	81	0.4	20	16	2	0	987	23	3 300	-	-	-	-
sin sal	720	0.6	82	0.4	20	16	-	-	8	9	3.38	-	-	-	-
Manzana blanca	65	0.3	0.5	16.5	7	-	-	0.8	-	-	3	0.02	0.01	0.2	11
Mamey	69	1.7	0.6	16.2	46	-	-	2.4	-	-	619	0.03	0.03	1.5	23
Margarina	716	0.6	81	0.4	3	-	-	0.3	-	-	660	-	-	-	-
Masa	189	4.4	2.2	38.5	88	-	-	1.7	-	-	-	0.17	0.05	0.8	-
Melón de Castilla, crudo	30	0.7	0.1	7.5	14	16	16	0.4	12	251	3 400	0.04	0.03	0.6	33
melón dulce	33	0.8	0.3	7.7	14	16	16	0.4	12	261	40	0.04	0.03	0.6	23
Miel de abeja	302	0.2	-	78	20	-	-	0.8	-	-	-	0.01	0.07	0.2	4
Miel de caña	284	0.5	0.2	72.6	70	-	-	1.2	-	-	-	0.02	0.06	0.4	3
Mijo	327	9.9	2.9	72.9	20	311	162	6.8	-	430	-	0.73	0.38	2.3	-
Nabo, crudo	30	1.0	0.2	6.6	39	30	20	0.5	49	268	min*	0.04	0.07	0.6	36
cocido	23	0.8	0.2	4.9	35	23	-	0.4	34	188	min*	0.04	0.05	0.3	22
hojas de, crudas	28	3	0.3	5	246	58	58	1.8	-	-	7 600	0.21	0.39	0.8	139
Nanche	56	1.1	1.3	11.4	30	-	-	1.4	-	-	4	0.03	0.03	0.4	86
Naranja, pelada, cruda	49	1	0.2	12.2	41	20	11	0.4	1	200	200	0.1	0.04	0.4	50
jugo, crudo	45	0.7	0.2	10.2	11	17	11	0.2	1	200	200	0.09	0.03	0.4	50

	CALORÍAS	PROTEÍNAS (gramos)	GRASAS (gramos)	CARBO-HIDRATOS (gramos)	CALCIO (miligramos)	FÓSFORO (miligramos)	MAGNESIO (miligramos)	HIERRO (miligramos)	SODIO (miligramos)	POTASIO (miligramos)	RETINOL (UI)	TIAMINA (miligramos)	RIBOFLAVINA (miligramos)	NIACINA (miligramos)	ÁCIDO ASCÓRBICO (miligramos)
Naranjita china (cuncuat), cruda	65	0.9	0.1	17.1	63	23	-	0.4	7	236	600	0.08	0.1	-	36
Nectarina, cruda	64	0.6	min*	17.1	4	24	13	0.5	6	294	1650	-	-	-	13
Nopales	27	1.7	0.3	5.6	93	-	-	1.6	-	-	41	0.03	0.06	0.3	8
Nuez, negra	628	20.5	59.3	14.8	min*	570	190	6.0	3	460	300	0.22	0.11	0.7	-
inglesa	651	14.8	64	15.8	99	380	131	3.1	2	450	30	0.33	113	0.9	2
Nuez de castilla	664	13.7	67.2	13.2	92	-	-	3.3	-	-	25	0.27	0.51	3	-
Nuez de la India	561	17.2	45.7	29.3	38	373	267	3.8	15	464	100	0.43	0.25	1.8	-
horneadas, con cáscara	93	2.6	0.1	21.1	9	53	34	0.6	4	407	min*	0.1	0.04	1.5	20
cocidas, con cáscara	76	2.1	0.1	17.1	7	65	-	0.7	4	503	min*	0.1	0.04	1.7	20
Nuez de Brasil, cruda	654	14.3	66.9	10.9	186	53	-	0.6	3	407	min*	0.09	0.04	1.5	16
Nuez lisa	687	9.2	71.2	14.6	73	693	225	3.4	1	715	min*	0.96	0.12	1.6	-
Ñame	77	2.2	0.1	17.5	13	-	-	2.4	-	-	-	0.14	0.03	0.3	9
Pan integral	238	8.1	0.6	54	41	-	-	0.7	-	-	-	0.31	0.18	1.1	-
Pan negro	265	7.5	2.1	58.3	49	-	-	9.1	-	-	-	0.23	0.14	1.3	0
Papaloquelite	17	1.8	0.3	2.9	361	-	-	2.3	-	-	129	0.08	0.2	1.3	19
Papa, cruda	76	2.1	0.1	17.1	7	289	142	2.4	min*	603	130	0.86	0.13	0.9	2
Papaya	39	0.6	0.1	10	20	16	-	0.3	3	234	1750	0.04	0.04	0.3	56
Pasas, naturales sin cocinar	289	2.5	0.2	77.4	62	101	35	3.5	27	763	20	0.11	0.08	0.5	1
Pepinos, crudos	15	0.9	0.1	3.4	25	27	11	1.1	6	160	250	0.03	0.04	0.2	11
Peras, crudas	6	0.7	0.4	15.3	8	11	7	3	2	130	20	0.02	0.04	0.1	4

	CALORÍAS	PROTEÍNAS (gramos)	GRASAS (gramos)	CARBO-HIDRATOS (gramos)	CALCIO (miligramos)	FÓSFORO (miligramos)	MAGNESIO (miligramos)	HIERRO (miligramos)	SODIO (miligramos)	POTASIO (miligramos)	RETINOL (UI)	TIAMINA (miligramos)	RIBOFLAVINA (miligramos)	NIACINA (miligramos)	ÁCIDO ASCÓRBICO (miligramos)
Perejil, crudo	44	3.6	0.6	8.5	203	63	41	6.2	45	727	8500	0.12	0.26	1.2	172
Perón	62	0.4	0.4	15.9	10	-	-	0.8	-	-	2	0.04	0.02	0.1	5
Piloncillo	356	0.4	0.5	90.6	51	-	-	4.2	-	-	3	0.02	0.11	0.3	2
Pimiento, verde, dulce crudo	22	1.2	0.2	4.8	9	22	18	0.7	13	213	420	0.08	0.08	0.5	128
rojo, crudo	31	1.4	0.3	7.1	13	30	-	0.6	-	-	4450	0.08	0.08	0.5	204
Piña, cruda	52	0.4	0.2	13.7	17	8	13	0.5	1	146	70	0.09	0.03	0.2	17
Piñón	634	15.3	61.3	16.8	14	-	-	4.4	-	-	10	0.76	0.24	9.8	1
Pitahaya	48	1.6	0.6	10.4	11	-	-	1.9	-	-	-	0.07	0.07	0.3	16
Plátano (promedio)	86	1.4	0.3	22	12	-	-	1.8	-	-	63	0.09	0.05	0.5	13
dominico	96	1.7	0.2	24.7	8	-	-	1.6	-	-	37	0.08	0.07	0.7	23
macho	130	1.2	0.2	21.1	14	-	-	1.4	-	-	77	0.09	0.04	0.5	13
manzano	96	1	0.6	24.2	8	-	-	1.3	-	-	1	0.05	0.04	0.7	13
morado	84	1.9	0.2	21.1	14	-	-	1.4	-	-	12	0.09	0.05	0.4	8
tabasco	86	1.4	0.3	22	12	-	-	1.8	-	-	63	0.09	0.05	0.5	13
Pomarrosa	63	0.6	0.2	16.4	36	-	-	0.4	-	-	75	0.02	0.03	0.6	22
Pomelo	34	0.6	0.2	8.5	26	-	-	0.5	-	-	-	0.04	0.02	0.2	35
Poro	55	1.6	-	13.2	41	-	-	1.9	-	-	2	0.09	0.06	0.4	11
Quelite	39	3.2	1	6.4	230	-	-	6.2	-	-	401	0.07	0.12	0.8	41
Quelite cenizo	29	4.8	0.4	4	150	-	-	3.6	-	-	928	0.15	0.19	0.9	40
Queso de cabra, fresco	160	16.3	10.3	-	867	-	-	5.7	-	-	-	0.07	0.6	0.4	-
Queso de vaca añejo	395	29.1	30.5	-	860	-	-	2.4	-	-	650	0.07	0.81	0.2	-
amarillo	384	34.2	26	2.5	829	-	-	1.7	-	-	280	0.06	0.61	0.1	-

	CALORÍAS	PROTEÍNAS (gramos)	GRASAS (gramos)	CARBO-HIDRATOS (gramos)	CALCIO (miligramos)	FÓSFORO (miligramos)	MAGNESIO (miligramos)	HIERRO (miligramos)	SODIO (miligramos)	POTASIO (miligramos)	RETINOL (UI)	TIAMINA (miligramos)	RIBOFLAVINA (miligramos)	NIACINA (miligramos)	ACIDO ASCÓRBICO (miligramos)
chihuahua	458	28.8	37	1.9	795	-	-	5.8	-	-	187	0.06	0.84	-	-
fresco	127	15.3	7	5	684	-	-	0.3	-	-	70	0.02	0.24	0.1	-
holandés	374	33.5	26	-	829	-	-	1.7	-	-	283	0.06	0.61	0.1	-
oaxaca	317	25.7	22	3	469	-	-	3.3	-	-	271	0.09	0.73	0.2	-
roquefort	368	21.5	30.5	2.0	315	339	48	0.5	-	-	1240	0.03	0.61	1.2	-
cheddar	398	25	32.2	2.1	750	478	45	1	700	82	1310	0.03	0.46	0.1	-
suizo emmenthal	370	27.5	28	1.7	925	563	-	0.9	710	104	1140	0.01	0.4	0.1	-
americano	370	22.2	30.5	1.9	730	455	-	0.9	-	-	1240	-	0.45	0.1	-
semiblanco (oreado)	189	35.8	3	2.5	686	-	-	2.6	-	-	50	0.08	0.49	0.2	-
Quimbombo (angú), crudo	36	2.4	0.3	7.6	92	51	41	0.6	3	249	520	0.17	0.21	1	31
Raíz de chayote	80	2	0.2	17.8	7	-	-	0.8	-	-	-	0.05	0.03	0.9	19
Rábano, chico	11	1.5	0.1	1.5	24	-	-	1.5	-	-	650	0.03	0.06	0.4	22
largo	22	1.1	0.3	4.3	30	-	-	1.3	-	-	-	0.06	0.06	0.4	29
Requesón	93	13.1	2.9	3	92	-	-	1	-	-	30	0.09	0.91	0.7	-
Romeritos	28	3.6	0.2	4.9	41	-	-	2.5	-	-	307	0.12	0.08	0.3	4
Salsifí	89	1.4	0.2	20.6	48	-	-	1.4	-	-	-	0.04	0.04	1.3	10
Sandía	26	0.5	0.2	6.4	7	10	8	0.5	1	100	590	0.3	0.3	0.2	7
Saúco, bayas, crudas	72	2.6	0.5	16.4	38	28	-	1.6	-	300	600	0.04	0.06	0.5	36
Setas, de cultivo, crudas	28	2.7	0.3	4.4	6	116	13	0.8	15	414	min*	0.1	0.41	4.2	3
Soya (frijol), seco, crudo	403	34.1	17.7	33.5	226	554	265	8.4	5	1677	80	1.1	0.21	2.2	-

	CALORÍAS	PROTEÍNAS (gramos)	GRASAS (gramos)	CARBO-HIDRATOS (gramos)	CALCIO (miligramos)	FÓSFORO (miligramos)	MAGNESIO (miligramos)	HIERRO (miligramos)	SODIO (miligramos)	POTASIO (miligramos)	RETINOL (UI)	TIAMINA (miligramos)	RIBOFLAVINA (miligramos)	NIACINA (miligramos)	ÁCIDO ASCÓRBICO (miligramos)
seco, cocido	130	11	5.7	10.8	73	179	-	2.7	2	540	30	0.21	0.09	0.6	-
germinado, crudo	46	6.2	1.4	5.3	48	67	-	1	-	-	80	0.23	0.2	0.8	13
germinado, cocido	38	5.3	1.4	3.7	43	50	-	0.7	-	-	80	0.16	0.15	0.7	4
harina, sin desgrasar	421	36.7	20.3	30.4	199	558	247	8.4	1	1660	100	0.85	0.31	2.1	-
leche de, en polvo	429	41.8	20.3	28	278	-	300	-	-	-	-	-	-	-	-
Suero lácteo, polvo	349	12.9	1.1	73.5	646	589	130	1.4	-	-	50	0.5	2.51	0.8	8
Tamarindo	258	5.9	0.8	64.4	139	-	-	4.6	-	-	10	1.38	0.16	3.1	8
Tejocote	87	0.8	0.6	22	94	-	-	1.6	-	-	424	0.04	0.06	0.4	46
Tofu	72	7.8	4.2	2.4	128	126	111	1.9	-	742	-	0.06	0.03	0.1	-
Tomate	24	1	0.7	4.5	18	-	-	2.3	-	-	4	0.08	0.04	1.7	2
Toronja	41	0.5	0.1	10.6	16	16	12	0.4	1	135	80	0.04	0.02	0.2	38
jugo de	39	0.5	0.1	9.2	9	15	12	0.2	1	162	80	0.04	0.02	0.2	38
Tortilla (promedio)	224	5.9	1.5	47.2	108	-	-	2.5	-	-	2	0.17	0.08	0.9	-
de maíz negro	259	4.9	2.7	54	125	-	-	2.6	-	-	-	0.22	0.07	1.1	-
Trigo, grano entero, primavera	330	14	2.2	69.1	36	383	160	3.1	3	370	-	0.57	0.12	4.3	-
invierno	330	12.3	1.8	71.7	46	354	160	3.4	3	370	-	0.52	0.12	0.3	-
germen de, crudo	363	26.6	10.9	46.7	72	1183	336	9.4	3	827	-	2.01	0.68	4.2	-
salvado de	213	16	4.6	61.9	119	1276	490	14.5	9	1127	-	0.72	0.35	21	-
Trigo moro, grano integral	335	11.7	2.4	72.9	11.4	282	229	3.1	-	448	-	0.6	-	4.4	-
Tuna cardona	31	0.6	-	8.1	49	-	-	2.6	-	-	7	0.02	0.02	0.2	22
Tuna/semilla (promedio)	38	0.3	0.1	10.1	63	-	-	0.8	-	-	4	0.01	0.02	0.3	31

	CALORÍAS	PROTEÍNAS (gramos)	GRASAS (gramos)	CARBO-HIDRATOS (gramos)	CALCIO (miligramos)	FÓSFORO (miligramos)	MAGNESIO (miligramos)	HIERRO (miligramos)	SODIO (miligramos)	POTASIO (miligramos)	RETINOL (UI)	TIAMINA (miligramos)	RIBOFLAVINA (miligramos)	NIACINA (miligramos)	ÁCIDO ASCÓRBICO (miligramos)
Uvas	69	1.3	1	15.7	16	12	13	0.4	3	158	100	0.05	0.03	0.3	4
Verdolagas	26	2.3	0.3	4.9	86	-	-	4.5	-	-	192	0.02	0.1	0.6	13
Xoconostle	33	0.1	0.4	5.2	126	-	-	0.3	-	-	4	0.04	0.04	0.2	22
Yerbamora	50	4.8	0.8	8.8	276	-	-	14	-	-	1	0.24	0.36	1	120
Yogur, de leche entera	62	3	3.4	3.9	111	81	12	min*	47	132	140	0.03	0.16	0.1	1
de leche descremada	50	3.4	1.7	5.2	120	94	13	min*	51	143	70	0.04	0.18	0.1	1
Yuca	121	1	0.6	28.2	52	-	-	2.4	-	-	-	0.06	0.04	0.7	19
Zanahoria, cruda	42	1.1	0.2	9.7	37	36	23	0.7	47	341	11000	0.06	0.05	0.6	8
jugo de	30	0.6	0.5	6.4	26	-	-	0.6	-	-	222	0.02	0.02	0.3	3
Zapote, blanco	70	1.7	0.7	16.7	38	-	-	0.2	-	-	3	0.04	0.08	0.6	36
borracho	144	0.8	1.3	36.3	36	-	-	0.7	-	-	644	0.18	-	3.3	40
negro	56	0.8	0.1	14.5	46	-	-	1.6	-	-	10	0.02	0.03	0.2	83
Zarzamora, cruda	58	1.2	0.9	1.9	32	19	30	0.9	1	170	200	0.03	0.04	0.4	21

*Fuentes: 1. *Valor nutritivo de los alimentos mexicanos. Tablas de uso práctico*, Instituto Nacional de Nutrición.
2. *Manual de agricultura*, núm. 8, Departamento de Agricultura.
3. *Boletín Casa y Jardín*, núm. 72.

ANEXO II

TABLAS DE VALOR NUTRITIVO
DE LOS ALIMENTOS

Recomendaciones para el consumo de nutrimentos*
(Para individuos normales con la dieta en las condiciones de México)

Edades (meses y años cumplidos)	Peso teórico (kg)[a]	Energía (Kcal)	Proteínas (g)	Calcio (mg)	Hierro (mg)	Tiamina o vitamina B1 (mg)	Riboflavina (mg)	Niacina (mgEq)[d]	Ácido ascórbico (mg)	Retinol (mcgEq)[e]
Infantes										
0-3 meses	-	120/kg	2.3/kg	600	10	0.06/kg	0.07/kg	1.1/kg	40	500
4-11 meses	-	110/kg	2.5/kg	600	15[c]	0.05/kg	0.06/kg	1/kg	40	500
12-23 meses	10.6	1000	27	600	15[c]	0.6	0.8	11	40	500
2-3 años	13.9	1250	32	500	15	0.6	0.8	11	40	500
4-6 años	18.2	1500	40	500	10	0.8	0.9	13.5	40	500
7-10 años	16.2	200	52	500	10	1.1	1.3	18.9	40	500
Adolescentes hombres										
11-13 años	39.3	2500	60	700	18	1.3	1.6	23	50	1000
14-18 años	57.8	3000	75	700	148	1.5	1.8	27	50	1000
Adolescentes mujeres										
11-18 años	53.3	2300	67	700	18	1.2	1.4	20.7	50	1000
Hombres adultos										
18-34 años	65	2750	83	500	10	1.4	1.7	24.8	50	1000
35-54 años	65	2500	83	500	10	1.3	1.5	22.5	50	1000
55 y más años	65	2250	83	500[b]	10	1.1	1.4	20.3	50	1000
Mujeres adultas										
18-34 años	55	2000	71	500	18	1	1.2	18	50	1000
35-54 años	55	1850	71	500	18	1	1.2	16.6	50	1000
55 y más años	55	1700	71	500[b]	10	1	1.2	16	50	1000
Embarazadas	-	200	10	1000	25[c]	0.2	0.3	3	80	1500
Madres lactantes	-	1000	30	1000	25[c]	0.5	0.7	7	80	1500

[a] Pesos para la edad central del periodo

[b] Se sugiere dar cantidades mayores para disminuir el balance de calcio habitual en esta edad.

[c] Estas cantidades difícilmente se cubren con una dieta normal, por lo que se sugiere la complementación.

[d] Un miligramo equivalente de niacina es igual a un miligramo de niacina o a 60g de triptófano.

[e] Un microgramo equivalente de retinol es igual a un microgramo de caroteno o a 3 UI de actividad de retinol.

*Fuente: Doctor Héctor Bourges, Valor nutritivo de los alimentos mexicanos. Tablas de uso práctico, Instituto Nacional de la Nutrición, México, 1983.

Nutrición vegetariana de Margarita Chávez Martínez
se terminó de imprimir en marzo de 2017
en los talleres de
Litográfica Ingramex, S.A. de C.V.
Centeno 162-1, Col. Granjas Esmeralda, C.P. 09810,
Ciudad de México.